조선총독부 기관지 『조선』 소재
1920~1930년대 세시풍속

조선총독부 기관지 『조선』 소재

1920~1930년대
세시풍속

단국대학교 동양학연구원 엮음

최인학, 김민지 옮김

채륜
CHAE RYUN

머리말

조선총독부는 식민지 정책에 활용하기 위하여 다방면으로 필진을 동원했다. 그중 하나가 민속학 분야로서 한국인의 민속 문화를 파악하려는 의도가 있었다. 이 분야의 선두에는 이마무라 도모今村 鞆가 단연 으뜸이다. 이마무라가 출간한 『조선풍속집』(1914)을 통해 일본에서 한국으로 건너온 학자를 비롯한 많은 공무원이 공부하고 예비지식으로 삼았다. 그는 32항목을 설정하여 한국의 풍속을 주관적으로 썼는데 후에 많은 비판을 받기도 하였다.

조선총독부는 일본인 필자뿐 아니라 한국인 필자도 동원하였다. 일본에서 수학한 많은 조선인 학자들이 총독부 촉탁이란 명분으로 또는 서기가 되어 동조했다. 특히 오청吳晴은 일본 와세다대학早稲田大學 법학부를 졸업한 지식인으로 총독부 촉탁으로서 당시 총독부 잡지 『조선朝鮮』에 한국의 세시풍속을 연재하기도 했다. 비전문가이긴 하지만 『동국세시기』 등 고전을 참고하면서 당시 행하던 민간의 세시풍속을 비교적 상세히 연재했다. 그리고 이 원고는 조선총독부에 의해 『조선의 연중행사朝鮮の年中行事』(1931)란 단행본으로 출간되었다. 오청은 필명이며 그의 본명은 오종섭吳宗燮이다. 그는 1898년에 서울에서 태어나 1918년 와세다대학을 졸업하고 한국으로 돌아와 언론기관에 종사했으며, 총독부 촉탁이 되어 여러 편의 논문을 썼다. 식민지시대의 친일노선을 걸었던 인물이라고 할 수 있다.

그의 연재물 중 6월조에 농악農樂이란 용어가 등장하는데 아마도 우리나라에 농악이란 용어가 쓰이기 시작한 것이 이때부터가 아닌가 생각한다. 여기서 그는 농악을 일종의 풍속으로 보아 농악놀이로 사용했는데 이것은 당시 일반인이 사용하던 풍물굿을 대칭한 조어라고 생각한다. 그리고 또 한 가지 이 책의 표제를 『조선의 연중행사』라 한 것은 일본에서는 세시풍속이란 말을 쓰지 않기 때문이다. 이 점이 개념의 차이로 한국과 일본의 상이점이라 할 수 있다.

오청은 이 책의 첫머리에 "한 나라의 민족성을 알려면 먼저 그 나라의 풍속을 알아야 한다. 풍속은 시대의 변천에 따라 변화하지만, 가령 시대에 따라 변화한다고 하여도 그 나라의 고대 색채는 반드시 어딘가에 남아있다."고 하여 필자의 세시풍속에 관한 견해를 드러냈다. 사실 우리가 알고자 하는 것은 민중의 기층문화이다. 시대의 변천에 따라 풍속이 변화되어도 변화되지 않는 부분이 있다. 세시풍속의 기록이 이 점을 포착하지 않으면 안 된다. 오청은 이런 점에서 『동국세시기』, 『열양세시기』나 『경도잡지』 등 여러 고전을 섭렵하여 요소요소 인용하기도 했다. 오청이 친일노선을 걸었다고는 하나 한국의 세시풍속을 정리한 것은 그런대로 평가되어야 할 것이다.

이 글의 말미에는 「조선·만주 정월 민속을 이야기하다」란 좌담회 기사를 수록했다. 이것은 아마도 한국과 일본의 세시풍속의 유사점과 상이점을 찾아 일본인이 조선인의 성격과 생활방법을 파악하여 식민지 통치에 활용해 보겠다는 의도가 있었을 것이다. 이 좌담회에는 한·일 각각 4명씩 참석했다. 이마무라 도모今村 鞆, 이나바 이와키치稻葉 岩吉, 도리야마 기이치鳥山 喜一, 아키바 다카시秋葉 隆 그리고 한국인은 현헌玄櫶, 손진태孫晉泰, 주종의朱鍾宜, 오청吳晴 이었다. 주최자는 무라야마 지준村山 智順이다.

무라야마는 좌담회의 목적과 취지에 대하여 서구 제국이 식민지 쟁탈의 시대를 맞이하여 동양의 여러 나라도 이에 맞서야 하지 않겠는가. 이러한 이상을 달성하기 위하여 극동에 있어서 일본이 일찍이 만주 중국 등을 식민지화한 것은 이러한 이상을 달성하기 위한 것이다. 이것은 일본에 의한 침략의 정당성을 장식하는 말에 지나지 않으며 이 좌담회가 그러한 목적을 위한 것이 되어야 하겠다는 취지에서 개최한 것으로 보인다.

끝으로 이 책을 출간함에 있어서 자료의 발굴과 편집은 본 연구원의 이영수 교수가 수고를 아끼지 않았으며, 한국어로 번역한 것은 본 연구원의 연구원인 김민지 선생이 담당한 것임을 밝혀둔다.

2014. 8. 7.
최인학

—
차
례
—

일러두기

· 이 책은 『조선』에서 세시풍속과 관련된 내용의 원문을 싣고 원전에 충실하게 번역
  하였다.
· 이 책은 『조선급만주』에서 연중행사와 관련된 내용의 원문만 실었음을 밝혀둔다.
· 본문 중의 괄호 내용은 원문의 설명을 그대로 번역한 것이다.
· 본문 중의 주석 내용은 옮긴이가 독자의 이해를 돕기 위해 설명한 것이다.

조선의 정월행사

오청 吳晴

한 나라의 민족성을 알려면 먼저 그 나라의 풍속을 알아야 한다. 풍속은 시대의 변천에 따라 변화하지만, 가령 시대에 따라 변화한다고 하여도 그 나라의 고대 색채는 반드시 어딘가에 남아있다.

조선의 현대 풍습이 어떻게 고대로부터 전통을 이어오고 있는가. 적어도 조선 민족의 내용을 알려는 사람들을 위해 조선 풍속 연중행사 중에 일단 신년 초입의 '정월행사'를 써보려고 한다. 조선의 연중행사는 음력에 의해 이루어지고 있기 때문에 이것을 표준으로 서술해야 하는데 여기에서는 그중 중요한 것만을 적어보고자 한다.

1. 원일元日

정월은 일 년의 시작이고 사시四時의 첫머리이기 때문에 도회지에서도 향촌에서도 빈부귀천을 막론하고 각자 자신들의 분에 맞는 길진吉辰을 축하하고 여러 가지 송구영신의 즐거움을 만끽한다.

원일에는 남녀노소를 막론하고 가족 일동 한 사람도 빠짐없이 일찍 일어나 세수를 하고 세장歲粧(조선어로 설빔)이라는 새로운 의복으로 갈아입는다. 이 설빔을 입고는 세배歲拜라고 하여 부모, 백중숙모 등의 존속친척에 예배禮拜한다. 그리고 제찬祭饌과 세주歲酒를 준비하여 사당(4대까지 선조의 신주, 즉 위패를 안치해 놓은 곳)에 올리고 제사를 지낸다. 이것을 정조차례正朝茶禮라고 일컫는다.

세주는 대개 약주로 이날만은 찬 술이다. 연장자는 집에서 자녀와 친척으로부터 연하年賀를 받고, 자녀는 자신의 집에 예를 마치면, 사장師長, 친척 또는 같은 계급에 속하는 이성異姓(연장자)의 집을 돌면서 예를 올린다. 이것을 마치면 서로 친구를 방문하여 새해를 축하한다.

연하를 받는 사람은 일반 연하자에게 술과 음식을 베푸는 것이 전례로 되어 있으나, 어린이에게는 술을 베풀지 않고 소액의 금전 또는 음식을 준다. 친척 또는 오래 알고 지낸 연장자에게는 멀리 떨어져 있다 하더라도 일부러 찾아가서 세배한다. 그리고 중류 이상의 부인들은 문안비問安婢라는 잘 차려입은 젊은 계집종을 자기 대신 보내 새해 문안을 교환하였다.

일반 연하年賀객과 상례를 하는 경우는 먼저 "작년에는 여러 가지로 신세를 졌습니다." 하고 인사를 하고, 또 "새해 복 많이 받으세요."라든가, "승진하실 겁니다."(이것은 관리의 영전 또는 승임이라는 의미가 된다)라든가, "자식을 낳으실 겁니다."라든가 또는 "부자 되실 겁니다." 등 상대의 신분에 맞추어 여러 가지 인사를 한다.

또 서면으로 신년 인사를 전할 때에는 간단히 '근하신년'만으로는 안 되고, 여러 가지 경사스러운 문구를 격식에 맞추어 써내려간다. 그리고 노인 이외의 남자는 연하인사를 돌기 때문에 자택 입구에 필기도구를 준비해 놓는데 손님은 그곳에 성명을 기입한다. 옛날에는 관리 이외에는 명함을 가지고 있지 않았기 때문에 이런 귀찮은 일을 했지만, 현재에는 일반인들도 명함을 나눠준다.

그러므로 상민계급에 속해있는 자는 아무리 연장자라 하더라도 자신의 집에서 예를 끝낸 후, 먼저 면식이 있는 양반집을 방문하여 세배를 올린다. 그리고 같은 계급 연소자에게 연하를 받거나 친척 및 친구에게 연하를 한다. 원래 양반에 대한 상민의 세배는 실내에 들어가지 않고 문밖, 즉 마당에서 세배를 올린다. 어떤 경우 세배자는 자신의 이름만을 말하고 "소인 신년 문안 인사 올리옵니다."라고 말한다. 연하를 받는 자는 답례를 하지 않고 세배하는 것을 보기만 한다. 그러나 이러한 풍속은 최근에 와서는 거의 바뀌었다.

옛날에 의정대신(총리대신)은 자신의 집에서 아침 일찍 예를 끝내면 백관百官을 거느리고 관청으로 와 신년 문안을 하고, 외관은 전문箋文을 올려 축하의 뜻을 표한다. 당하문신堂下文臣(정삼품 이하의 문관)은 오언 또는 칠언 절구의 연상시延祥詩를 짓는다. 이것을 홍문관제학에게 선정하게 하여 당선자의 것을 입춘에 관청 각 전각의 기둥 또는 문미門楣에 붙인다. 또는 관상감의 벼슬아치가 종이에 써서 헌상하는 벽사문辟邪文을 관청의 모든 문미에 붙이고, 도화서의 화공이 헌상하는 금 갑옷을 걸친 두 장군二將軍의 그림을 대문에 붙였다. 이것은 나쁜 기운을 막고 무찌른다는 의미였다.

그리고 경성 부근에서는 칠십 세 이상의 조관朝官이나 명부命婦(봉작을 받은 부인)에게 세찬歲饌이라고 하여 미곡米穀이나 어류魚類 등을 나누어 주었고, 지방에서는 수령이 나누어 주었다.

또 팔십 세 이상의 조관 및 구십 세 이상의 사서인士庶人에 대해서는 가자加資(품계를 높여주는 것)를 하였다. 가자는 일본의 서위敍位와 마찬가지로 백 세 이상인 자에게는 일품一品 넘게 부여해 주었다. 이것은 모두 노인을 우대하는 의미였다. 그러나 이러한 풍속은 이미 과거의 것이 되어버렸다.

1) 원일의 음식

원일 음식은 빈부귀천에 따라 다르기는 하지만 일반적으로는 흰떡을 조리한다. 이것은 일본의 오조니お雑煮[1]와 비슷한 것으로, 멥쌀 찐 것을 떡메로 쳐서 무처럼 길게 늘여 사선 능형菱形으로 자른 것이다. 그 외에 찹쌀떡을 찧어서 폭 1치, 길이 3치 정도의 장방형으로 잘라 대두 또는 팥가루를 뿌린다. 이와 같은 떡을 원일에 먹는 것이 옛날부터의 풍습이다.

2) 조리걸기

원일 이른 아침 또는 전날에 대나무를 엮어 만든 국자 같은 모양의 '조리'를 사서 벽에 걸어두는 풍습이 있다. 이 조리는 흔히 복조리라고 불렀다. 경성과 그 외의 도회지에서는 상인이 팔았기 때문에 원일 전날부터 "복조리 사세요."라고 외치며 밤새도록 거리를 돌아다녔다.

전북지방에서는 원일에 갈퀴와 조리를 사두었다가 15일 아침에 묶어서 출입구 위에 걸어둔다. 이것은 행운을 가져온다는 행사의 일종으로 갈퀴는 낙엽

---

1   일본 정월에 많이 먹는 음식이다. 떡을 주재료로 여러 가지를 넣은 국물요리이다.

등을 긁어모으는 도구이고, 조리는 쌀 등을 건져 올리는 도구이기 때문에 그 해의 행운을 긁어모아 건져 올린다는 의미로부터 나온 것이다.

이처럼 걸어두었던 갈퀴와 조리는 정월 말일이 되면 내려서 사용한다. 일 년의 행운을 위해 구입한 갈퀴와 조리를 사용할 때에는 가능한 진심을 다하고, 취급에 주의하고, 될 수 있는 한 그 해 일 년간 사용하도록 노력한다. 그것은 그 해의 행운을 잡고 있으려고 하는 마음이 있기 때문이다. 이것은 하나의 미신적 습속에 지나지 않지만, 이것만 가지고 추측하여도 조선인 일반의 심리가 어느 정도 영속성永續性이 존재하고 있었는지를 추측할 수가 있다.

3) 귀신 퇴치

또 원일 밤은 야광夜光이라는 귀신이 하늘에서 내려와 인가人家를 돌아다니다 사람들의 신발을 신어보고는 딱 맞는 신발이 있으면 신고 간다는 전설이 전반적으로 퍼져있다. 만일 신발을 도둑맞은 사람은 일 년 내내 운이 나빠 무엇을 하여도 의미가 없고, 무서운 재난을 당한다고 하여 사람들은 귀신에게 신발을 도둑맞지 않으려고 노력한다.

그 '귀신 퇴치'의 방법으로 먼저 '금줄'이라는 왼새끼로 꼰 줄을 출입구에 걸어두어 도깨비의 출입을 막는다. 집안에서는 신발을 전부 실내에 들여놓아 귀신의 눈에 띄지 않도록 하고, 원일 밤에는 빨리 불을 끄고 취침한다. 생각해보건대 원일은 일반적으로 일찍 일어나야 하기 때문에 일찍 잠을 자게 하기 위한 방책으로부터 나온 것이 아닐까.

2. 척사攤柶

정월의 유희로서는 여러 가지가 있지만, 도회지에서나 벽추僻陬에서나 남녀노소 불문하고 일반적으로 했던 것으로는 척사가 있다. 척사는 사희柶戱로 조선어로는 '윷노리'라고 한다. 윷은 주로 개오동나무 또는 단목, 그 외의 단단한 나무로 만든다.

윷에는 장작윷斫柶(또는 체윷이라고 한다)과 밤윷栗柶 두 종류가 있다. 장작 윷은 길이 4치, 폭 5~6푼 정도의 둥근 2개의 나무를 쪼개서 4개로 만들어 양 끝을 약간 가늘게 깎은 것이다.

밤윷은 길이 6~7푼, 폭 3푼 정도의 것으로 장작윷과 비교하면 매우 작지 만, 쪼개서 4개 1조로 하는 것은 같다. 이것도 개오동나무 또는 단목, 그 외의 단단한 나무로 만든다. 그러나 밤윷은 대부분 농부의 도박용이었고, 일반적인 정월 유희로는 하지 않았다.

그리고 사희를 하는 방법은 두 사람 이상이면 몇 명도 할 수 있으나, 사람 이 많으면 두 사람 이상 짝수 두 조로 나누어 각 조에서 한 명씩 나와 상대가 되어 하는 것이 보통이다. 먼저 계산 방법은 4개의 윷을 2~3자 정도 높게 던져 떨어진 면의 수에 의해 계산한다. 말하자면 윷을 던져 이것이 누운 방향에 따 라 5종류의 변화가 있다. 즉 3복伏 1향向·2복伏 2향向·1복伏 3향向·4향向·4복伏 이다. 이것에는 고유의 명칭이 있어 3복 1향을 '도', 2복 2향 '개', 1복 3향은 '걸', 4향은 '윷', 4복은 '모'라고 부른다. 예를 들어 그림으로 나타내면 다음과 같다.

1. 뒷면이 하나 나오면 '도'라고 부르고 하나로 계 산한다.

2. 뒷면이 두 개 나오면 '개'라고 부르고 두 개로 계산한다.

3. 뒷면이 세 개 나오면 '걸'이라고 부르고 세 개 로 계산한다.

4. 뒷면이 네 개前向 나오면 '윷'이라고 부르고 네 개로 계산한다.

5. 뒷면이 하나도 나오지 않으면 '모'라고 부르고 다섯 개로 계산한다.

이 그림은 장작윷을 나타낸 것으로 밤윷도 동일하다

그리고 원기圓碁에도 기반碁盤이 필요한 것처럼 사희를 하는데 있어서는 말밭馬田이라고 하는 것이 필요하다.

예를 들면 그림과 같은 종이를 놓고 윷을 던져 나오는 '도', '개', '걸', '윷', '모'의 점수에 의해 전진하여 먼저 한 바퀴를 돌면 승리한다. 그 방법은 처음 어떠한 내기를 하여 순서를 정한 후, 작은 돌 또는 물품을 말로 하여 윷을 던져 윷이 드러눕는 수에 의해 출발점 도徒부터 계산하여 최종점인 출出을 향해 오른쪽으로 순회한다.

말밭(馬田)

차례로 순서를 밟아 나아가고 윷을 던져 전진한다. 만약 뒤에서 오던 사람이 전진하여 가던 사람이 차지하고 있던 점에 머무르게 되면 전진하던 말을 잡는 규칙이기 때문에 잡힌 사람은 다시 출발점으로 돌아가서 새롭게 시작한다.

그리고 순회 중 입入 또는 공拱에 멈추게 되면 왼쪽으로 꺾어 내부를 향해 진행한다. 또 입入으로부터 내부로 진행하다가 중中에 멈추게 되면 한 번 더 왼쪽으로 꺾어 출出을 향해 진행한다. 그러나 입入에서 내부로 진행하였더라도 중中에 멈추지 못하면 직선으로 진행하여 열裂을 경유하여 바깥쪽 선으로 출出을 향해 진행한다. 이러한 방법으로 최종점인 출出까지 네 바퀴를 돈다. 윷 던지는 법과 말밭의 진행 방법에 의해 상대가 한 바퀴도 돌지 못했는데 네 바퀴를 다 도는 경우도 있다.

이 사희는 백제 시대부터 전해 내려오는 조선의 유희 중 가장 오래된 것이다. 감흥을 일으키는 점이나 운동이 되는 점 등 실내 유희로서는 현재 유행하는 마작이나 당구 등보다도 우월하다고 말해도 과언이 아니다.

3. 도판跳板놀이

젊은 여자의 유희로 폭 1자 5치 이내, 길이 2자 정도의 긴 널빤지 밑을 가마니로 괴고 그 널빤지 양끝에 서서 교대로 뛰어오르는 것이다. 정월에 되면 거의 모든 조선 땅에서 이루어진다. 이것은 조선어로 '널뛰기'라고 한다. 평소 실내에서만 생활하는 조선 여자도 이 놀이를 하는 모습은 매우 활발하다. 젊은 여자가 선명하고 밝은 색상의 아름다운 복장으로 신춘 한풍에 휘날리는 모습은 마치 그림과도 같다.

4. 지신地神밟기

일종의 가장행렬로, 정초 경상남북도 지방의 농민들이 했던 놀이이다. 지신밟기의 가장 중요한 역할은 사대부四大夫, 팔대부八大夫, 수부狩夫인데 사대부, 팔대부는 커다란 관冠에 긴 담뱃대를 물고 마치 중대한 의식인 양 발걸음을 무겁게 하여 가장 선두에 서고, 그 뒤를 죽은 꿩을 넣은 망태기와 목제 철포를 둘러맨 수부가 따른다. 다시 그 뒤를 여러 가지 가면으로 분장한 사람들이 따르면서 맹렬히 풍악을 울리며 부호의 집부터 순차적으로 방문하여 지신을 밟는다.

지신을 밟을 때에는 "좋고 좋고~"라고 말을 하면서 밟으며 걷는다. 이것을 글귀 그대로 해석하면 땅의 신을 누르고, 일 년간 무사하기를 기원한다는 의미가 있는 것 같다. 그러므로 이렇게 지신밟기를 한 집에서는 반드시 금전이나 곡류를 내놓아 감사의 뜻을 나타내고, 이렇게 모은 금품은 부락의 공동사업에 사용한다.

5. 원일부터 12일까지

원일부터 12일까지는 간지干支의 이름을 칭하는 풍습이 있다. 예를 들자면 자子는 쥐의 날, 축丑은 소의 날, 인寅은 호랑이의 날, 묘卯는 토끼의 날, 진辰은 용의 날, 사巳는 뱀의 날, 오午는 말의 날, 미未는 양의 날, 신申은 원숭이의 날, 유酉는 닭의 날, 술戌은 개의 날, 해亥는 돼지의 날이라고 부른다. 위의 12간지 동물 중 쥐·토끼·소·말 등과 같이 털이 있는 동물의 날을 '털날' 즉 유모일有毛日이라고 하고, 용·뱀과 같이 털이 없는 동물의 날을 무모일無毛日이라고 한다. 그래서 원일이 유모일, 즉 털날이라면 그 해는 풍년으로 오곡이 풍성하고 목면이 풍작이 되고, 만일 무모일이라면 흉년으로 목면도 흉작이라는 전설이 있다.

6. 상자일上子日

정월의 첫 자일子日로, 이날에는 서화희鼠火戱라고 하여 농민은 앞다투어 전야田野에 나와 들판을 태운다. 이렇게 하면 그 해에는 야초가 번성한다고 한다. 또 이날 자시子時에 절구질을 하면 쥐의 씨가 없어진다고 하여 밤 12시가 지날 때쯤에 헛방아를 찧는다. 이것은 옛날 궁중에서 소관小官 등이 횃불에 불을 붙여서 "쥐불이요, 쥐불이요……"라고 큰소리로 외치면서 궁 안 여기저기를 돌아다닌 후, 임금님으로부터 볶은 곡물을 넣은 봉투를 하사받은 것이 민간에 전달된 것이다.

7. 상인일 上寅日

정월의 첫 인일寅日로, 이날에는 사람들과 만나지 않는 것은 물론이고 여자는 외출하지 않는다. 이것은 만약 타인의 집에 가서 대소변을 보면 그 집 사람 중 누군가가 호랑이에게 해를 입는다는 전설이 있기 때문이다.

8. 상묘일 上卯日

정월의 첫 묘일卯日로, 이날은 남녀를 막론하고 상원사上元絲 또는 명사命絲라는 약 1자 정도의 청색 명주실을 허리에 묶거나, 팔에 감거나, 옷고름에 달거나, 또는 문돌쩌귀에 걸어 두는데 이렇게 하면 명이 길어진다는 속신이 있기 때문이다.

또 이날에는 주인이 먼저 일어나 문을 연 후에 여자가 문밖으로 나간다. 주인이란 남자를 말하는 것으로 반드시 가장이 문을 열어야 하는 것은 아니고, 가장이 아니라도 집안의 남자 중 누군가가 먼저 일어나 문을 연 후에 여자가 집 밖으로 나가는 것을 의미한다. 이날 여자가 먼저 문밖으로 나가면 그 해에는 가운家運이 불길하다는 미신 때문이다.

9. 상진일 上辰日

정월의 첫 진일辰日로, 이날 일반 농가의 부인들은 일찍 일어나 앞다투어 우물에 물을 길러 간다. 이것은 천상에 살고 있는 용이 이날 오전 1시경에 인간 세상에 내려와 우물에 숨어들어 알을 낳는다는 전설에서 비롯되었다. 용이 알을 낳은 우물물을 누구보다도 빨리 길어와 아침밥을 지으면 그 해에는 풍년이 든다고 전해지기 때문이다. 그래서 우물물을 가장 먼저 길어온 사람은 표시로

지푸라기를 물에 띄워 놓는다. 즉 용의 알을 먼저 길어갔다는 사실을 알리는 의미가 있다. 이 습관은 충청남도 일대에서 가장 왕성하게 이루어지고 있다.

10. 상사일上巳日

정월의 첫 사일巳日로, 이날에 이발을 하면 뱀이 집안에 들어온다고 하여 남녀를 막론하고 이발을 하지 않는 풍습이 있다. 그것은 뱀을 매우 싫어하기 때문으로, 뱀은 가장 집념이 강한 동물이라는 인식이 있어서 뱀을 죽였을 경우 는 반드시 태워 재로 만든다.

11. 입춘일

이날에는 도회지와 시골을 막론하고 모든 집에서 문의 판자 부분이나 기둥, 대들보 등에 길의吉意의 문구를 크게 써서 붙인다. 이것은 중국으로부터 전해 내려온 풍습으로 문구의 예를 들면 다음과 같다.

입춘대길立春大吉 건양다경建陽多慶
국태민안國泰民安 가급인족家給人足
기주오복箕疇五福 화봉삼축華封三祝
우순풍조雨順風調 시화연풍時和年豐
애군희도태愛君喜道泰 우국원년풍憂國願年豐
봉명남산월鳳鳴南山月 인유북악풍麟遊北岳風
소지황금출掃地黃金出 개문만복래開門萬福來
국유풍운경國有風雲慶 가무계옥수家無桂玉愁

재축춘설소災逐春雪消 복종하운기福從夏雲起

신의춘초초新意春初草 생색우후화生色雨後花

부모천년수父母千年壽 자손만대영子孫萬代榮

북당훤초록北堂萱草綠 남극수성명南極壽星明

천상삼양근天上三陽近 인간오복래人間五福來

천하태평춘天下太平春 사방무일사四方無一事

수여산壽如山 부여해富如海

거천재去千災 내백복來百福

용약龍躍 봉무鳳舞

천증세월인증수天增歲月人增壽 춘만건곤복만가春萬乾坤福滿家

응천상지삼광應天上之三光 비인간지오복備人間之五福

문영춘하추동복門迎春夏秋冬福 호납동서남북재戶納東西南北財

수복록삼성병요壽福祿三星並耀 천지인일체동춘天地人一體同春

12. 소망일小望日

정월 14일을 소망일이라고 한다. 이날 아침 도로의 흙을 채취해 와서 자기 집 네 귀퉁이와 부엌에 뿌리는 풍속이 거의 모든 조선 땅에서 행해지고 있다. 도로의 흙은 다수의 사람이 밟은 흙이기 때문에 많은 사람의 복이 스며들어 있다는 관념인 것 같다. 그래서 경기도 일대에서는 밤이 되면 가난한 사람들이 부자의 집에 숨어들어 그 집 가족들이 잠드는 것을 기다렸다가 문 앞에 있는 흙을 훔쳐 와서 다음 날 아침 자기 집 부엌에 뿌리기도 한다. 이렇게 하면 그 해에는 운이 좋아 흙을 훔쳐온 집처럼 부자가 될 수 있다는 미신으로부터 비롯된 것이다. 그러나 부잣집에서는 흙을 도둑맞으면 복이 줄어든다고 하여 저녁 무렵부터 될 수 있으면 흙을 도둑맞지 않으려고 주의한다.

또 시골 농가에서는 그 해의 풍흉을 예측하기도 한다. 방법은 지방에 따라 각기 다르지만, 대개는 이날 밤 대두 12개(다만 윤년에는 13개)를 물그릇에 넣어 둔다. 다음 날 아침 이것을 꺼내서 대두의 불은 정도에 따라 비가 많이 내리는 달을 점쳐본다. 예를 들면 네 번째 콩이 부풀어 있다면 4월, 다섯 번째라면 5월에 비가 많이 내린다는 것이다.

그런데 평북지방에서는 밖에서 물을 얼려 그 부피로 비가 순조로울지 아닐지를 점친다. 즉 그날 밤 12개월을 의미하는 12개 그릇에 물을 넣고, 밖에서 얼려 다음날 15일 밤이 되면 이것을 보는 것인데, 정월로 결정해 둔 그릇의 얼음이 부풀어 있지 않다면 정월에는 비가 부족한 것이고, 2월로 결정해 둔 그릇의 얼음이 부풀어 있다면 2월에는 비가 많이 내린다는 것으로 순차적으로 12개월을 점쳐보는 것이다.

그리고 만약 일 년 중 가장 중요한 모내기 계절에 해당하는 그릇의 얼음이 부풀어 있지 않든가, 또는 가장 많은 물이 필요한 계절에 해당하는 그릇의 얼음이 부풀어 있지 않다면 매우 걱정하는 것이다. 물론 이것은 하나의 미신에 지나지 않지만, 이것 하나만 보더라도 조선인이 생활 전부를 농업에 맡기고 있어 농사에 대한 집념이 얼마나 깊은지를 추측할 수 있다.

13. 십오일十五日

새해가 되고 처음으로 보름달이 되는 중요한 날로 달에 제사를 지내는 날이다. 이날을 상원이라 부르고, 황혼이 질 무렵 달을 맞이하여 일 년의 복을 기원하는 풍습이 있다. 영월迎月이라고도 하는데 저녁 무렵이 되면 도회지와 시골을 막론하고 많은 사람이 산에 올라 달을 맞이하는데 달이 나오면 달을 향해 예배禮拜를 한다.

이날 달을 가장 먼저 본 사람은 길吉하다고 하여 농부가 먼저 보면 그 해는 수확이 좋고, 학생이 먼저 보면 과거에 급제하고, 관리가 먼저 보면 승관昇官하고, 자식이 없는 사람이 먼저 보면 자식을 얻고, 미혼자라면 결혼한다는 설이 전해 내려온다.

또 이날 달에 기원하여 연중의 풍흉 등을 점친다. 예를 들면 달이 희다면 비가 많고, 붉다면 비가 적으며, 농후하다면 풍년, 옅다면 흉년이라고 예측하는 것이다.

1) 다리밟기踏橋

이날 밤에 다리를 밟으면 일 년 내내 다리가 건강하고, 다릿병을 앓지 않고, 또 연중 액막이가 가능하다는 전설에서 비롯되어 남녀노소를 불문하고 다리를 밟고 걷는다. 이것을 답교踏橋라고 부른다.

밤이 되면 다리 위는 떠들썩한 사람들의 소리와 다리를 밟는 소리로 밤의 적막을 깬다. 이것은 말할 것도 없이 미신적인 습속에 지나지 않지만, 보름달이 뜨는 밤 젊은 남녀와 아이들이 아름다운 옷으로 치장하고 각각 무리를 지어 여유롭게 다리 위를 밟고 걸으며 교교한 달을 바라보는 광경은 장관을 이룬다. 생각해 보건대 각脚과 교橋의 음이 조선에서는 같은 '다리'이기 때문에 그렇게 된 것 같다.

2) 놋다리놀이

경북 안동군 읍내에서 했던 놀이로 이 지역에서는 정월 15일 밤이 되면, 잘 차려입은 젊은 여자들이 무리를 지어 각종 노래를 부르며 사람들을 모은다. 그리고 한밤중이 가까워지면 일정한 장소에 집합하여 젊은 여자들이 일렬종대로 서서 몸을 굽혀 다리를 만들면 한 소녀가 나이 든 여자들의 부축을 받으며 인교人橋를 건넌다. 일동은 밤늦게까지 낭랑한 음조로 노래를 부르며 논다. 이 인교를 '놋다리'라고 부르고, 이 노래를 '놋다리 노래'라고 부른다.

유래는 지금으로부터 오백 육십여 년 전, 고려조 제31대 공민왕이 왕녀와 함께 안동(경북)에 피난 왔을 때, 군민들이 남녀를 막론하고 모두 나와 맞이하고, 정성을 다하여 경의를 나타내는 의미로 묘령의 소녀들로 하여금 인교를 만들어 왕녀가 이것을 건너간 일이 있었다. 이후 이 지역 여자들은 당시를 기념하기 위하여 새해 첫 보름달이 뜨는 밤을 택하여 '놋다리밟기'를 해 온 것이 하나의 연중행사가 된 것이다.

여기에 '놋다리 노래'를 적어본다.

一. 위 녀 유 내 놋 다 리 에 (어느윤에 놋다리로)[2]
　 청 개 산 놋 다 리 ㄹ 세 (청계산에 놋다릴세)
一. 밋 대 칸 을 발 바 왓 소 (멧대간의 밟아왔노)
　 신 대 칸 을 발 바 왓 네 (쉰대간을 밟아왔네)
一. 이 터 전 은 누 터 전 고 (이터전이 뉘터인고)
　 나 라 님 의 터 전 일 세 (나라님의 옥터일세)
一. 이 지 에 는 누 지 엔 가 (이기와가 뉘기와노)
　 생 개 골 옥 지 엘 세 (나라님의 옥기왈세)
一. 그 어 듸 서 손 이 왓 소 (그어디서 손이왔노)
　 경 상 도 서 손 이 왓 네 (경상도서 손이왔네)
一. 그 무 엇 하 로 왓 소 (무슨꼭께 싸여왔노)
　 예 게 곳 쎄 싸 와 왓 네 (어깨꼭깨 싸여왔네)
一. 무 슨 옷 을 입 고 왓 소 (무슨옷을 입고왔노)
　 차 렵 옷 을 입 고 왓 네 (백마사주 입고왔네)
一. 무 슨 보 선 신 고 왓 소 (무슨버선 신고왔노)
　 타 레 보 선 신 고 왓 네 (타래버선 신고왔네)
一. 무 슨 행 전 치 고 왓 소 (무슨행전 치고왔노)

2　괄호 안은 현대어 표기로 심우성의 『韓國의 民俗놀이-그 現論과 實際』에서 인용한 것이다.

자 지 행 전 치 고 왓 네 (자지행전 치고왔네)

一. 무 슨 신 을 신 고 왓 소 (무슨신을 신고왔노)

노 파 래 를 신 고 왓 네 (봉만화를 진고왔네)

一. 무 슨 장 옷 닙 고 왓 소 (무슨도포 입고왔노)

남 색 장 옷 닙 고 왓 네 (남창의를 입고왔네)

一. 무 슨 쇠 를 씌 고 왓 소 (무슨띠를 띠고왔노)

광 대 쇠 를 씌 고 왓 네 (광복띠를 띠고왔네)

一. 무 슨 망 건 쓰 고 왓 소 (무슨망근 쓰고왔노)

외 올 망 건 쓰 고 왓 네 (외올망근 쓰고왔네)

一. 무 슨 관 자 달 고 왓 소 (무슨관자 달고왔노)

대 모 관 자 달 고 왓 네 (옥관자를 달고왔네)

一. 무 슨 갓 근 달 고 왓 소 (무슨갓끈 달고왔노)

시 천 갓 근 달 고 왓 네 (구슬갓끈 달고왔네)

一. 무 슨 갓 을 쓰 고 왓 소 (무슨갓을 쓰고왔노)

용 당 갓 을 쓰 고 왓 네 (통양갓을 싸고왔네)

一. 무 슨 말 을 타 고 왓 소 (무슨말을 타고왔노)

백 대 말 을 타 고 왓 네 (배대마를 타고왔네)

3) 상원의 음식

당일은 약밥藥飯을 먹는다. 만드는 법은 먼저 찹쌀을 씻어 여기에 밤, 대추, 곶감, 잣 등을 섞어 벌꿀과 간장을 넣어 쪄낸 것으로 단맛과 풍미가 있다. 이 약밥은 약식藥食이라고도 부른다.

그리고 이날 아침에는 작절嚼癤이라 하여 밤, 호두, 잣 등을 이빨로 깨서 먹는다. 이렇게 하면 일 년 동안은 종기가 생기지 않는다는 전설에 기반을 둔 것이지만, 또 일설에는 이를 강하게 하기 위함이라고도 전해진다. 이날에 이로 깨는 밤, 잣, 호두 등의 과실을 흔히 '부름'이라고 부른다. 이것은 조선어로 종기의 음을 본떠 만든 것 같다. 또 당일 아침에 술 한 잔을 마시면 일 년 동안 가장 좋은 것만을 듣고, 귀가 밝아진다는 전설이 있어, 아침에 남녀노소를 불문하고 약주 또는 소주 한잔을 마신다. 이 술을 이명주耳明酒 또는 유롱주牖聾酒라고 부른다. 대부분 이 술은 원일부터 별도로 준비해 둔다.

그리고 이날 약식을 먹는 기원은 신라 제21대 소지왕紹智王이 정월 15일 천천정天泉亭에 행차하였을 때에 어디에선가 한 마리 까마귀가 편지를 물고 날아와 울며 편지를 왕 앞에 떨어뜨렸다. 왕이 바로 이것을 주워보자 외피外皮에 "뜯어보면 두 사람이 죽고, 뜯어보지 않으면 한 사람이 죽는다開見二人死 不開見一人死"라고 쓰여 있었다. 이것을 일관日官에게 점을 쳐보게 하니, 일관이 아뢰기를 "한 사람은 왕을 의미하는 것이고, 두 사람은 알 수가 없습니다."라고 말했기 때문에 왕이 즉시 이것을 개봉해 보자 "거문고 상자를 쏘라."라고 쓰여 있었다. 왕이 궁에 들어가 활을 쏘니 거문고 상자에서 선혈이 흘렀다. 안을 들여다보니 왕비와 내전에서 향을 사르던 중이 있었다. 이에 왕비와 중이 내통하고 있음을 알게 된 왕은 이들을 처벌하였다. 왕은 까마귀에 의해 위기를 넘겼으므로 이것에 보답하기 위하여 찹쌀로 밥을 지어 제사를 지냈다. 이래 이것이 국속國俗이 되어 오늘날까지 행해지고 있다.

4) 동제

모든 부락에서 반드시 일 년에 한 번은 동제를 지낸다. 대부분은 정월 15일 오전 영시 초각初刻, 즉 14일 자정을 지나는 즈음에 각 부락에 안치되어 있는 동신洞神에게 참배하여 연중 평온무사하고, 병이 유행하지 않고, 풍년이 되기를 기원한다.

동신이 안치되어 있는 장소는 대개 가장 오래된 고목이 있는 곳으로, 이것을 동신이 깃들어 있는 주체主體로 하는데, 대개는 느티나무·회화나무·오동나무·소나무 등이다. 즉 이들 고목에 부락을 지키는 신이 깃들어 있다고 생각하였다. 동제를 할 때에는 고목 주위로부터 이것에 다다르는 소경小經의 양측과 제주祭主

의 자택에 이르기까지 정갈한 황토를 깔고, 고목과 제주의 집 입구에는 흰 종이와 소나무 가지 또는 대나무 가지를 띄엄띄엄 매단 왼새끼의 금줄을 걸어둔다.

이날 제사를 진행하는 사람, 즉 제주는 새 옷으로 갈아입고 밤중에 동신이 있는 곳으로 가서 참기름을 넣은 잔에 정갈한 마음가짐으로 불을 붙이고 술, 북어, 흰떡, 대추, 밤, 곶감 등을 그 나무 아래에 올린다. 그리고 오전 영시 초각 "우리 마을을 지켜주는 신이시여 바라옵건대 마을의 안녕 행복을 비옵니다……,我が村を守る神さまよ,何卒村内を安寧幸福ならしめ給へ……"라고 축원하며 예배를 드린다.

이 동제에는 동민 중에서 가장 정갈한 남자(상중에 있지 않고, 가족 중에 출산 또는 임부가 없는 자)를 동회洞會에서 선정하여 제사를 집행하게 하는 것으로 되어있다. 즉 제주는 2~3일 또는 일주일 전부터 야간 정수로 몸을 청결하게 하고, 육류를 먹지 않고, 상중에 있는 사람 또는 병자 등과 만나지 않도록 주의한다. 물론 마을 사람도 동제 전에는 남녀노소를 불문하고 매우 근신하며 조심한다.

그리고 제주는 다음날 오전 중에 마을의 유사有司로 하여금 동민회洞民會를 소집하게 하여 제비祭費의 지출과 동제의 상황을 보고하고, 제찬祭餐 및 별도로 준비한 술을 먹는다. 따라서 동회에서는 다음 해의 제비 및 이외의 사항을 협정한 후 신임유사를 선정한다. 유사는 동회의 사무집행관으로 임기는 보통 1년으로 한다.

동제는 보통 1년에 1회로 정해져 있지만, 만약 연내에 전염병이나 악병이 유행하면 다시금 제인祭人을 선택하고, 제사에 필요한 제구祭具까지 새로이 준비하여 제사지낸다.

5) 야화희野火戲

이날 시골 사람들은 저녁을 일찍 먹고 무리를 지어 들로 나가 마른 잔디밭에 불을 놓는데 이것을 야화희라고 한다. 겨울 동안 바짝 마른 잔디밭은 순

식간에 불길이 번져 일면의 들판은 화염의 바다가 된다. 이렇게 정숙한 촌락의 입구에 환호의 세계와 초열焦熱의 천지를 그려낸 후 달이 뜰 무렵 마치 전쟁에서 승리한 병사가 개선가를 소리 높여 부르듯이 의기양양하게 돌아간다.

이것을 하는 이유에 관해서는 새싹이 왕성히 자라기를 기원하기 위함이라는 설도 있고, 또 일설에는 신년의 운이 화염과 같이 왕성하기를 기원하는 마음에서부터 나온 것은 아닐까 하는 설도 있지만, 생각해 보건대 앞서 말한 것이 원인인 것 같다. 어쨌든 나쁜 의미에서 나온 것은 아니다.

6) 화합火合의 희戱

흔히 거화전炬火戰(횃불싸움)이라 부르는 것으로 매우 남성적인 유희이다. 부락 사람들은 당일 낮부터 거화전 준비에 들어가는데, 저녁 무렵이 되면 각기 거화를 손에 들고 무리를 지어 산 정상에 오른다. 달이 떠오를 무렵 한쪽 무리가 다른 한쪽 무리를 향해 "자 오너라."고 외치고, 상대편에서도 "좋아, 오너라." 하고 응수하면 함성을 지르고 거화를 휘두르며 나가 싸운다.

이처럼 서로 때리고 싸우는 가운데 하나, 둘, 셋 항복하는 사람이 나오고 끝에는 항복한 사람이 많은 편이 지게 된다. 이처럼 각지의 산 정상에서 소년은 소년끼리 청년은 청년끼리 각각 상대를 정해 진을 치기 때문에, 이날 부락에서는 실로 용감무쌍한 천군만마의 연습이 시작되는 것만 같다.

화합전은 거화로 싸우는 것이기는 하지만 의외로 부상자가 나오지 않으며, 그 모습이 매우 화려하여 장관을 이룬다. 이 거화전은 옛날부터 전국적으로 이루어져 왔으나 오늘날까지 왕성하게 하고 있는 것은 함경남도 일대뿐이다.

14. 지연紙鳶의 비양飛揚

원일로부터 17, 18일 정도까지 아이들이 종이연을 날리는 것은 거의 전국적으로 이루어지고 있으나, 특히 이날이 되면 액막이로 소년, 청년 할 것 없이 연날리기를 한다. 액막이는 그 해의 재액災厄을 멀리 쫓아버린다는 의미를 지닌다. 연에 '송액送厄'이나, '송액영복送厄迎福'과 같은 글자를 쓰고, 실에는 화승火繩을 늘어뜨려 날린다. 연이 상당히 멀리 날아 올라가면 화승에 붙여놓은 불이 점점 실에 접근하여 결국에는 실을 끊고 연을 멀리 날려버린다.

또 실을 타인이 날리고 있는 연에 걸어 끊는 것도 있는 것 같다. 이것도 액막이로 자신이 날리던 연이 가능한 한 멀리 날아갈수록 좋은 것이다. 연의 기원에 관해서는 당의 안록산安禄山이 궁중의 양귀비와 연락을 취하기 위하여 날리기 시작한 것에서 유래되었다는 설이 있다.

15. 사자희獅子戱

함경남도 동해안 지방에서 하던 놀이의 하나인데, 이날이 되면 부락 농부들이 총출동하여 사자를 선두로 호랑이, 이리 등의 가면을 쓰고 악기를 연주하면서 마을을 돌고 곡물이나 돈 등을 받는다. 이것을 사자 흉내 즉 '사자놀이'라고 부른다. 이렇게 모은 금품은 한 사람 개인을 위해 쓰이는 것이 아니고 마을의 공동기금으로 사용된다.

즉 그 돈으로 혼례용 도구나 장례식 도구 등을 구입하여 마을 공용으로 사용하고, 또는 홍수 등으로 붕괴한 곳의 개축비용으로 사용하기도 한다. 이처럼 놀이가 의미 있는 성과를 가져오는 것은 참으로 바람직한 일이다.

16. 삭전索戰

음력 정월 중에 각 지방에서 하던 것이다. 부락의 사람들이 총출동하여 하나의 부락을 동서로 나누거나, 또는 인근 부락과 동서로 나뉘어 줄다리기를 한다. 줄다리기는 천군만마가 진을 치는 것처럼 먼저 열을 정렬하여 동서로 마주 보고 함성을 지르면서 줄을 당기는 것이다. 그리고 '전필승戰必勝'이나, '승전기勝戰旗'와 같은 문구가 쓰여 있는 크고 작은 깃발을 진두에 세우고 악기를 연주하면서 필사적으로 승부를 겨룬다.

또 지방에 따라서는 면 단위나 군 단위로 동서로 나뉘어 대대적으로 줄다리기를 하는 곳도 있는데, 이들 지방에서는 부상자가 나오는 경우도 있다. 예전부터 전해 내려오는 여러 가지 관례가 폐지되고 있는 가운데 줄다리기만이 여전히 왕성하게 행해지고 있다.

정월의 인사

1. 연장자에 대한 인사

　무사히 새해를 맞이하셨습니까. 御無事に新年を迎えましたか.

2. 동년배에 대한 인사

　무사히 새해를 맞이하였는가. 無事に新年を迎えたかね.

　좋은 꿈을 꾸었는가. 喜びの夢をみただらう.

3. 나이 어린 청년 남녀에게 하는 인사

　무사히 새해를 맞이하였는가. 無事に新年を迎えたかね.

　아들을 얻은 꿈을 꾸었는가. 息子を出産する夢を見ただらう.

　신년에서 더욱 새로운 가족의 생활이 재미있을 걸세.

　新年には益々新家族の生活が面白いだらう.

4. 어린이에 대한 인사

　무사히 새해를 맞이하였는가. 無事に新年を迎えたかね.

　올해는 결혼하는 꿈을 꾸었는가. 今年は結婚する夢でも見たかね.

이러한 인사에 아이들은 대답을 하지 않는 것이 보통이다.

조선의 연중행사 2

오청 吳晴

정월행사는 본지의 쇼와昭和 4년(1929) 1월호에 게재되어 있기 때문에 여기에서는 2월 행사부터 기재하기로 한다.

❖ 2월 ❖

1. 일일一日

정월의 유희인 사희柶戱, 연날리기紙鳶, 줄다리기綱引 등은 이날을 마지막으로 끝낸다.

시골의 농가에서는 이날을 인부의 날(일군날)이라고 하여, 일을 쉬고 여러 가지 유희를 한다. 중농中農 이상은 농부와 소작인 등을 초대하여 술이나 고기 등을 대접한다. 이는 춘하추동 농작의 시절에 자신의 논밭을 잘 가꾸어주기를 바라는 의미가 있고, 대접을 받은 농부는 술에 취해 각종 악기를 연주하면서 유쾌하게 논다. 이날의 행사를 열기하면 다음과 같다.

1) 대청소

이날은 일 년 중 대청소의 날로 천장부터 시작해서 집 안 구석구석을 청소한다. 초가집은 노래기가 많이 발생하므로 이것을 쫓아내는 방법으로 '향랑각시속천리香娘閣氏速千里'라는 주문을 쓴 종이를 천장 또는 서까래에 붙이거나 솔잎을 지붕이나 벽장 혹은 마당에 뿌린다.

2) 음식

이날에는 도회지와 시골을 막론하고 송병松餠이라는 떡을 먹는다. 이 떡은 멥쌀가루를 물에 풀어 반죽한 후 계란 크기의 피를 만들어 콩이나 팥 또는 대추, 밤 등의 소를 넣어 솔잎을 넣고 찐다. 다 쪄지면 물에 씻어 솔잎은 건어내고 참기름을 바른 후 꿀을 찍어 먹는다. 옛날에는 노비에게 나이 수대로 송병을 먹게 하는 풍습이 있었지만 최근에는 거의 없어졌다.

3) 풍신제風神祭

이것은 경상남북도 지방에서 행해진 것이다. 이 지방의 각 가정에서는 '바람 올린다風上げ'라고 하여, 이른 아침에 각양각색의 산하진미山河珍味와 밥을 장독대나 후원의 정갈한 곳에 올리고 하늘을 향해 제를 올린다. 제를 올릴 때에는 흰 종이를 가족 수대로 잘라 가족의 생년월일을 적어 한 장씩 태우면서 호운好運을 빈다. 이것에도 의미가 있어 종이의 재가 하늘로 높이 올라가면 길운이라고 한다. 또 바닷가 연안에서는 장독대 또는 후원의 정갈한 곳에 대나무 가지를 잎이 붙은 채로 세우고, 색이 있는 천 조각과 종이를 붙여 이것을 제단으로 하여 아래에 제물을 올리고 위와 같이 제를 올린다. 끝나면 제단 즉 대나무 가지는 20일까지 그대로 놔두고 매일 이른 아침 우물의 물을 길어 와서 새 바가지에 담아 놓아둔다.

전해오는 이야기에 의하면, '바람 올린다'는 천상에 '영등마마'(마마라는 것은 할머니를 의미한다)라는 할머니가 있는데 해마다 이날이 되면 인간계를 보기 위하여 천상에서 내려와서 20일에 돌아간다는 전설이 있다. 할머니가 인간계에 내려올 때에 반드시 딸이나 며느리 둘 중 한 사람을 데리고 내려오는데 딸을 데리고 내려올 때에는 아무런 문제가 없다. 그러나 며느리를 데리고 내려올 때에는 그 며느리가 노하여 폭풍을 불러오기 때문에 전답을 휩쓸어버리고, 해안에서는 난파선이 많아진다는 전설이 있어 흔히 이 바람을 '영등풍'이라고 한다. 그래서 일반 농가에서는 영등풍으로 인한 농작물의 피해를 면하기 위해서, 또는 어촌에서는 난파선의 피해를 면하기 위해서 '바람 올린다'라고 하여 영등할머니와 며느리에게 제사를 지낸다.

그리고 해안에서는 매년 2일이 되면 가끔 폭풍이 일어나 조난선이 많아지는데, 그것이 신의 소행이라고 믿었다. 따라서 풍신에게 제사지내게 되었던 것 같다.

어쨌든 이것은 일종에 미신에 지나지 않지만, 이것만을 보아도 흔히 인간계의 시어머니와 며느리 관계의 일면을 이야기 하고 있는 것으로도 볼 수 있다. 그리고 이 풍신의 칭호는 영등신靈登神, 영동신靈童神, 영동신嶺東神, 영등신嶺登神 또는 영동신嶺童神이라고 부르기 때문에 어떤 것이 정확한지는 확실하지 않다.

또 풍신의 기원에 관해서도 여러 가지 설이 분분하지만 채제공蔡濟恭의 『번암집樊岩集』의 풍신가에는 다음과 같이 적혀있다.

신부작병아매육新婦作餠兒買肉　옹파재배신전복翁婆再拜神前伏

신래단운막위탐神來但韻莫謂貪　작일분조농역득作日分糶儂亦得

황토쇄정고동동黃土灑庭鼓鼕鼕　촌가유원성불이村家有願誠不移

택중우양질생추宅中牛羊迭生雛　분여중자위생리分與衆子爲生理

동파종목다조성東陂種木多鳥省　원신구거자아수願神驅去滋我穗

추성급시입선창秋成及時入宣倉　영아비부면초추令我肥膚免楚篘

생손이세혹삼세生孫二世或三世　지공명입첨정리紙恐名入簽丁裏

신수우아일가인神手祐我一家人　명년이월복영신明年二月復迎神

4) 제주도 연등제燃燈祭

이것은 제주도의 귀덕歸德, 금녕金寧 등의 지방에서 행해지던 풍속으로 12개의 목간木竿을 세우고 신을 맞아 제사지내는데, 여러 가지 형을 만들어 채색된 비단으로 꾸민 약마희躍馬戲를 만들어 신을 즐겁게 한다. 이것을 연등燃燈이라고 하여 2월 1일 시작하여 15일이 되면 끝난다.

말하자면 연등은 조선음으로 연등Yun teung이고, 경상도 풍신 영등靈登은 영등Yung teung이다. 연등과 영등 즉 연등Yun teung과 영등Yung teung의 음으로 추측해 보건대 제주의 연등제와 경상도의 영등제는 혹시 동일한 기원으로부터 나온 것은 아닐까 생각된다. 그러나 이것을 확실히 증명할 문헌이 나오지 않기 때문에 간단히 단언할 수는 없다.

2. 육일六日

이날 농가에서는 저녁 달빛이 아직 희미할 무렵에 삼성參星(38수宿 중 하나인 별)이 나타나면, 이 삼성과 달과의 위치를 보고 그 해의 풍흉을 예측한다. 즉 삼성과 달이 동행한다면 풍흉상반豊凶相半이고, 삼성이 뒤라면 풍, 앞이라면 흉이라고 결정한다. 흔히 삼성점參星占이라고 부른다.

3. 구일九日

이날은 어떠한 나무를 심어도 잘 자란다고 하여 매해 이날이 되면 각지에서 왕성하게 식수를 한다. 정원에 화훼를 심는 것도 대개는 이날에 한다. 흔히 이날은 '물방성일物方盛日'이라고 하여 고목을 거꾸로 심어도 뿌리내린다는 속담이 있는데, 말하자면 이날은 조선 식수의 날이다.

4. 경칩일驚蟄日

이날은 땅속이나 벽 속에서 겨울을 난 곤충류가 봄의 따뜻함에 기어 나온다는 천세력千歲曆에 정해져 있는 날이다. 이날이 되면 도회지와 시골을 막론하고 각 가정에서는 벽이나 흙담 수선 등의 미장일을 한다. 전해오는 말에 의하면 이날 흙을 채취해 벽에 바르면 빈대가 전멸한다는 속설이 있고, 또 일설에 의하면 이날 재를 물에 풀어 집의 사면에 놓아두면 빈대가 죽는다는 설도 있다.

그리고 시골의 농가에서는 보리 싹이 나는 정도를 보고 일 년의 풍흉을 예측했다. 또 이날 단풍나무를 베어 거기서 나오는 물을 마시면 위병, 마병痲病 및 이외 피부병에 효과가 있다는 설이 전해진다.

5. 상정일上丁日

2월 첫 정일丁日로, 봄의 문묘석전文廟釋典을 올리는 날이다. 문묘라 함은 공자 및 그 외 명현의 위패를 안치한 곳으로 각 도에 한 곳 이상은 반드시 있다.

2월 및 8월의 상정일이 되면 유생 등이 문묘에 모여 대제大祭를 올린다. 사제는 삼헌三獻으로 나누어 초헌은 군수郡守, 아헌亞獻 및 종헌終獻은 그 지방 유생 중에서 덕망이 있는 자로 한다. 그 외에 축문을 낭독하는 대축大祝, 향로香爐를 올리는 봉향奉香과 그 외 제반의 잡역을 설비하는 집례執禮, 집사執事 등이 있다. 소, 돼지의 희생犧牲과 찐 밥을 올려 위의엄숙威儀嚴肅하게 집행한다.

6. 이십일二十日

시골의 농가에서는 이날의 날씨를 보고 그 해의 풍흉을 점친다. 즉 이날에 비가 온다면 풍년, 흐리다면 평년, 맑다면 흉년이라고 한다.

7. 청명일淸明日

천세력에 정해져 있는 날로, 한식일 하루 전이지만 가끔은 한식일과 같은 날인 경우도 있다. 옛날에 궁중에서는 매해 이날이 되면 느릅나무와 버드나무에 불을 일으켜 각 관청에 나누어주는데, 오행상생五行相生의 이치에 의해 불이 잘 붙기 때문인 것 같다. 옛날에는 지금의 성냥과 같은 편리한 것이 없었기 때문에 강한 바람이 부는 때에 불을 금지한 후, 각 부락에서 불에 곤란을 겪는 경우가 꽤 있었기 때문에 관으로부터 불을 나누어 받는 일이 있었다.

말하자면 이 당시에는 분화頒火라고 하는 것이 행정관 사무의 하나였다. 옛날 경성에서는 분화사무가 오부五部가 관장하는 사항 중의 하나였다. 이날 시골 농가에서는 춘경春耕을 시작하는데 말하자면 경작을 시작하는 날이다.

8. 한식일寒食日

천세력에 동지가 지난 후 백 오일에 해당하는 날이 한식일이기 때문에 2월에 되는 경우도 있고, 또는 3월에 되는 경우도 있지만 대부분은 2월에 해당한다. 연중 사절구의 하나(정조, 한식, 단오 및 추석을 사명절이라고 부른다)로 술, 과일, 포, 떡, 국수, 적 및 각종 음식을 준비하여 가묘에 올려 제사를 지내고, 선조의 묘지에 가서 묘제를 지낸다.

또 이날은 일 년 중에 묘에 참배하는 날로 성묘라 부른다. 사당에는 사대까지의 선조, 즉 부모, 조부모, 증조부모, 고조부모까지의 위패를 안치하기 때문에 가묘에서 제사를 지낼 때에는 사대까지의 선조에게만 제사를 올린다. 또 사대 이상의 선조라 하더라도 불천위不薦位 선조에게는 몇 십대에 이르기까지 위패가 있는 사당에서 제사를 올렸다. 불천위는 위패를 묻지 않고 영구히 안치하여 제사를 지내는 것을 의미하는 것으로 명현名賢이든가 또는 유명한 공신이 아니면 불천위 선조는 될 수 없었다. 그러므로 이것은 명가가 아니면 있을 수 없었다.

위에서 서술한 대로 가묘에서는 불천위 이외의 선조에게는 사대조까지 제사를 지내지만, 묘제墓祭는 몇 십대 선조의 묘에도 모두 제사를 지낸다. 선조의 묘가 멀리 떨어져 있는 경우는 묘직墓直(묘를 수호하는 자를 묘직이라고 부른다)으로 하여금 대신 제사를 지내도록 한다. 그래서 매년 한식일이 되면 교외의 묘지에는 성장盛裝을 한 남녀노소 참배객으로 일대 장관을 이룬다. 이 묘제는 한식일과 10월에 행하게 되어있다. 또 개사초改莎草라고 하여 묘지 주변의 풀을 깎아 분형을 수선하고, 묘지 주위에 나무를 심거나 하는 무덤에 관한 모든 일을 이날에 한다.

옛날에는 이날에 한식이라는 명칭처럼 온종일 불을 때지 않고 한식을 하는 곳도 있었으나 최근에 이르러서는 완전히 폐지되고 있는 실정이다. 그 기원을 보면 옛날 진나라의 충신 개지추介之推(세상에서는 개자추라고 부르고 있으나 『형초세시기』에는 개지추라고 기재되어 있다)가 간신에게 쫓겨 면산에 은둔하였다. 진문공이 이것을 듣고 지추의 고충을 불쌍히 여겨 방방곡곡 찾았으나 발견하지 못하여 산에 불을 질렀다. 그러나 지추는 끝내 산에서 내려오지 않았고 불에 타 죽었기 때문에 그 당시 사람들이 그 정충精忠에 감복하여 한식이라는 유속이 되었다고 말하고 있다. 그런데 『유향별록』에는 "한식답축 황제소작병세야寒食蹋蹴 黃帝所作兵勢也"라고 되어있다. 이것에 의하면 한식이라고 부르는 이름은 이미 중국 삼대三代 이전 시대부터 있었음이 틀림없다. 그 기원이 어떻든 간에 조선에서 한식이 명절인 것은 중국으로부터 전해져 온 풍속이라는 것만은 사실인 것 같다.

시골의 농가에서는 이날에 수묘樹苗 및 곡다穀茶의 씨를 내린다. 한식일 전에 천둥이 치면 오곡이 결실을 맺지 않고, 더욱이 국가에 불상사가 있다는 설이 전해져 있다.

9. 천빙薦氷

이것은 궁중에서 하는 것인데, 2월 중에 길일을 정해 대묘大廟에 얼음을 바친다. 이것은 『예기』의 "월령중춘지월月令仲春之月, 천자내개수天子乃開水, 선천침묘先薦寢廟"에 의거한 것이다.

조선의 연중행사 3

오청 吳晴

❖3월❖

1. 삼일三日

이날에는 화전花煎과 화면花麵을 만들어 가묘家廟에 올린 후 먹는다. 화전은 진달래꽃에 찹쌀가루를 섞어 만든 단자團子이다. 화면이란 녹두菉豆라는 청소두靑小豆 가루와 진달래꽃을 섞어 만든 면이다. 이날을 흔히 제비가 남쪽으로부터 돌아오는 날이라고 일컫는다. 서당의 학도와 유생 등은 술과 고기를 준비하여 산정하변山亭河邊에 모여 청유를 즐기며 시를 짓는 개접開接을 하였다. 개접은 서당에서 시를 짓는 개시식開始式을 말하는 것으로, 즉 춘기개학식을 말하는데, 학교 교육의 보급에 따라 점차 줄어들게 되었다.

그런데 이날 흰나비를 보면 연중에 상복을 입게 되고, 노랑나비나 호랑나비(호랑나비라고 하는 것은 호랑이와 같은 무늬를 가진 산 나비를 말한다)를 보면 그해에는 운이 좋다고 하는 설이 전해지고 있다.

또 이날 머리를 감고 빗는 풍습이 있었다.

2. 생자生子 기원

유명한 산, 고목 아래, 또는 삼신당 등에서 자식을 기원하는 것은 전국적으로 행해지던 고대부터의 풍속이다. 충청북도 진천지방에서는 삼월 삼일부터 사월 팔일 사이에 자식이 없는 여자들이 무녀를 데리고 우담牛潭의 동서 용왕당과 삼신당에 가서 아들을 낳게 해달라고 기도한다. 옛날에는 매해 이맘때가 되면 부근 부락으로부터 염원하기 위해 모여드는 여자들과 이를 구경하려는 관객들로 매우 떠들썩하였으나 이러한 풍습도 지금은 점점 쇠퇴하고 있다.

산이나 고목 아래, 혹은 삼신당에서 신에게 기원하는 풍속의 시작은 무엇이었을까? 조선의 『고기古記』에 근거해 보면 단군의 아버지 환웅천왕이 태백산 정상의 신단수神檀樹 아래로 내려와 단군이 여기서 탄생하였다는 옛이야기로부터 기인하는 것 같다. 고대에 산 위에 있는 나무 아래에 단檀을 마련하여 천제를 지냈던 것이 오늘날까지 전해져 내려와, 지금도 산 위에 있는 나무 아래에서 제를 올리는 풍속이 된 것 같다.

또 삼신당에서 기원을 하는 것도 단군삼세檀君三世를 제사지내는 유풍이다. 삼신당이라는 것은 조선 민족의 국조인 환인천제桓因天帝, 환웅천왕桓雄天王, 왕검단군王儉檀君 삼세를 모시는 곳으로 삼신당은 조선 어디에나 있다.

3. 곡우일穀雨日

천세력千歲曆에 정해져 있는 날로, 시골의 농가에서는 곡우절穀雨節부터 못자리를 시작한다. 남쪽 지방에서는 곡우일을 전후로 삼 일간 가래나무를 쪼개어 거기서 나오는 물을 마시면 위병, 마질痲疾, 피부병 등에 효과가 있다고 전해진다. 오늘날에도 여전히 경상남도 함양군 대지면의 용추사龍湫寺 및 전라남도 구례군의 화엄사華嚴寺 부근에서는 매해 곡우일이 되면 그 물을 마시려고 전국에서 모여든다고 한다.

또 '공치'라는 침어針魚는 곡우 전후의 사흘간 가장 왕성하게 나오고, 그 시기를 지나면 바로 없어지기 때문에 강촌江村 사람들은 이것으로 절계節季의 빠름과 느림을 점친다. 농암 김창협農嵒 金昌協(숙종시대의 사람)은 "어영곡우린린상魚迎穀雨鱗々上"이라고 시를 읊었다.

4. 화류花柳놀이

상고 이후부터 거의 모든 조선 전국에서 행해지던 풍속이다. 기후가 따뜻해지고 겨울 동안 고목과도 같았던 나뭇가지에서 새싹이 나오고, 울긋불긋 형형색색의 꽃들이 피어나는 삼월이 되면 교외의 봄을 찬양하기 위하여 노인은 노인, 장년은 장년, 청년은 청년, 부인은 부인, 아이들은 아이들 각자 무리를 이뤄 산으로 들로 강으로 놀러 나가 청유를 즐긴다. 지금은 가령 두 사람이 모여도 회비를 걷지만, 옛날에는 각자 능력이 되는 대로 기호에 따라 각기 특색 있는 음식물을 가지고 모였기 때문에 좋았다.

이처럼 산이나 물가에서 하루를 보내고, 저녁 무렵이 되면 철쭉을 꺾어 만든 화봉花棒(조선어로 꽃방망이라고 한다)을 만들어 장단을 치며 흥겹게 돌아간다. 이것을 화류花柳라고 부르는데, 조선어로 '꽃다림'이라고 한다.

옛날 경성에서는 필운대弼雲臺의 살구꽃, 북둔北屯고목 복숭아꽃, 흥인문 밖의 양류楊柳가 명승지였기 때문에 많은 사람이 이곳으로 집합한다. 이 화류놀이는 종래에는 왕성하게 행해졌으나 지금은 점점 쇠퇴하고 있다. 이것도 매년 덮쳐오는 생활난의 어두운 그림자일 것이다.

5. 각시閣氏 유희

각시는 여자를 말한다. 매년 3월이 되면 소녀들은 약간 긴 풀을 채취해 머리를 만들고, 얇은 나무를 깎아 만든 머리장식을 꽂고, 붉은 옷을 입혀 이것을 각시라 칭하고, 이불, 베개, 병풍 등을 마련하여 놀이를 한다.

6. 버들피리柳笙

버드나무로 만든 피리를 말하는 것으로 아이들이 버드나무의 가지를 꺾어 속심을 빼내고 만들어 들에서 불며 논다.

7. 청춘경로회

강원도 강릉지방의 풍속으로 매년 삼월이 되면 맑고 화창한 날을 골라 칠십 이상의 연장자를 명소에 초대하여 위안회慰安會를 개최한다. 이것을 청춘경로회라고 부른다.

이 모임에는 빈부귀천의 구별이 없이 칠십 이상이라면 누구나 참가할 수 있다. 이 풍습은 『여지승람興地勝覽』에도 기록되어 있으나 최근에 와서는 개최되지 않는다.

8. 경주의 사절유택四節遊宅

『여지승람』에 의하면 옛날 경주에는 춘하추동 사계를 노닐며 구경하는 장소가 별도로 있었던 것 같다. 즉 사계절의 놀이 장소를 사절유택이라 해서, 봄은 동야택東野宅, 여름은 곡량택谷良宅, 가을은 구지택仇知宅, 겨울은 가이택加伊宅이라고 한다.

9. 향음주례鄕飮酒禮

전라북도 용안 지방에서는 매해 삼월이 되면 각 부락의 어떤 일정한 장소에 모여 연령순으로 착석하고, 이 중 한사람이 서서 서문誓文을 낭독한다. 이때 일동은 숙연하게 이것을 듣고, 끝나면 일동 재배한 후에 주연을 베푼다. 이것을 향음주례鄕飮酒禮라고 하는데 가을에도 개최한다.

이것은 촌락의 풍기를 유지함과 동시에 상호 친목을 도모하기 위함이나, 최근에 와서는 이것 역시 거의 행해지지 않는다. 그리고 『여지승람』에 의하면 서문의 의미는 대략 다음과 같다.

> 부모에게 불효하는 자, 형제간에 화목하게 지내지 않는 자, 붕우에게 신뢰를 얻지 못하는 자, 조정의 정사를 비방하는 자, 수령(군수를 말한다)에게 복종하지 않는 자는 전부 축출한다. 또한, 장래를 훈계하기 위하여 서로 덕업에 힘쓰고, 서로의 과실을 바로 잡고, 예로 풍속을 다스려 환란을 구조救助한다 등이다. 그렇지만 대략 동향의 사람들은 효우충신孝友忠信의 도를 다하고, 이로 인하여 후생의 복리를 도모해야 한다.

10. 궁사회弓射會

옛날부터 조선 전국에서 행해지던 풍습으로, 경성을 시작으로 각 지방의 무사는 매해 삼월 중에 어떤 지역을 선택하여 궁술회弓術會를 개최, 조를 나누어 승부를 겨룬다. 궁술회를 개최하는 때에는 기생의 시중을 받으며 술을 마시고 흥을 돋운다.

궁술을 겨룰 때에는 화려한 복장을 한 기생이 무사들 뒤에 정렬하여 낭랑한 목소리로 노래를 부르면서 격려하기 때문에 화살이 목표(이것은 조선어로

'관역'이라고 부른다)에 명중하면 기생들은 '지화자……'라고 노래 부르며 춤춘다.

궁술회에는 부근의 남녀노소 관객이 운집하기 때문에 사람의 산, 사람의 바다를 연출한다. 또 가을에도 비슷한 행사를 개최하나 이것도 예전 같지 않다.

11. 양잠養蠶의 시작

일반 민가에서는 매해 삼월이 되면 뽕나무 잎을 꺾어와 잠사蠶飼를 시작한다. 고사에 의하면 조선 양잠의 기원은 예濊시대부터 시작되었다고 한다. 『경제대전經濟大典』에 의하면 조선 초기에 종상법種桑法을 반포하여 대호大戶는 300그루, 중호中戶는 200그루, 하호下戶는 100그루를 심게 하고, 만약 규정대로 뽕나무를 심지 않는 자는 벌을 주는 것으로 되어있었다. 그리고 양잠은 원래 여자가 담당하는 일로 궁중에서는 후비后妃의 친잠제親蠶制가 있어, 매년 삼월이 되면 왕후가 내외의 명부命婦를 이끌고 후원 상단桑壇에서 뽕나무 잎을 꺾어 친잠親蠶의 예를 행해 인민에게 권장하였다.

이것만 보아도 옛날부터 잠업蠶業을 중요시했다는 것을 충분히 추측해 볼 수 있다. 『이조실록』에는 다음과 같이 기록되어 있다.

성종팔년춘삼월成宗八年春三月 왕비행친잠례王妃行親蠶禮 선공감繕工監 축채상단우창덕궁후원築採桑壇于昌德宮後苑 친잠집사親蠶執事 채상採桑 일품내명부이一品內命婦二 이품내명부일二品內命婦一 삼품내명부일三品內命婦一 일품외명부이一品外命婦二 이품외명부일二品外命婦一 삼품외명부일三品外命婦一 종채상從採桑 외명부일품지삼품外命婦一品至三品 상의일尙儀一 상궁일尙宮一 상기일尙記一 상전일尙傳一 상공일尙功一 전제일典製一 전빈사일인내명부典賓四一引內命婦 일인외명부一引外命婦 일인제삼실一引諸蠶室 일인집구광一引執鈎筐 이십사년춘삼

월二十四年春三月, 왕비예후원재상단王妃詣後苑採桑壇, 솔왕세자빈급내외명부率
王世子嬪及內外命婦, 행친잠례行親蠶禮 사채상여잠모면포賜採桑女及蠶母綿布 (이하
생략)

선시태종상교왈의식先是太宗嘗敎曰衣食 민생소중民生所重 불가편폐不可偏廢 고자
유친잠지례古者有親蠶之禮 자금自今 영궁중납마시이비방적令宮中納麻枲以備紡績

단종이년구월端宗二年九月 호조계戶曹啓 청령각읍도회관晴令各邑都會官
취잠종取蠶種 분수어제읍分授於諸邑 사지양잠使之養蠶 고기근만考其勤慢
이위포폄지以爲褒貶之 수령종지守令從之 경국대전호전經國大典戶典 제도의상처
諸道宜桑處 치도회잠실置都會蠶室 성적성적成籍 장어본조본도본읍藏於本曹本道本邑
양잠취사견상납養蠶取絲繭上納

인종어제仁宗御製의 시는 다음과 같다.

일가유양부一家有兩婦
교졸백부적巧拙百不敵
졸자념기졸拙者念其拙
일일직일척一日織一尺
교자시기교巧者恃其巧
백척기일일百尺期一日
이빈학궁장理鬂學宮粧
호축화간접好逐花間蝶
축접우절화逐蝶又折花
장소졸자직長笑拙者織
추풍일석지秋風一夕至
만호침성급萬戶砧聲急
졸자선재의拙者先裁衣

가무당전월歌舞堂前月

교자회하급巧者悔何及

천한취수박天寒翠袖薄

가수읍기상呵手泣機上

사한이포척梭寒易抛擲

난장화여접難將花與蝶

적차풍상석敵此風霜夕

현종어제顯宗御製의 경잠도耕蠶圖에서는 다음과 같이 말씀하셨다.

객세지동客歲之冬

우득단축偶得短軸

시경잠지도야是耕蠶之圖也

이묘수이선형용전가지신고여공지근노以妙手而善形容田家之辛苦女工之勤勞

매일피열약친견지每日披閱若親見之

가위이미구어일폭야可謂二美具於一幅也

12. 국사신제國師神祭

옛날 청안(지금의 충청북도 청주군) 지방의 풍속으로, 삼월 초가 되면 현의 우두머리 관리가 읍민들을 거느리고 동쪽 장압산의 큰 나무에서 국사신 부부를 맞이하여 읍내로 들어온다. 그리고 무격巫覡 들로 하여금 술과 음식을 갖추어 놓고 징을 울리고 북을 치며 떠들썩하게 현아縣衙와 각 관청에서 제사를 지낸다. 그렇게 20여 일 한 후에야 신을 원래의 장소로 돌려보낸다. 이런 행사를 2년에 한 번씩 한다.

13. 전춘餞春

삼월 삼십일은 봄의 마지막 날로 시인묵객詩人墨客은 봄을 아쉬워하는 의미로 술과 음식을 가지고 산간하변에서 시를 지으며 하루의 청유를 즐긴다. 이것을 전춘시회餞春詩會라고 한다.

14. 탕평채蕩平菜

삼월 중에 먹는 음식으로 녹두포菉豆泡(청소두를 물에 불려 절구에 찧어 천에 걸러낸 물을 끓인 후 그릇에 옮겨 냉각한 것이다)를 가늘게 썰어 돼지고기, 미나리, 김 등을 넣어 식초가 들어간 간장으로 간을 한 후 차게 해서 먹는다. 이것을 탕평채라고 한다.

15. 산병饊餠과 환병環餠

멥쌀로 만든 떡 속에 소를 넣고 방울 모양의 작은 떡을 만들어 오색 물감을 들여 다섯 개를 쭉 이어 염주같이 만든 떡이다. 또는 반달 모양의 떡을 청색과 백색 두 가지 색으로 만들어 두세 개씩 붙여 만드는데 이것을 산병이라고 부른다. 또 멥쌀에 송기와 쑥을 섞어 원형의 떡을 만드는데 이것을 환병이라고 한다.

16. 사마주四馬酒

사마주라는 것은 초봄의 오일午日부터 네 번째의 오일午日까지 네 번 반복하여 주조하기 때문에 이와 같이 이름 지어진 것으로 삼월이 되면 마신다. 이 술은 일 년이 지나도 맛이 변하지 않는 명주이다. 옛날 동악 이안눌東岳李安訥은 남궁적南宮績의 사마주 시음회에 가서 다음과 같이 찬미의 시를 지은 일도 있다.

군가명주저경년君家名酒貯經年 양조응종왕해전釀造應從玉薤傳

17. 야채팔기

삼월에 되면 도회지에서는 매일 이른 아침부터 야채를 파는 사람이 새로운 배추나 무를 이고 "야채 사세요."라고 외치며 돌아다닌다. 이것은 각 가정에서 장아찌나 다른 음식에 신춘의 야채를 사용하기 때문이다. 이달에는 도회지와 시골을 막론하고 밥을 새로 난 야채에 싸먹는데, 이것을 조선어로 '생치쌈'이라고 한다. 언뜻 보면 비위생적으로 보이지만, 야채를 깨끗이 씻고 참기름을 뿌려 먹기 때문에 위생상은 아무런 문제가 없다.

18. 극락의 송영

개성의 풍속으로 매년 삼월의 끝 무렵이 되면 남자는 남자와, 여자는 여자와 각각 조를 짜서 북성지北城址 넘기를 한다. 조선어로 '길마지'라고 한다. 북성지는 개성에서 동북으로 약 2리 정도 떨어진 천마산에 있는 옛 성터로, 만일 한 번이라도 이 성지를 넘으면 일생의 죄과를 면하고 극락으로 갈 수 있다는 설이 전해져 내려오므로 수만 가지의 어려움을 물리치고 북성지를 넘는 것이다.

북성지는 하도 험하고 길이 고약하여 매우 노력을 요하기 때문에 가족들은 북성지로부터 돌아오는 가족을 위해 여러 가지 음식을 준비하고 도중까지 마중을 간다. 대부분의 사람이 박연폭포나 서사정逝斯亭 혹은 괴정혹槐亭或까지 나가서 맞이한다. 그리고 마중을 가는 이유가 죄를 면하고 극락왕생의 길을 닦고 오는 가족을 위로하기 위함이므로 그곳을 내왕하는 사람들은 대개 기쁜 마음으로 음식을 나누어 먹는다.

❖ 4월 ❖

1. 팔일의 등석燈夕

석가의 탄생일로 욕불일浴佛日이라고도 하는데, 사람들은 새로운 의복으로 갈아입고 부근의 사원에 참배한다. 또 이날의 저녁 무렵을 등석燈夕이라고 하여 오색 종이를 난 등을 밝혀 실외에 높이 올려 단다.

가장 왕성하게 행해지는 것은 예전 고려의 수도였던 개성이다. 불교가 조선에 전해진 것은 먼 옛날의 일이기는 하지만 고려 시대에 가장 융성했기 때문이다. 지금도 개성에서는 매해 이날이 되면 하늘은 제등提燈으로 가득 차고, 가게 앞은 조화에 둘러싸이고, 집집마다 매단 색등롱色燈籠은 보기에도 화려하여 매우 장관을 이룬다. 밤이 되어 제등과 등롱에 불이 켜지고 사거리마다 불꽃놀이가 시작되면 더욱더 화려함이 더해진다.

옛날에는 도회지와 시골을 막론하고 여러 곳에서 8일부터 23일까지 등간燈竿이라는 긴 장대를 세워 등대를 만들고 꼭대기에 꿩의 날개나 소나무 가지를 꽂아 장식한 후, 오색 비단의 깃발을 달고 가족의 수대로 색등을 매달았다.

또 이날 저녁에는 가족의 순위대로 위에서부터 아래로 등불을 켰는데 등불이 가장 밝은 것을 길한 것으로 생각하였다. 사치스러운 사람은 큰 대나무를 수십 개씩 묶어세우기도 하고, 혹은 오강五江(경성에 접근하는 한강연안의 오촌을 말한다)의 주변에서 범장帆檣을 운반해 와 사다리를 만드는 경우도 있었다. 혹은 해와 달의 형상을 한 굴러다니는 등을 달기도 하고, 화약을 종이에 싸서 끈으로 묶고 불을 붙여 불꽃놀이 같이 즐기기도 하였다. 혹은 꼭두각시傀儡를 만들어 옷을 입히고 끈으로 묶어 등대의 꼭대기에 매달아 요동케 하여 놀기도 하였다.

『고려사高麗史』에 의하면 "본조의 습속에 4월 8일은 석가의 강탄일降誕日로 불리며 집집마다 등불을 켜는데, 어린아이들은 수십 일 전부터 종이로 기旗를 만들어 성내(지금의 개성)를 돌아다니며 쌀이나 옷감을 받아 그것으로 비용을 충당하였는데, 그것을 호기呼旗라고 한다."고 기록되어 있다. 추측해 보건대 조선 시대 각 도향에서 이날 등간에 기旗를 올리는 것은 고려 시대 호기呼旗의 유풍일 것이다.

이날 사용하는 등에는 수박등, 마늘등, 연꽃등, 칠성七星등, 공毬등, 배船등, 북皷등 등의 여러 가지 종류가 있는데 전부 실물을 본떠 만든다. 또 등면燈面에는 누각樓閣, 난간欄干, 분재盆栽, 선인상仙人像, 화조류花鳥類 및 그 외 동물류(봉황, 잉어, 거북이, 학) 등의 문자가 쓰여 있는 것도 있었다.

가끔 북등에는 말 탄 장군이나 그 외 삼국 고사에 관한 그림을 그린다. 수박등이라는 것은 오색 종이를 각 귀퉁이에 붙인 수박과 같은 원형의 등을 말한다. 그리고 등롱을 붙이는 방법은 청홍색 종이 또는 비단천을 사용하고, 등 가장자리는 색지로 감고, 오색 종잇조각을 이어 붙이기 때문에 매우 화려하게 보인다.

영등影燈 혹은 영화등映畵燈이라 부르는 것이 있는데, 등롱 속에 회전하는 기계를 설치한 뒤 종이로 사냥하는 말, 매, 개, 호랑이, 사슴, 토끼, 꿩 등의 형태를 만들어 그 위에 붙이면 바람이나 불의 힘으로 빙빙 돌아가기 때문에 그림자가 등면에 잘 비친다. 영등은 삼국고사에 의해 만들어진 것 같다.

경성을 시작으로 각 도회지에서는 매년 사월 초가 되면 다채로운 색상과 형태의 등을 만들어 가게에 걸어 놓는다. 그리고 난조鸞鳥, 학, 사자, 호랑이, 거북이, 사슴, 잉어, 자라, 선관, 선녀 등의 완구를 만들어 파는데 어린이들은 그것을 경쟁하듯이 구입한다.

옛날 경성에서는 평소 야금夜禁이라 하여 야종夜鐘이 울린 뒤에는 길을 돌아다니는 것을 금지했는데 4월 8일 밤만은 이 야금을 해제한다.

이날은 저녁 무렵부터 성내의 모든 사람이 총출동하여 남북의 산기슭에 오르거나, 혹은 거리를 거닐며 구경하는데 불야성의 거리와 수많은 사람으로 장관을 이룬다.

소년들은 각각 등간에 모여들어 느릅나무 잎과 찹쌀로 만든 떡이나 찐 콩, 미나리로 만든 요리 등을 준비하여 관객을 초대하는데, 이날이 불진佛辰이기 때문에 소박한 음식으로 손님을 맞이해서 대접한다는 의미로부터 온 것인 것 같다.

또 수부희水缶戲라고 하여 물이 담겨 있는 물동이에 바가지를 엎어놓고 빗자루로 바가지를 두드리면서 노래를 부르는 놀이도 있었다. 장원張遠의 『오지隩志』에 "경사京師 풍속에 염불하는 사람이 콩으로써 그 수를 헤아린다. 그랬다가 4월 8일 석가모니 탄신일에 이르러 그 콩을 볶는데, 소금을 약간 쳐서 길에서 사람을 맞이했다가 먹어서 그것으로 결연結緣하였다."라는 기록을 소개하고 있다. 콩을 볶는 풍속은 아마도 여기서 비롯된 것으로 생각한다.

또 『제경경물략帝京景物略』에 의하면 "어린이들이 상원上元 저녁 무렵부터 이튿날 새벽까지 북을 치며 놀았는데, 이것을 태평고太平鼓라고 하였다."고 기록되어있다. 추측하건대 위에서 말한 수부희는 이 태평고를 의미한 것이 아닐까. 불진을 계기로 등석을 했기 때문에 어쩌면 그것을 전용轉用한 것은 아닐까 생각한다.

그런데 4월 8일 밤에 등불을 밝히고 등석이라고 한 것은 고려 중엽 이후이다. 이것에 관해서는 『고려사』 중에서 다음의 한 부분을 인용한다. "정월 15일이 되면 왕궁이 있는 국도國都로부터 시골 마을에 이르기까지 정월 보름 이틀 동안 등불을 밝히던 것을 무신정권의 최이崔怡(고려조 중엽시대의 재상, 대 권력가)가 4월 8일에 점등하도록 바꾼 것으로 상원(정월 15일)에 점등하던 습관은 이 시대부터 없어지게 되었다."라고 전해진다.

2. 증병蒸餠

4월에 먹는 떡으로 매년 4월이 되면 떡장수들은 각 가정을 돌며 떡을 판다. 떡을 만드는 방법은 멥쌀가루에 소량의 물을 섞어 반죽한 것을 따뜻한 곳에서 하룻밤 숙성시킨다. 이것이 발효되면 표면이 방울 모양이 되는데, 그 위에 대추와 석용石茸을 얇게 잘라 얹어 찐 다음 사각형 혹은 마름모꼴로 자른다. 이것에 벌꿀 또는 설탕을 발라 먹는데 매우 맛있다. 또 이 떡은 푸른색과 흰색 두 가지 종류가 있는데, 푸른색은 당귀當歸라는 약초를 넣은 것이다.

3. 화전花煎

황색 장미꽃을 멥쌀가루에 섞어 동그랗게 반죽하여 기름에 지져 먹는데, 이것을 유전油煎 또는 화전이라고 한다.

4. 어채魚菜

생선과 국화잎, 파, 석용石茸, 전복, 계란 등을 실처럼 얇게 썰어 버무린 다음 초간장을 쳐서 먹는다. 이것을 어채라고 한다.

5. 근총회芹葱膾

미나리와 파를 따뜻한 물에 잘 씻어, 미나리 한 줄기와 파 한 줄기를 함께 돌돌 말아 고춧가루 초간장에 찍어 안주나 반찬으로 먹는데 초여름의 신선한 맛이다.

흔히 이것을 먹으면 콜레라와 같은 전염병에 걸리지 않는다고 말한다. 또 파를 국으로 해서 먹으면 감기에 걸리지 않는다고 전해지는데, 추측해 보면 파는 소독성이 있기 때문인 것 같다.

6. 봉선화 지염指染

4월이 되면 소녀들은 봉선화에 명반을 섞어 손톱을 물들이는데, 손톱이 빨갛게 물드는 것을 즐기는 것이다. 오행설에 의하면 빨강은 귀신을 퇴치하는 색이기 때문에 봉선화로 손톱을 빨갛게 물들이는 것은 벽사의 의미로부터 나온 것으로 생각된다.

7. 웅산신제熊山神祭

경상남도 웅천읍熊川邑의 풍속이다. 마을 사람들은 매년 4월이 되면 길일을 잡아 산 정상에 있는 웅산신당熊山神堂에서 신을 맞이하여 내려오는 하산식下山式을 한다. 이 제사에는 많은 인원이 모여 북을 치고 징을 울리면서 잡희雜戲를 벌이므로 먼 곳에서까지 앞다투어 사람들이 모인다. 그리고 제사가 끝나면 신을 웅산신당熊山神祭에 봉환奉還한다. 또 10월에도 같은 제사를 지내는데 이것은 국조단군삼세國祖檀君三世를 제사 지내던 유풍이다. 이 풍속에 관해서는 『여지승람輿地勝覽』의 웅천현사묘조熊川縣詞廟條에 기록되어 있다.

조선의 연중행사 4

오청 吳晴

❖ 5월 ❖

1. 오일五日

단오 또는 천중절天中節이라고 하는데, 삼대명절의 하나(정조正朝, 단오와 추석이 삼대명절이다)이다. 도회지와 시골을 막론하고 각 가정에서는 음식을 장만하여 가묘에 올리고 제사를 지내는데 단오차례라고 한다. 이날 남녀 모두 아름다운 새 옷을 차려입고 즐겁게 노는 것은 설날과 마찬가지이다.

1) 창포탕菖蒲湯 및 창포잠菖蒲簪

여자 및 남녀 어린아이들은 모두 창포를 넣어 우려낸 물로 머리를 감는다. 또 창포뿌리를 깎아 비녀를 만들어 '수복壽福'의 두 글자를 조각하고, 연지를 발라 머리에 꽂았는데 벽사辟邪의 의미가 있었다.

『대대례大戴禮』에 "5월 5일은 난초의 물로 목욕한다."고 기록되어 있고, 『세시잡기歲時雜記』에 "단오일에 창포와 쑥으로 만든 작은 인형 혹은 호랑이를 허리춤에 차는 것으로 벽사辟邪한다."라고 쓰여 있는 것으로 추측해 보면 창포탕으로 머리를 감고 창포의 뿌리로 비녀를 만드는 풍습은 여기에서 비롯된 것으로 생각된다.

2) 추천희鞦韆戲

단오의 유희 중 가장 중요한 놀이로 매년 이날이 되면 도회지와 시골을 막론하고 이곳저곳에서 버드나무에 동아줄로 그네를 만들어 젊은 남녀가 놀이를 즐긴다. 원래 여자들의 놀이인데 평소 집안에서만 거주하는 조선 여자들로서는 그네 타기는 매우 즐거운 놀이였으며, 또 시적 정서詩的情緖도 풍부한 놀이였다. 녹음이 푸른 가운데 아름다운 색깔의 옷을 입은 젊은 여자들이 그네 위에서 제비와도 같이 비상하는 모습은 마치 신선 놀이와도 같아 고시에서도 다음과 같이 그려내고 있다.

비천비지반공중非天非地半空中   청산녹수자진퇴靑山綠水自進退
형여이월낙화래形如二月落花來   용사삼월비거연容似三月飛去燕

추천鞦韆이라는 것은 그네를 말하는 것으로, 이것을 조선어로 '그네'라고 부른다. 옛날부터 관서지방에서 가장 활발하게 즐기던 놀이이다. 지금도 여전히 평양의 단오놀이는 가장 유명하다.

여기에 조선 정종시대 대문필가인 석북 유광수石北申光洙의 평양 단오시를 소개한다.

청저군화백저의靑苧裙和白苧衣   일시단오착생휘一時端午着生輝
동화별원추천삭桐花別院鞦韆索   추송공중첩체비推送空中貼體飛
촌여사군옥지환村女紗裙玉指環   천중제묘대성산天中祭墓大城山
석양장경문전로夕陽長慶門前路   개저심심적립환皆着深深荻笠還
도환학액분홍상桃鬟鶴額粉紅裳   열시경영시체장列侍輕盈時體粧
쟁진쌍비백호접爭趁雙飛白蝴蝶   석유화하착미장石榴花下捉迷藏

3) 각희角戱

각희는 이른바 일본의 스모相撲[1]에 해당하는 놀이를 말한다. 경성에서는 옛날부터 단오가 되면 건강한 청소년들이 남산의 왜장倭場과 북산의 신무문神武門 뒤에 모여 씨름대회를 개최하여 소년은 소년과 장년은 장년과 각각 승부를

---

1 도효土俵라 불리는 모래판 위에서 역사力士가 힘을 겨루는 일본 옛날의 신사神事와 축제이다. 동시에 무예武藝이기도 하고 무도武道이기도 하다.

겨뤘다. 시골에서는 지금도 왕성하게 이루어지고 있지만 경성에서는 많이 쇠퇴하였다. 대결방법은 오른쪽 다리를 2자 정도의 천으로 느슨하게 묶고, 서로 상대를 마주 보고 앉아 오른손으로는 상대의 허리를 왼손으로는 상대의 오른쪽 다리에 있는 천을 잡고 동시에 일어나 서로 힘을 겨루어 먼저 쓰러지는 사람이 지는 것이다.

각희의 기술로는 내국內局, 외국外局, 윤기輪起 등이 있다. 내국은 한쪽다리를 상대편의 다리 사이에 넣어서 걸어 넘어뜨리는 것이다. 외국은 한쪽다리를 상대편의 다리 중 한쪽을 바깥에서 걸어서 넘어뜨리는 것이다. 윤기는 양쪽편이 서로 얼싸안은 상태에서 상대편을 일시에 넘어 쓰러뜨리는 것이다. 그중 힘이 세고 손이 민첩하여 자주 이기는 자를 도결국都結局이라고 부른다. 중국에서는 각희를 고려기高麗技 또는 요교撩跤라고 부르고 조선과 거의 같은 방법으로 해왔는데, 이것은 조선의 각희를 모방한 것이다.

조선의 각희는 조선어로 '씨름'이라고 부르는데 일종의 병술로 오랜 역사를 가지고 있다. 『예기월령禮記月令』에 의하면 "초동初冬에 무사에게 명하여 궁술, 승마술, 각력角力 등을 강講했다"고 기록되어 있다.

4) 단오선端午扇

옛날부터 조선 말기까지 매년 단오절에 공조工曹에서 부채를 만들어 궁중에 헌납하면, 이것을 각 중신과 시종들에게 나누어 주었다. 또 각 도의 수장 및 절도사 이하 외관外官도 각 관내의 소산품所産品으로 부채를 궁중에 진상하고, 또 각 대관과 친척, 지인들에게도 보내는데 이것을 절선節扇이라고 부르고 있다. 이 부채에는 금강산 일만 이천 봉이나 꽃, 새 등을 그려 넣었다.

그리고 일반인들도 이날부터 부채를 지녔기 때문에 말하자면 5월 5일은 조선의 '부채의 날'이라고 불러도 좋을 것이다. 부채는 보통 여름철에 사용하는 것인데 혼례 등의 의식에서는 사계절을 막론하고 차면용遮面用으로 반드시 사용되었다. 신랑은 청색, 신부는 홍색으로 정해져 있는데 신부가 사용하는 부채는 얼룩무늬가 있는 대나무로 골대를 만들어 거기에 홍색의 비단을 바르고 오색의 진주로 장식을 한 것이다.

또 무녀 및 창우倡優 등이 가무를 할 때에는 반드시 부채를 사용하기 때문에 부채는 일상의 소지품으로 대개 난, 복숭아꽃, 나비, 꾀꼬리, 은어 등의 그림이 있는 화려한 것을 사용한다.

부채는 승두僧頭, 사두蛇頭, 어두魚頭, 합죽合竹, 반죽斑竹, 외각外角, 내각內角, 삼대三臺, 이대二臺, 죽절竹節, 단목丹木, 채각彩角, 소각素角, 광변廣邊, 협변狹邊, 유환有環, 무환無環 등 여러 가지 종류가 있어서 만드는 방법도 각각 다르다. 또 색조는 청, 홍, 황, 흑, 백색 및 자紫, 녹綠, 청흑, 옅은 흑 등이 있다. 보통은 백, 흑 두 색과 황색 또는 흑색 옻칠을 한 것을 사용하는데, 특히 청색은 신랑 또는 청년, 백은 상제 또는 연로자, 그 외의 잡색雜色은 부인 및 아동들이 지니는 것으로 되어 있다. 순백색의 것을 백선白扇이라 하고, 뼈대에 옻칠을 한 것을 칠선漆扇이라 한다.

또 단선團扇이라는 것이 있다. 이것은 원형圓形인 부채에 자루를 붙인 것인데 색깔은 여러 가지가 있어서 남자들이 가정용으로 사용하기도 하고, 부녀 및 아동의 애용품이 되기도 한다. 또 대형 단선은 일광을 차단하는데 사용하기도 하고 혹은 실내에서 파리나 모기 등을 쫓아내는 도구로도 사용된다. 초엽형焦葉形의 제법 큰 것도 있지만, 이것은 부자들의 장식품 중 하나에 지나지 않는다. 그래서 단선의 종류에는 동엽桐葉, 연화蓮花, 연엽蓮葉, 초엽焦葉 등이 있고, 자루는 검정 또는 누런빛으로 옻칠을 하고 선면에는 각종 색으로 태극太極, 화조花鳥 등 기타 여러 가지 모양을 그린다. 특히 태극의 그림이 있는 것은 태극선太極扇이라고 한다.

5) 천중적부天中赤符

단오절이 되면 각 가정에서는 재액을 막기 위하여 주사朱砂로 쓴 벽사문辟邪文을 문설주에 붙였는데 이것을 천중적부天中赤符, 혹은 단오부端午符라고 불렸다. 옛날에는 관상감(천문, 지리, 역서 등을 관장하는 관서)에서 매년 단옷날에 주사로 부符를 써서 궐내에 올려 문설주에 붙인다.

이 문장은 "5월 5일 천중절에 위로부터는 천록天祿을 아래에서는 지복地福을 얻는다. 치우蚩尤의 귀신이여, 구리 머리, 쇠 이마, 붉은 입, 붉은 혀로 사백네 가지 병을 일시에 소멸하라. 그리고 서둘러 율령대로 시행할지어다."라는 의미이다.

『이조실록李朝實錄』에 의하면 "태종 11년 신묘 5월 병인에 경사經師직을 폐지하려고 하였으나 이루지 못하였다. 임금님이 궐내의 문설주에 붙어있는 단오의 부符를 보고 '생각해 보건대 이것은 양재禳災의 술術인 것 같은데 왜 이것을 일정한 격식을 가지고 하지 않는 것인가'라고 말씀하셨기에 경사업經師業의 승려에게 물어보니 승려는 '그저 물려받았기 때문에 실은 부본符本이 없습니다.'라고 대답했다. 임금님은 '앞으로는 서운관으로 하여금 담당하게 하고 경사는 폐지하는 것이 어떻겠는가?'하고 말씀하셨으나 대언代言 등은 '이 승려들의 원래 일은 아니지만 장례식이나 그 밖의 일에 신뢰하여 찾아오는 이들이 많다.'라고 아뢰었기 때문에 그리하지 못하였다."라고 기록되어 있다.

이렇게 글귀 혹은 상像을 붙여 액을 물리치려고 한 것은 신라 시대부터 시작된 것으로, 예로부터의 조선 고유 풍습이다. 즉 이것은 비형랑鼻荊郎 및 처용랑處容郎의 고사로부터 전해 내려오는 것으로 『삼국유사』에서 한 소절을 인용한다.

『삼국유사』의 비형랑의 조에

신라 제25대 사륜왕舍輪王은 성은 김, 시호는 진지대왕眞智大王, 비는 기오공起烏公의 딸인 지도부인知刀夫人이다. 대건大建 8년 병신에 왕위에 올라 4년 동안 나라를 다스렸는데, 정치가 어지럽고 음란하여서 나라 사람들이 그를 폐위시켰다. 이에 앞서 사량부沙梁部 백성의 딸이 있었는데, 자색이 곱고 아름다워서 당시에 도화랑桃花娘이라고 불렸다. 왕이 이 소문을 듣고 궁중에 불러들여 관계를 갖고자 하자 여자가 말하였다.

'두 사람의 남편을 섬기지 않는 것은 여자가 지켜야 할 도리입니다. 나는 남편이 있는 몸이니 그리할 수 없습니다.'라고 말하며 따르지 않았다.

'죽이겠다면 어쩌겠느냐?'라고 왕이 물었다.

'차라리 죽임을 당한다 할지라도 어쩔 수 없습니다.'라고 여자는 단호하게 거절하였다.

'남편이 없다면 되겠느냐?'라고 왕이 농담을 섞어 물었다. 여자가 그것은 가능하다고 하자 왕은 그녀를 석방하였다. 그 해에 왕은 폐위되어 죽었다. 그 후 2년 뒤에 그녀의 남편도 죽었다. 어느 날 밤 왕이 살아 있을 때와 똑같은 모습으로 여자의 방으로 들어와서 말하였다.

'너는 예전의 약속을 기억하고 있겠지? 지금은 너의 남편도 죽고 없으니 괜찮겠느냐?'하고 물었다. 여자는 가벼이 허락하지 아니하고 부모에게 물어보았다.

'군왕의 명을 어찌 거역할 수 있겠는가?'라고 그녀의 부모가 7일간 동숙하는 것을 허락하자, 오색구름이 집을 덮었고 향기가 방안에 진동하였다. 7일이 지나자 왕은 홀연히 자취를 감추었다. 여자는 이 일로 태기가 있었고 산달이 되어 해산하려 하자 천지가 진동하면서 사내아이를 얻어 비형이라고 이름 붙였다.

진평대왕眞平大王(제26대 왕)이 이것을 듣고 신기하게 생각하여 궁중으로 데려와 길렀다. 15세가 되자 집사執事라는 벼슬을 받았다. 그런데 그가 매일 밤마다 먼 곳까지 나가 놀자 왕은 용사 50명에게 지키게 했지만, 매일 밤 월성(궁성)을 날아 도망쳐 서쪽 황천荒天의 언덕 위에 가서 귀신을 거느리고 놀았다. 새벽이 되어서 모든 절에서 종이 울리면 귀신들은 저마다 흩어지고 비형도 돌아왔다. 왕이 이 사실을 듣고 비형을 불러 '네가 귀신들을 거느리고 논다던데 그렇다면 귀신들에게 신원사神元寺 북쪽 개천에 다리를 놓게 하면 어떻겠느냐?'라고 말하였다. 비형은 왕명을 받들어 귀신들을 불러 모아 하룻밤에 커다란 돌다리를 세웠다. 그래서 그 다리를 귀교鬼橋라고 부른다. 또 왕은 귀신 중에 인간 사회에 나와 국정을 도울 자가 있는지 묻자 길달吉達이라는 자가 적당하다고 하였다. 다음날 비형이 길달을 데리고 와서 뵙자 길달에게 집사 벼슬을 내렸는데, 과연 충성스럽고 정직하기가 이를 데 없었다.

그 당시 각간 임종林宗에게는 자식이 없었으므로 왕이 명하여 그를 아들로 삼게 하였다. 임종은 길달에게 명하여 흥륜사興輪寺 남쪽에 누문樓門을 세우게 하고 밤마다 그 문 위에서 자도록 하였다. 그래서 그 문을 길달문이라고 한다.

어느 날 길달이 여우로 변신하여 도망가자 비형은 귀신들로 하여금 그를 잡아 죽였다. 그래서 귀신들은 비형의 이름만 들어서 무서워서 도망갔다. 이것을 당시의 어떤 사람은 '성제혼생자聖帝魂生子 비형랑실정鼻荊郎室亭 취제귀중飛馳諸鬼衆 차처막류정此處莫留停'라고 시를 지었다. 나라의 풍속에 이 시를 써 붙여 귀신을 쫓아 보내는 것은 이로 인함이다.

그리고 처용랑 조는 정월 14일의 행사 중 처용속處容俗을 인용하고 있기 때문에 여기서는 생략한다.

6) 술의일戌衣日

단오절을 술의일이라고도 부르고 있는데 술의戌衣라는 것은 조선어로 차(수레)를 말한다. 이날은 쑥을 캐 부드럽게 찧어 멥쌀가루에 섞어 차륜형車輪形 떡을 만들어 먹는데, 흔히 '수레떡'이라고 부르는 것으로 떡집에서 단오절의 떡으로 만들어 판다.

옛날에는 이날에 궁중에서 애호艾虎라는 것을 만들어 각신閣臣들에게 하사하였는데, 잔 짚을 사용하여 만든 호랑이 형상에 비단 조각으로 꽃을 묶은 모습이 마치 버들이삭과도 같았다고 한다.

김매순金邁淳의 『열양세시기洌陽歲時記』에 의하면 애호에 관해 다음과 같이 기록되어 있다.

종형직학(직학은 관직의 이름으로 김매순의 종형을 이른다)의 집에 선조시대에先朝時代에 하사받은 단오애호가 보존되어 있다. 그것이 어떻게 만들어졌는가 하면 나무를 깎아 몸체로 사용하는데 길이는 예닐곱 치, 폭은 약 세 푼 정도로 몸체 중간부터 점차 얇아져 비녀와 같은 모양이다. 또 나무의 중간부터 양면에 창포 잎을 붙여 원래 몸체보다도 길게 하고, 붉은 천의 조화가 잎 호랑이에 붙어있다. 오색의 비단실로 매어 묶어 놓았기 때문에 매우 화려하며 풀려 흐트러질 염려가 없다. 다만 이것은 궁중에서 예전부터 행해왔던 것이기 때문에 최초 무엇에 기인하였는가는 정확하지 않다. 추측해 보건대 명물名物 책에 기록되어 있는 갈대쑥兼艾, 장명루長命縷와 비슷한 종류라고 생각되나, 재료 중에 쑥과 같은 것이 보이지 않는 것이 이상스러울 뿐이다.

7) 쑥 및 익모초의 채취

매년 단오일의 오시午時(정오)에 쑥과 익모초를 채취, 말려서 약으로 사용한다. 쑥 및 익모초는 한약에서 많이 사용되는 재료로 전해오는 말에 의하면, 5월 5일 정오에 채취하여 음지에서 말린 것이 아니면 약으로는 사용할 수 없다고 한다. 지금도 대개의 시골 사람들은 매년 이날의 정오가 되면 여기저기서 쑥과 익모초를 채취한다.

8) 대추나무 시집보내기

매년 단오일이 되면 시골의 농가에서는 대추나무 시집보내기라고 하여 대추나무의 양 가지 사이에 큰 돌을 끼워 넣는다. 이것은 5월 5일 정오에 대추나무를 시집보내면 열매가 많이 열린다는 전설로부터 비롯된 풍습이다.

9) 제호탕醍醐湯 및 옥추단玉樞丹

예전에는 이날 내의원(궁중에서 의약을 담당하던 관청으로 태의원이라고도 부른다)에서 제호탕을 만들어 궁중에 바쳤다. 이것은 오매육烏梅肉, 초과草果, 사인砂仁, 백단향白檀香을 곱게 갈아 꿀을 넣어 만든 청량제이다.

또 옥추단이라는 금박을 입힌 환약丸藥을 만들어 바쳤는데 궁중에서는 이것을 가까운 절에 내렸다. 이것을 오색실에 꿰차고 다니면 재액을 물리칠 수 있다고 한다. 이와 같은 풍속은 장명루長命縷, 속명루續命縷, 벽병증辟兵繒 등의 종류가 있다.

10) 오금잠제烏金簪祭

옛날 강원도 삼척군의 습속이다. 마을 사람들은 오금烏金 비녀를 작은 함에 넣어 군 동쪽 끝에 있는 큰 나무 아래에 안치하고, 매년 5월 5일에 관민 공동 입회하에 꺼내 제를 올리고 다음날 원래 장소로 돌려놓는다. 전해오는 말에 의하면 고려 태조시대의 유물이라고 하는데 이렇게 오금잠을 신체로 삼아 제를 올리는 까닭은 분명하지 않다.

옛날 사람들의 유사遺事를 조사해 보면, 삼척부사 김효원金孝元이 마을에서 모셔지던 유일한 오금잠을 불 속에 던졌고, 정언황丁彦璜은 석실에 봉인하였다고 한다. 또 정종시대의 채제공蔡濟恭은 이에 관하여 노래를 만들었는데 내용에 의하면 오금잠 자체는 없어졌지만 마을 사람들의 심적 신앙은 없어지지 않았고 그 후로도 계속 제를 올렸다고 한다. 여기에 참고로 다음의 기사를 인용하였다.

성암省庵 김효원의 유사遺事에 의하면 "공公은 삼척에 부임하여 무엇보다도 민정의 혁신을 급선무로 삼았다. 그 읍에 한 개의 금잠金簪이 있었는데 신라 시대부터 전해 내려오는 것으로 매우 신중하게 봉인하여 성황당에 모셔두었다. 주민들이 신과 같이 신봉하여, 읍내의 모든 일은 반드시 기원하고 알린 후에야 거행하였다. 게다가 무격巫覡은 이것으로 인하여 매일 분주하니, 몇백 년을 거쳐 인민들을 미혹함은 깊어갈 뿐이었다. 공은 몸소 비녀를 없애기로 결심하고,

제물을 차려놓고 음사淫祠를 혁파, 비녀를 불 속에 던져 넣었다. 그리고는 친히 제를 올리는데 그것을 보고 있던 마을 사람들은 매우 놀라 재앙이 일어날 것을 두려워하였다. 그러나 공은 태연하게 당우堂宇를 청소하고 성황城隍의 위패를 그 안에 이안移安하였다. 그 후 관복을 정돈하고 친히 제를 올렸기 때문에 이를 바라보던 사람들은 두려운 마음이 들어 탄복할 수밖에 없었다."라고 한다.

미수眉叟 허목許穆에 의하면 "오금잠의 유래는 너무 오래되어서 시작을 알 수는 없지만 매년 5월 5일에 무당들을 모아 3일 동안 큰 제사를 행하는데, 이 것은 그 고을 호장戶長이 주관하여 치른다. 제사를 올리기 전에는 나그네도 묵 어가지 않게 하고 사람이 죽어도 곡을 하지 않는다. 제사에 종사하는 사람들 은 복을 받으려고 경쟁하듯 재물을 뿌리고, 혹시 정성이 부족하지는 않을까 전 전긍긍하니 이에 낭비가 심하여 부사인 정언황은 제사를 금지하고 석실에 봉 인하였다고 한다."고 전해진다. 또 채제공의 『번암집樊岩集』에 의하면 삼척 오금 가에 "오금잠은 고려조부터 전해 내려온다고 하여 마을 사람들은 이것을 공경 하고 신으로 여겼다. 사당은 고성古城의 한적한 곳에 마련하고 매년 5월 5일에 잠신簪神이 출현한다고 하여 앞다투어 믿고 따랐다. 무녀들이 화려한 복색으로 선두에 서서 커다란 부채를 들고 춤을 추면 삼척 부내의 수백의 사람들은 한 사람도 빠짐없이 머리를 조아렸다. 음악이 갑자기 끊어졌다가 갑자기 시작되면 무녀가 비녀의 대언代言을 한다. 즉 다음과 같이 말한다."라고 쓰여 있다.

> 너의 집의 가솔(가족을 말한다)이 몇 명인지 묻는구나.
> 길흉화복이 오로지 나의 권한에서 나온다니
> 어리석은 백성들은 종이, 옷감, 곡물 등의 재물을 아끼지 않고 바치는구나.
> 아-오금잠신이여!
> 사람들의 후시厚施를 받고 장차 무엇을 보답하겠는가.
> 위에는 하늘이 있고 신명이 있는데
> 너는 괴로운 심사가 안타깝구나.

병자는 병이 낫기를 원하고,

가난한 자의 집에서는 부를 원한다.

너의 책임은 점점 더 무거워지니

그것이 걱정이로구나.

비녀여! 비녀여!

총사叢祠의 신이 되지 않는 것이 좋았으니

신의 무거운 짐을 도랑에 버린다면

가슴 속의 번민은 없어질 것인가.

11) 삼장군제三將軍祭

경상북도 군위에서는 군 서쪽에 있던 신라장군 김유신사金庾信祠를 삼장군당이라고 칭하고 있다. 매년 5월 5일이 되면 현의 우두머리 아전이 마을의 사람들을 인솔하여 말을 타고 깃발을 신두로 하여 북을 둥둥 치면서 신을 맞아 마을 여기저기를 누빈다. 지금은 이러한 행사는 이루어지지 않고 있으나 허추許樞는 다음과 같은 시를 지었다.

인언고장주서성人言古將主西城 유속우금사사명遺俗于今祀事明

매세무위중오일每歲無違重五日 견기퇴고위신정堅旗槌鼓慰神情

12) 선위대왕제宣威大王祭

함경남도 안변군에서는 학성산에 있는 상음신사霜陰神社를 속칭 선위대왕 및 그 부인의 신이라고 부르고 있는데, 매년 단오일이 되면 마을 사람들은 상음신사에 모여 선위대왕의 신을 맞아 징과 북을 울리면서 제사를 올린다.

13) 성황신제城隍神祭

고대로부터 매년 5월 5일에 도처에서 성황제를 올린다. 경상남도 고성지방에서는 매년 5월 1일부터 5월 5일까지 마을 주민들이 두 무리로 나뉘어 신상을 그려 넣은 깃발을 세우고, 피리를 불고 악기를 울리면서 마을을 순회하는데 사람들은 주찬酒饌으로 앞다투어 제를 올리고 나인儺人이 모두 모여 여러 가지 희극戲劇을 펼친다. 또 지방에 따라서는 반드시 이날에 하지 않고 3, 4, 5월 중에 어떤 날을 골라 하는 곳도 있다. 성현成俔의『허백당집虛白堂集』에 의하면 양구동헌楊口東軒이라는 성황신제의 신을 영송迎送하는 시를 짓고 있는데 다음과 같다.

〈영신곡迎神曲〉

청신고적화산아淸晨鼓笛花山阿 단오황신강인가端午隍神降人家
경부풍어상전파競扶風馭相傳芭 아환만수분파사鴉鬟萬袖紛婆娑
노무변안강신어老巫變顔降神語 곡조종매동포어穀朝霽邁同飽飫
녹요취서자래거漉醪炊黍自來去 귀도월흑장림조歸途月黑長林阻
진유환환홍작약溱流渙渙紅芍藥 해후상봉쟁희학邂逅相逢爭戲謔
우인신회취위환偶因神會醉爲歡 불필경빙청조약不必更憑靑鳥約

〈송신곡送神曲〉

운림창취다교목雲林蒼翠多喬木 적료지량편소옥葯撩芝樑編小屋
감감벌고진유곡坎坎伐鼓振幽谷 모축청료재황독茅縮淸醪宰黃犢
쟁막만지기백복爭膜萬指祈百福 음사년년자성속淫祀年年自成俗
삼일취환유미족三日醉歡猶未足 우향호문래조곡又向豪門來耀穀
지전소파풍생한紙錢燒罷風生寒 묘묘예상불가반渺渺霓裳不可攀
난가아녀분취관攔街兒女紛聚觀 송신만기환송만送神萬騎還松巒

성황신사는 각지 마을 높은 지대에 있었다. 당우堂宇를 세워 사당으로 하거나, 혹은 사석沙石을 보루로 삼거나, 혹은 잡목이 우거진 숲의 고목 아래에 석단石壇을 만들어 사당으로 삼아 제를 올렸다.

사당에는 작은 천조각이나 종잇조각 또는 왼새끼를 걸어두었다. 이것은 마한시대에 귀신을 제사지낼 때에 소도(탑을 말한다)에 커다란 나무를 세우고 방울이나 북을 걸어두었던 유속에서 비롯되었을 것이다.

어쨌든 성황신은 무당들도 반드시 제를 올렸기 때문에 속칭 음사淫祀라고 하고 있다. 그러나 이 신을 연구해 보면 대개 국도國都, 주州, 부府, 군郡, 현縣의 진산鎭山(도읍의 후방에 있는 산을 말한다)의 신기神祇이다. 게다가 그 신호神號에는 반드시 호국護國의 두 글자가 가해져 있다.

14) 대령산신제大嶺山神祭

강원도 강릉읍의 풍속인데 예전에는 매년 5월 5일이 되면 정개旌蓋와 화환花環 등을 가지고 대령에 올라 신을 맞이하여 읍내 관아官衙에 봉안하고 갖은 놀이와 오락을 하며 제를 올렸다. 만일 신이 즐거워하여 정개가 하루 종일 쓰러지지 않는다면 그 해는 풍작이고, 만약 신이 노하시어 정개가 쓰러신다면 반드시 풍수의 피해가 있어 흉작이 된다는 설이 전해지기 때문에 사람들을 신을 기쁘게 하려고 열심히 노력한다. 대령산신제는 신라장군 김유신을 모시고 있다. 전해 내려오는 이야기로는 김 장군이 소년 시절에 이곳에 와서 산신으로부터 검의 묘술을 배우고 선지사禪智寺에서 90일이나 걸려 달빛을 능가하는 칼을 주조하여 용맹하게 전장에서 싸웠다. 죽은 뒤 대관령의 산신이 되었고, 신령스런 기이한 일이 일어나 제를 올리게 되었다.

2. 태종우太宗雨

5월 10일에 비가 내리면 농가에서는 풍년의 징후라고 하여 매우 기뻐한다. 이날에 오는 비를 속칭 태종우라 하는데, 이것은 태종 대왕太宗大王(조선 제3대 왕)의 휘신諱辰으로부터 기인한 것이다. 왕은 재위 22년 동안 하늘을 공경하고 백성을 잘 다스린 임금으로 임종할 때 날이 몹시 가문 것을 걱정하여 "내 마땅히 옥황상제님께 빌어 한바탕 비가 오게 하여 우리 백성들에게 은혜를 베풀리라."고 하였다.

그 후 태종이 죽자마자 하늘은 한바탕 비를 퍼부었고, 태종의 기일이 되면 비가 내렸으므로 백성들은 왕의 덕을 영원히 기리는 의미로 이 비를 '태종우'라 부르게 되었다. 지금도 대부분의 농민은 이날에 비가 내리지 않고 가뭄에 계속되면 "태종 대왕께서 어찌 우리를 돌보지 않는가."하고 매우 걱정한다.

❖ 6월 ❖

1. 유두일流頭日

6월 15일을 유두일이라고 부르고 매년 이날에는 도회지와 시골을 막론하고 청류淸流 또는 폭포에서 두발, 신체 등을 씻고 종일 시원하게 노닐었다. 이렇게 하면 불길한 것이 씻겨나가고 더위를 타지 않는다고 믿었기 때문이다. 또 문인들은 유두연流頭宴이라 하여 술과 안주를 준비하여 산이나 물가의 경치 좋은 곳에서 시를 지으며 하루의 청유를 즐겼다. 이것은 신라 시대부터의 풍습이다. 『김극기집金克己集』(고려 명종시대의 문인)에 의하면 "동도東都(신라의 수부)에서는 6월 15일에 두발 및 신체를 동류의 물에 씻어 불길한 것을 없앤다."라고 기록되어있다.

이날 아침 각 가정에서는 밀로 떡이나 전병을 만들어 참외나 그 외의 과일들과 함께 가묘에 올리고 제사를 지냈다. 이것을 유두천신流頭薦新이라고 한다. 또 농가에서는 연중풍작이 되기를 기원하는 의미에서 농신農神에게도 제를 올린다. 그리고 일가 단락─家團樂을 위해 이것을 먹는데 이날의 음식으로 주된 것을 나열해 보면 다음과 같다.

1) 유두면流頭麵

이날은 밀로 면을 만들어 남녀노소가 함께 이것을 먹는데 속칭 유두면이라고 부른다. 전해 내려오는 이야기에 의하면 유두일에 밀면을 먹으면 여름 내내 더위를 타지 않는다고 전해진다. 옛날에는 밀가루로 구슬 모양으로 만든 것에 오색으로 색을 입혀 세 개씩 색실로 엮어 차거나 혹은 문기둥에 걸어 액막이로 하였다.

2) 수단水團과 건단乾團

수단이란 수단자水團子를 말한다. 멥쌀가루를 쪄서 흰 떡가래처럼 만들어 구슬만 하게 작게 잘라 냉수에 넣어 꿀과 혼합하여 먹는다. 또 건단은 물에 넣지 않고 먹기 때문에 이처럼 이름 붙여졌다. 이것은 찹쌀가루를 사용하여 만들기도 한다.

3) 연병連餠

밀가루에 소량의 물을 부어 반죽하여 얇게 부치거나, 팥, 깨, 꿀 등을 혼합한 소를 만들어 갖가지 모양으로 싸서 쪄서 먹는데 이것을 연병이라고 한다.

2. 삼복三伏

천세력의 초복, 중복, 말복을 총괄하여 삼복이라고 부른다. 복날에는 더위가 특히 심하므로 산수 좋은 곳으로 가서 시를 짓거나, 술잔을 기울이거나, 탁족濯足이라고 하여 시원한 물에 발을 담그고 하루의 더위를 잊는다. 혹은 기생을 동반하여 강에서 배를 띄우며 낚시를 하거나 기생의 노래를 들으며 하루의 청유를 즐긴다.

그리고 복날에는 보리밥과 총탕蔥湯을 먹으면 더위를 물리치는 데 효과가 있다고 하여 시골 사람들은 이것을 즐겨 먹었다. 또 복날에는 반드시 붉은팥과 멥쌀로 만든 죽을 먹었는데 이것도 퇴서벽사退暑辟邪의 의미일 것이다.

1) 약수마시기

삼복중에는 도회지와 시골을 막론하고 남녀노소가 약수를 즐겨 마신다. 그러므로 여름에는 산간 약수가 있는 곳에는 사방에서 많은 사람이 운집하기 때문에 도회지와 같이 번잡해진다.

약수는 산간에서 용출하는 맑고 깨끗한 물로 보라색을 띠는 것도 있다. 옛날부터 약수라고 칭해졌던 것들은 대개 라듐이나 탄산칼륨을 함유하고 있기 때문에 이것을 마시면 신경쇠약, 소화불량, 임질 등에 매우 효험이 있다고 전해진다. 이것은 현대 의학으로 본다면 전혀 근거가 없는 이야기지만 실제 옛날부터 유명한 약수를 마시면 신경쇠약, 소화불량 등에 조금은 효과가 있다.

약수는 여기저기 있지만 그중에서도 가장 유명한 것은 함경남도 안변군安邊郡 석왕사 약수·삼방三防 약수, 평안남도 강서江西 약수 등이 있다.

2) 피서

6월 더위에는 삼삼오오 무리를 지어 산수녹음으로 피서를 하거나 혹은 산간에서 약수를 마시거나 혹은 해변에서 해수욕을 한다. 특히 안변 석왕사·삼방 약수포藥水浦, 원산 명사십리의 물가, 인천 월미도 등의 명승지에는 매년 사방에서 몰려드는 피서객으로 번잡함이 극에 달한다.

3) 계삼탕鷄蔘湯

여름에 계삼탕을 많이 먹으면 원기가 매우 좋아지고, 일 년 중 어떠한 병에도 걸리지 않는다고 하여 즐겨 먹었다. 계삼탕이라고 하는 것은 닭 배에 인삼과 찹쌀을 넣어 축출한 국물로 부자는 이것을 거의 매일 먹었다.

4) 소맥면小麥麵

밀가루로 면을 만들어 계전탕鷄煎湯과 함께 먹는다. 이것은 소맥면이라 부르는데 대개는 점심이나 저녁에 먹는다. 또 호박을 얇게 썰어 밀가루에 섞어 기름에 부쳐 먹는데 전부 여름에 적합한 음식이다.

5) 사빙賜氷

옛날에는 궁중에서 재경在京의 대관이나 각 부서에 여름 위문으로 얼음을 내리셨다. 매년 6월 중순이 되면 목찰木札이나 빙표氷票를 내리는데 이 패를 가지고 장빙고藏氷庫에 가서 얼음을 수령하였다.

조선의 연중행사 5

오청 吳晴

❖7월❖

1. 칠일七日

이날을 칠석七夕이라 부르고 당일 밤 처녀는 견우, 직녀 두 별에 기도하여 재봉裁縫 실력이 향상되기를 기원한다. 문인은 술잔을 기울이며 두 별을 주제로 시를 짓는다. 전해 내려오는 이야기에 의하면 견우성과 직녀성은 은하銀河라는 하늘 강의 동서로 나뉘어 서로를 그리워하나 다리가 없어서 만날 수가 없지만, 매년 이날이 되면 까마귀와 까치가 만든 다리로 은하를 건너 만난다는 전설이 있다. 이날 까마귀와 까치는 다리를 만들기 위하여 빠짐없이 하늘에 모여들어 지상에는 한 마리도 남아있지 않는다고 전해지는데, 조선 중종시대의 문인 모재慕齊 김안국金安國은 다음과 같은 칠석시七夕詩를 지었다.

작산오비사기휴鵲散烏飛事已休　　일소환회일년수一宵歡會一年愁
누경은한추파윤淚傾銀漢秋波潤　　장단경루야색유腸斷瓊樓夜色幽
금장유심요소월錦帳有心邀素月　　취염무의상금구翠簾無意上金鉤
지응만겁공성원只應萬劫空成怨　　남북초초부자유南北迢迢不自由

흔히 이날 밤의 비를 기쁨의 눈물이라고 하고, 다음날의 비를 이별의 눈물이라고 한다. 그리고 『형초세시荊楚歲時』에는 다음과 같이 기록되어 있다.

천하지동天河之東 유직녀有織女 천제지자야天帝之子也 연년직저노역年年織杼勞役 직성운금천의織成雲錦天衣 천제연기독처天帝憐其獨處 허가하서견우랑許嫁河西牽牛郎 가후嫁後 도폐직임道廢織紝 천제노天帝怒 책령귀하동責令歸河東 유매연칠월칠일야唯每年七月七日夜 도하일회渡河一會

이날은 도회지와 시골을 막론하고 각 가정에서 옷이나 서적을 일광에 말려서 벌레의 해를 막는데, 이것은 옛날부터의 습관이다. 부유한 집에서는 능라주단綾羅綢緞의 아름다운 옷을 걸어놓고, 선비의 집에서는 산적한 진서를 꺼내 늘어놓고 일광 소독을 하여 충해蟲害를 막음과 동시에 다장多藏을 뽐낸다. 서적을 말리는 것을 쇄서曬書라고 하고, 의상을 말리는 것을 폭의曝衣라고 한다.

2. 십오일十五日

이날을 백종일百種日, 백중절百中節 또는 중원中元이라고 한다. 승려 등은 매년 이날이 되면 각 사원에서 불공을 드린다. 옛날 불교가 강성했던 신라·고려 시대에는 이날 우란분회盂蘭盆會를 열어 승려, 일반인 할 것 없이 불공을 올렸지만, 조선 시대가 되고부터는 민간에서 공불供佛하는 풍속은 거의 없어졌고, 다만 승려 등이 사원에서 불공을 드리는 정도만 남았다.

우란분경盂蘭盆經에는 "비구比邱(승려를 말한다)는 오미五味 및 백종百種의 과일을 준비하여 분盆에 담아 시방대덕十方大德에게 공양한다."라고 말하고 있다. 그리고 우란분盂蘭盆이란 범어梵語의 음역으로 고통과 괴로움으로부터 구한다는 의미이다.

즉 7월 15일 백미의 음식을 분에 담아 제불諸佛에 공양하고, 그로 인하여 명토冥土의 망령이 덮쳐 오는 고통으로부터 구원한다는 의미이다. 요컨대 백종일이란 오미의 음식물을 가리키는 것 같다.

흔히 7월 15일을 망혼일亡魂日이라 부르고 여염의 소민은 달 밝은 이날 밤에 소채蔬菜, 과일, 술, 밥을 준비하여 망친亡親의 영혼을 초대한다. 조선 선조시대 문사 동악東岳 이안눌李安訥은 다음과 같은 시를 지었다.

기득시천소과천記得市廛蔬果賤 도인수처천망혼都人隨處薦亡魂

아마도 이것은 우란분회의 유풍일 것이다. 남선지방南鮮地方에서는 이날을 백중시百中市라고 칭하고 도회지 사람들은 시장을 열어 각희회角戲會를 개최하기 때문에 각 시장에는 부근에서 많은 군중이 모여 성황을 이룬다. 각희는 2군으로 나뉘어 승부를 겨루는데 우승자에게는 상으로서 소가 주어진다. 비용은 패배한 쪽이 부담한다.

3. 초연草宴

농부위로연을 말하는데 옛날부터 가장 활발하게 했던 것은 경상도 지방이었다. 지금도 이 지방에서는 매년 7월이 되면 각 부락에서 중·하순경의 어느 날을 골라 부락의 농부들이 모두 나와 산이나 큰 나무 아래에 모여 밥과 술을 먹으며 서로의 농고農苦를 위로한다. 취하면 징이나 북을 울리면서 하루를 유쾌하게 놀며 보내는데 이것을 초연草宴이라고 부른다. 그리고 이것을 하기 위해서는 회비를 모으는 것이 아니고, 각 가정에서 분담하여 술이나 음식을 만들어 제공한다.

4. 여자의 협동적마協同績麻

예전부터 남선지방南鮮地方에서 하던 풍속으로 서로 태만함을 경계하고 능률을 증진하기 위해 차례로 집을 옮기며 상호 협조하는 것을 말한다. 부락의 길쌈에 종사하는 여자들은 매년 7월 중순경이 되면 매일 밤 20~30명이 일정한 장소에 모여 재미있는 이야기를 하면서 길쌈을 한다. 그리고 그 날 밤에 짠 실은 전부 한사람에게 주고, 매일 밤 차례로 집을 옮겨 실을 짜준다. 각 가정에서 한 사람 한 사람이 따로따로 해서는 꽤 시일이 걸리고 능률도 오르지 않는다. 그러나 다수의 사람이 협동하여 재미있는 이야기를 하면서 하기 때문에 일은 나도 모르는 사이에 끝나 버린다.

만약 이유가 있어 작업시간에 결석하거나 또는 출석을 하여도 게으름을 피워 일에 충실하지 않은 자는 바로 그룹에서 제외하였다. 그러므로 각기 자기의 일을 고려하여, 모두 함께 성의를 가지고 가능한 노력하는데 이것을 조선어로 '들에삼'이라고 한다.

그리고 이것은 과거 신라 시대부터의 풍속이다. 『여지승람與地勝覽』에 의하면 "신라 유리왕시대에 왕도王都의 육부六部를 반으로 나누어 두 왕녀로 하여금 각각 부내 여자를 통솔하여 7월 15일부터 매일 길쌈을 하게 하였다. 그래서 8월 15일에 그 공이 많고 적음을 살펴 진편이 음식과 술을 마련하여 승자를 위로하였다. 승자는 그것을 기뻐하며 가무백희歌舞百戱를 하였는데 이것을 가배嘉俳라고 칭하였다. 이에 길쌈에서 진편에서 한 여자가 일어나 춤을 추면서 탄식하는 소리로 '회소會蘇, 회소會蘇'라 하였다. 그 소리가 슬프고도 청아하여 뒷날 사람들이 이 소리에 따라 노래를 짓고 이름을 회소곡이라 하였는데 민속은 지금도 이것을 하고 있다."고 전해진다.

❖ 8월 ❖

1. 상정일上丁日

이날은 8월 첫 간干의 정丁에 해당하는 날이다. 매년 이날이 되면 유생 등은 각지의 문묘文廟에 모여 공자 이하 성현의 제형祭亨을 올렸는데 이것을 추기문묘석전秋期文廟釋奠이라고 일컫는다. 제형의 방식 및 순서는 2월 상정일에 하는 방식과 동일하다.

2. 십오일十五日

이날을 가배일嘉俳日, 또는 추석秋夕이라고 일컫는다. 가배일은 조선에서 '가위날'이라고 부르고 있는데 신라 유리왕시대 길쌈하는 여자들을 8월 15일에 궁전에 모아 그 공이 많고 적음을 살펴 술과 음식으로 공로를 위로했던 적이 있었다. 그때 길쌈한 여자들이 기뻐하며 가무백희歌舞百戱를 하였는데 이것을 가배嘉俳(가위)라고 하였다.

이날은 삼대명절 중 하나로 곡물은 이미 영글어 가을 수확도 얼마 남지 않은 시절이기 때문에 시골에서는 가장 중요한 절구絶句로 여긴다. 남녀노소 모두 새로운 의복으로 갈아입고 산에 오르거나 혹은 들로 나가 여러 가지 놀이를 하면서 즐긴다. 또 농부들은 여름 동안 찜통 같은 더위에 한시도 쉬지 않고 고생한 땀의 결정인 신곡으로 만든 술과 음식을 배불리 먹고 풍악을 울리고 갖가지 놀이를 하며 '오월농부팔월신五月農夫八月仙'의 실제 장면을 연출한다. 이날의 행사를 열거하면 대략 다음과 같다.

1) 차례茶禮 및 참묘參墓

도회지와 시골을 막론하고 각 가정에서는 신곡으로 술, 떡 및 각종 산하진미山河眞味를 조리하여 대추, 밤, 배, 감, 잣 등의 신과와 함께 이날 아침 가묘에 올리고 선조에게 제사를 올리는데 이것을 추석차례秋夕茶禮 또는 8월 천신薦新이라고 한다. 만일 신곡이 아직 영글지 않았을 때에는 월내의 하정일下丁日 또는 9월 9일에 제사 지낸다.

또 이날은 한식일과 마찬가지로 선조의 묘지에 참배하여 제를 올린다. 『유자후집柳子厚集』에 의하면 "아무리 천하고 빌어먹는 사람卑賤丐人이라 하더라도 모두 부모의 묘지에 참배한다."라고 쓰여 있는데, 이것은 이날을 빗대어 말한 것일 것이다. 그리고 묘지의 잡초는 대개 추석 전에 베는 것이 원칙이다. 이것을 벌초伐草라고 한다.

2) 각력희角力戯

매년 이날이 되면 시골 각 지역에서는 각력희를 거행하는데, 대규모의 각력희를 하는 때에는 우수자에게 상으로 소를 수여한다. 이것에 대해서는 5월 5일의 행사 중 각력희에 대해 자세하게 기술하였으므로 여기서는 생략한다.

3) 거북놀이龜戯

이것은 정월의 행사 중 사자놀이와 비슷한 것인데 충청북도 동북부 장호원 지방에서 많이 한다. 이 지방에서는 매년 이날 밤이 되면 두 남녀가 엉덩이를 맞대고 엎드린 옆에 또 다른 남녀가 엎드리면 그 위에 수숫대로 엮은 대자리를 뒤집어쓰고, 수수잎으로 등껍질과 같이 엮어 거북 모양을 만든다. 그리고 수십 명의 농부가 거북이 목에 줄을 매달아 끌며 징과 북을 울리면서 마을을 순회하며 각 가정을 방문하여 "동해의 거북이가 저 멀리서부터 파도를 넘어 이 마을까지 왔으니 맛있는 음식을 주시오……"라고 요구하면 각 가정에서는 일행을 집안으로 안내하여 미리 준비한 술과 음식을 대접한다. 이것을 조선어로 '거북노리'라고 부르는데, 적막한 농촌의 즐길 거리로는 나쁘지 않다. 그리고 각 가정에서 술과 음식을 대접하는 것은 고된 농사일에 대한 감사의 의미이다.

4) 여랑의 가희女娘歌戯

이것은 경상, 전라도 해안지방에서 가장 왕성하게 했던 풍속으로 이 지방에서는 대낮과 같은 월광이 천지를 채우는 달밤이 되면 20~30인 또는 40~50인 정도의 처녀들이 무리를 지어 춤을 추면서 '강강수월래'라는 노래를 부르며 빙글빙글 돈다. 강강수월래는 오랑캐가 바다를 건너온다는 의미이다. 기원에 관해 전해 내려오는 이야기에 의하면, 지금으로부터 삼백삼십육 년 전 임진년에 수군통제사 충무공 이순신이 수병을 통솔하여 일본 도요토미 히데요시豊臣 秀吉와 해상전을 하였을 때에 일반인들에게 적개심을 불러일으키고 출정군을 모집하기 위하여 전지 부근의 소녀들이 수십 명씩 무리를 지어 산에 올라 여기저기 불을 놓고 돌며 강강수월래 노래를 부른 것에서 기인한다고 전해진다.

그 후에 전쟁이 일어났던 지역 소녀들이 당시를 기념하고 추억하기 위해 만물의 성숙기이며 춥지도 덥지도 않은 만월 밤을 골라 하나의 연중행사로서 강강수월래를 했던 것인데, 그것이 점점 퍼져 조선의 남쪽 지방에 진해져 이 지방의 풍속이 된 것이다. 이것이 정월 15일 밤에 이루어지는 지역도 있다.

5) 조리희照里戲

제주도 풍속에 매년 팔월 보름날 남녀가 함께 모여 노래하고 춤추며 좌우로 편을 갈라 큰 줄 양쪽을 잡아당겨 승부를 겨룬다. 줄이 만약 중간에서 끊어지면 양편이 모두 땅에 자빠진다. 이를 본 구경꾼들은 크게 웃는다. 이를 조리희라 한다. 이날 또 그네도 뛰고 닭싸움鬪鷄の戱도 한다.

6) 소놀이牛戲

황해도의 황주지방에서 하던 농부의 놀이인데, 저녁 무렵 젊은이 두 사람이 엉덩이를 마주 대고 반대쪽으로 허리를 굽히면 위에 멍석을 덮는다. 앞사람이 고무래를 두 손에 나누어 쥐고 소머리 형상을 하면, 뒷사람은 작대기나 싸리 빗자루로 꼬리를 삼는다. 그리고 많은 젊은이가 이를 몰고 밤이 새도록 마을 집집을 찾아다니는데, 살림이 넉넉한 집에 이르면 두 개의 짧은 봉(소의 뿔에 해당하는 부분)으로 문을 두드리며 "옆집의 누렁소가 배가 고파서 찾아왔으니 푸짐하게 내어주시오." 하고 외친다. 그러면 그 집 사람들은 술과 음식을 내어 일행을 대접하는데 이것은 정월에도 마찬가지이다.

3. 노상회견路上会見

　　전라북도 고폐高敝 지방 풍속으로 한동안 만나지 못했던 인척관계의 부인, 대개는 사돈이 서로 만나는 것을 말한다. 서로 날을 정하고 선물을 준비하여 두 마을 중간에 있는 경치 좋은 곳에서 만나 각각 준비해 온 음식을 먹으며 이야기를 나누고 돌아간다. 이것을 조선어로 '중로中路보기'라고 하여 따듯한 봄 또는 시원한 가을에 하는 것으로 되어 있지만, 대개는 농한기로 들어가는 8월 중에 한다.

　　그러나 이것이 어느 시대부터 시작되고 어떠한 사정으로 기인하였는지는 알려지지 않았지만, 이것만 보아도 답답한 예식을 생략하고 복잡한 형식을 피해 왔는지 알 수 있을 것이다. 항상 바쁜 농가로서는 정말로 재미있는 회견방법이 아닐 수 없다.

조선의 연중행사 6

오청 吳晴

❖9월❖

1. 구일九日

이날을 중구重九 또는 중양重陽이라고 부르고 있다. 도회지와 시골을 막론하고 각 가정에서는 국화전菊花煎이라는 떡을 먹는데, 국화전은 3월 3일의 화전花煎과 같은 것으로 황국黃菊을 채취하여 찹쌀가루에 섞어 만든 경단이다. 또 유자 열매와 배를 얇게 썰어 석류와 잣과 함께 꿀물에 섞어 마시는데 이것을 화채라고 한다.

이날 사람들은 교외로 나가 단풍구경을 하거나, 문사文士나 화가는 술과 안주를 준비하여 단풍 명소나 국화가 있는 곳으로 가서 황국꽃잎을 술에 띄우고 술잔을 기울이며 시를 짓거나 그림을 그리면서 하루의 청유를 즐겼다. 다음은 조선 명종시대의 문사 고옥古玉 정작鄭碏이 지은 중양시重陽詩이다.

세인최중중양절世人最重重陽節
미필중양인흥장未必重陽引興長
약대황화경백주若對黃花傾白酒
구추하일불중양九秋何日不重陽

또 숙종시대의 문사 농암農嵒 김창협金昌協은 이날 모든 유생과 더불어 술을 준비하여 산에 올라 다음과 같은 시를 지었다.

와병나능부국상臥病那能負菊觴
소려부아상고강小驢扶我上高岡
삼삼만목지상기森森萬木知霜氣

역역삼주견석양歷歷三洲見夕陽

노거상감공절서老去尙堪供節序

심기구이탁창랑心期久已託滄浪

불수갱문명년건不須更問明年健

차교준전흥단장且較樽前興短長

또 시기가 늦어져 신곡으로 8월 천신薦新을 할 수 없었던 농가에서는 이날 신곡으로 조리한 각종 음식과 신과를 가묘에 올리고 제사를 지낸 후, 그 음식을 먹으며 하루를 유쾌하게 논다.

2. 산놀이

9월은 국화가 만개하는 달이고 단풍의 계절이기 때문에 상국賞菊이라든가 관풍觀楓이라고 하여 노년은 노년, 청년은 청년, 소년은 소년, 여자는 여자로 무리를 짓거나, 혹은 가족끼리 3월의 상춘賞春과 같이 산으로 들로 놀러 나간다. 이것은 옛날 신라 시대부터의 풍속으로 근래에는 옛날과 같은 풍류객은 거의 없어졌지만, 지금도 이 시기가 되면 단풍이 있고, 국화가 있는 곳에는 사람들이 넘쳐난다.

조선시대 영조시대의 문사 조관빈趙觀彬은 구월등산시九月登山詩에 다음과 같이 그려내고 있다.

단풍천수우만수丹楓千樹又萬樹

아행유유수석간我行悠悠水石間

부지천중백운기不知天中白雲起

각의산상경유산却疑山上更有山

3. 이십구일二十九日

이날은 조선문朝鮮文의 창정반포創定頒布 날로 '가갸날' 또는 '한글날'이라고 부른다. 매년 이날이 되면 경성을 시작으로 각 지방에서는 다수의 인사人士가 모여 한글기념강연을 하고, 또 각 신문잡지는 이것에 관한 기사와 논문을 실어 기념호를 발행한다.

한글은 조선문을 말하는 것으로 조선어의 한은 대大, 글은 문文의 의미이다. 한글은 조선 세종대왕이 즉위 25년 계해癸亥년 겨울에 완제完製하여, 동 28년(서력 1446년) 병인丙寅년 9월 29일에 반포한 것이다.

세종대왕은 천지자연의 소리가 있다면 천지자연의 글이 있다는 큰 이상을 가지고 오랜 세월 고심한 결과 한글을 창작하고, 훈민정음이라는 명칭하에 반포함과 동시에 글의 공사公私와 상관없이 반드시 이것을 사용하도록 엄명을 내렸다. 그리하여 발포된 이래 일시적으로는 군주의 권력에 의하여 널리 일반에 사용되었다. 그러나 그 후 세조世祖 이래 연산군의 폭정 등으로 인하여 이 문자는 현재에 이르기까지 사백 수십 년간 막대한 치명상을 입어, 그 사명을 발휘하지 못하고 그저 언문諺文으로서 사용되는 것에 그쳤다.

그런데 이 한글이 처음부터 민중의 교화·민생의 복리·민의의 창달暢達을 사명으로 하여 태어난 것임은 세종대왕이 훈민정음 반포와 동시에 말씀하신 서문에 분명히 나타나 있다. 즉 그 서문은 다음과 같다.

국지어음國之語音 이평중국異乎中國 여문자불상유통與文字不相流通 고우민유소속언故愚民有所欲言 이종불득신기정자다의而終不得伸其情者多矣 여위차민연予爲此憫然 신제이십팔자新制二十八字 욕사인인이습欲使人人易習 편어일용이便於日用耳

문자의 조직이 나쁘다고 하면 그럴지 모르나, 한글은 어떠한 발음도 가능

할 뿐만이 아니라 매우 간편하며 합리적이다. 아무리 머리가 나쁜 사람도 이틀 정도 배우면 충분히 숙달하여 자유자재로 쓸 수 있을 정도로 간편 용이하다.

그리고 한글은 철자법이 종서縱書로 되어 있어서 한문이나 일본문처럼 오른쪽에서 왼쪽으로 행을 진행하기는 하지만 원래부터 횡서橫書로 변화할 수 있는 성능을 가지고 있다. 이것은 횡서로 변화한다면 종서보다도 훨씬 간단해질 것이기 때문에 근래에 이것을 제창하는 사람들도 많아지고 있다. 이것은 시기의 문제이나 언젠가 당연히 횡서로 변화할 것이다. 다른 이유는 그렇다 쳐도 인쇄의 문제만 봐도 횡서로 할 필요가 있기 때문이다. 지금 횡서의 한 예를 들어 보면 '서울(경성)'을 종서로는 '서

울'이라고 쓰지만 횡서로는 'ㅅㅓㅇㅜㄹ'이 된다.

세종대왕에 의해 훈민정음으로 창작 반포된 문자는 다음 28자였는데, 현재에는 'ㆁ, ㆆ, ㅿ' 3자는 사용되지 않는다.

자음 ㄱ ㄴ ㄷ ㄹ ㅁ ㅂ ㅅ ㅇ ㅈ ㅊ ㅋ ㅌ ㅍ ㅎ ㆆ ㅿ ㆁ
모음 ㅏ ㅑ ㅓ ㅕ ㅗ ㅛ ㅜ ㅠ ㅡ ㅣ ·

그리고 여기에 종서 철자법의 일례를 나타내보면 다음과 같다.

ㄱ ㄴ ㄷ ㄹ ㅁ ㅂ ㅅ ㅇ ㅣ
가갸 거겨 고교 구규 그기ㄱ 과궈
나냐 너녀 노뇨 누규 느니ㄴ 놔눠
다댜 더뎌 도됴 두듀 드디ㄷ 돠둬
라랴 러려 로료 루류 르리ㄹ 롸뤄
마먀 머며 모묘 무뮤 므미ㅁ 뫄뭐
바뱌 버벼 보뵤 부뷰 브비ㅂ 봐붜
사샤 서셔 소쇼 수슈 스시ㅅ 솨쉬

아야 어여 오요 우유 으이ㅇ 와워

자쟈 저져 조죠 주쥬 즈지즈 좌줘

차챠 처쳐 초쵸 추츄 츠치츠 촤춰

카캬 커켜 코쿄 쿠큐 크키크 콰쿼

타탸 터텨 토툐 투튜 트티트 톼퉈

파퍄 퍼펴 포표 푸퓨 프피프 퐈풔

하햐 허혀 호효 후휴 흐히흐 화훠

조선의 연중행사 7

오청 吳晴

❖10월❖

1. 개천절開天節

10월 3일을 개천절이라고 하여, 일반인들이 대단히 숭상崇尙하는 날로 대종교大倧敎에서는 대제를 올린다. 개천절이란 조선신화에 의한 국조國祖의 천강天降을 기념함과 동시에 농공農功이 끝났음을 천신天神인 국조國祖에게 보고하고 감사의 마음을 표현하는 날이다. 옛날부터 조선에서는 방방곡곡 각 가정에서 10월 초순경에 길일을 택해 신곡으로 술을 만들고 떡을 조리하여 경건한 마음으로 고사告祀를 지내는 풍습이 있는데 대개는 이날에 하였다. 지금도 일반 민간에서 개최되고 있는 성주제城主祭 또는 농공제農功祭 등도 이런 종류이다.

고대 조선 민족들 사이에서는 씨성氏姓과 교정敎政의 기원을 천제天帝에게 귀속하고, 태고에 천제의 아들이 인간 세상에 강림하여 교화한 것이 건국의 발단이라고 믿어 전해져 오고 있다. 그러므로 그것들의 신념적 역사에서는 인간계에서 보는 건국이라고 하는 것이 천계天界 쪽에서 말하면 '개천開天'을 의미하는 것이다. 즉 천문天門이 인간계를 향해 열린 것을 국가의 발생이라고 믿어 왔다.

이러한 건국신화는 백산白山, 흑수黑水, 한해瀚海 사이에서 생취生聚하는, 일반 민중에게 보편화되어 있는 부분이 있지만, 천자 강림의 성지는 동방의 영험한 장소인 태백산이다. 조선 신화는 환국桓國서자 환웅이 인간을 널리 이롭게 하시고자 천부天符 세 개와 신중神衆 삼천을 거느리고, 태백산 정상에 강림하시어 인간계에 삼백예순 가지의 일을 주관하셨다고 전해지고 있어 하나의 전형을 보여준다.

또 이것과 동일한 전통을 가지고 있는 만주 민족에 의해 일어난 금국金國이 대정大定 12년 장백산신長白山神을 봉하여 흥국영응왕興國靈應王으로 삼고, 명창明昌 3년 10월에 복책復冊하여 개천굉성제開天宏聖帝로 책봉한 것도, 역시 이

신념을 단적으로 표현한 것으로 개천이라고 하는 글자를 공식적으로 사용한 하나의 예도 된다.

그렇다면 개천절을 10월로 한 것은 왜일까? 아마도 이것은 농공이 끝나는 시기를 세수歲首로 하였던 고속古俗에 의한 것 같다. 『후한서後漢書』에는 "예맥상이세시월제천濊貊常以歲十月祭天, 주야음식가무晝夜飮食歌舞, 명위무천名爲舞天, 기작락대저여부여국동其作樂大抵與夫餘國同……"고 하였고, 또 "고구려신사직령이십월제천대회명왈동맹高句麗祠社稷零以十月祭天大會名曰同盟"라고 하였다. 『삼국지』에는 "마한이오월불종글제귀신군취가무십월농공필역복여지馬韓以五月不種訖祭鬼神群聚歌舞十月農功畢亦復如之"라고 하였고, 또 "고구려기속어거소지좌우립대옥제귀신기국동유대혈명수공高句麗其俗於居所之左右立大屋祭鬼神其國東有大穴名隧穴(『구암지리久庵地理』에 의하면, 이것은 평북 영변의 동룡굴을 말하는 것 같다) 십월국중대회영수신환어국동상제지치목수어신좌十月國中大會迎隧神還於國東上祭之置木隧於神坐"라고 하였다. 또 『신당서新唐書』에는 "고려국좌수휼매십월왕자제지高麗國左隧穴每十月王自祭之"라고 하였다. 이들 문헌으로부터 추측해도 이것이 오래된 풍습이라는 것을 미루어 짐작할 수 있을 것이다.

옛날에 10월을 상월(상ㅅ달)이라고 부르고 있는 것도, 민속적인 유물이라는 것은 많은 말이 필요하지 않는다. 그리고 문화적 동원관계同源關係인 일본에서는 10월을 '가미나즈키ヵミナヅキ'[1] 즉 신과 관련이 있는 달이라고 하여 각종 신과 관련된 일을 했고, 중국의 동해 연안일대에서도 전부 10월을 제사의 달로 했다. 특히 동이東夷의 고토故土라고 할 수 있는 산동지방山東地方에서 10월을 신사적神事的으로 숭배하고 있는 것으로 보아도 그 유래가 얼마나 오래된 것인가를 알 수 있을 것이다.

1　かみな-づき(神無月) 'かんなづき'라고도 한다. 음력 10월의 이칭으로 어원에 의하면 전국으로부터 신들이 이즈모타이샤(出雲大社)에 모여들기 때문에 모든 나라에 신이 없어지는 달이라는 의미이다.

2. 손돌풍孫乭風

10월 20일에는 연례年例로써 큰바람이 분다고 전해지고 있는데, 이러한 바람을 흔히 손돌풍孫乭風(조선어로 손돌바람)이라고 부른다. 옛날 고려의 왕이 강화로 피난을 가는 때에 배를 급류 쪽으로 몰아 위험을 느낀 왕이 선원인 손돌의 행동을 의심하여 부하에게 명하여 그를 참살하고 위험에서 벗어날 수 있었다고 한다. 그래서 지금도 그곳을 손돌경孫乭頃(손돌목)이라고 부르는데, 이날 손돌의 원한으로 대풍이 분다는 설이 전해져 강화도 사람들은 이날 항해를 하지 않는다.

3. 성주신제城主神祭

10월을 상월(상ㅅ달)이라고 하여, 도회지와 시골을 막론하고 각 가정에서는 연례로 길일을 골라 신곡으로 떡을 하고 술을 빚어 가택家宅신에게 제사를 지내 일가의 평온무사를 기원한다. 그 길일이란 오午일에 해당한다. 특히 무오戊午일을 최고의 길일로 하는데, 가정에서는 안택安宅이라고 하여 무당으로 하여금 신사神祀를 성대하게 한다. 흔히 이것을 성주바지굿 또는 성주푸리라고 부르고 있다. 가택을 총괄하는 신의 이름을 성주 또는 성조라고 부르는데, 이 제사는 신도神道의 유풍이다.

『신단실기神檀實記』의 대종교편에 의하면 "각 가정에서는 매년 10월 농사가 끝난 다음에 신곡으로 시루떡을 만들고 술과 과일을 준비하여 제를 올리는데, 성조라는 것은 방가邦家를 성조하였다는 의미이다. 단군이 처음 인민이 거처할 제도를 가르쳐 궁실宮室을 짓게 하였는데 인민은 그것을 영원히 기념하기 위하여 반드시 강단월降檀月에 신공神功을 보답한다"고 하였다.

4. 농공제農功祭

함경도의 각 지방에서는 10월 1일부터 말일까지 농공제를 올린다. 이것은 조선의 국조인 단군에게 신곡을 올리는 제사인데, 각 부락에서는 길일을 택일하여 신곡으로 떡과 술을 조리하고 모든 부락의 사람들이 함께 모여 성대하게 제사를 지낸다. 그리고 이 제사가 끝날 때까지는 어떠한 일이 있더라도 신곡의 출입을 막고, 소와 말 등의 동물에 이르기까지 과혹過酷하게 취급하지 않는 등 모든 일에 가능한 근신 한다. 또 제사에 올린 공물은 전 부락민이 모여 먹는데, 옛날부터 이 제사에 올렸던 음식물은 아무리 많이 먹어도 배탈이 나지 않는다고 전해진다. 이것은 상고시대 시월제천十月祭天의 유풍이다.

5. 김장沉菹

김치를 담그는 것을 조선어로 '김장'이라고 부른다. 매년 10월이 되면 각 가정에서는 도회지와 시골을 막론하고 겨울 준비로써 무와 배추로 김치를 담그는데, 여름 장담기와 10월 김장은 일 년 중 가장 중요한 행사이다. 여자들 사이에서는 10월 인사로 "김장하셨습니까?"라고 말할 정도였다. 이것만 보아도 각 가정에서 김장을 얼마나 중요하게 생각하였는지 추측해 볼 수 있을 것이다. 도회지의 시장에서는 10월의 가장 중요한 상품으로 무와 배추를 산더미로 쌓아놓고, 이것을 사려는 남녀 손님으로 북새통을 이룬다. 김장에는 침채沉菜(김치), 깍두기, 동침冬沉(동침이), 장침채醬沉菜(장김치), 염침채鹽沉菜(짠김치) 등의 종류가 있어서 이들을 담그기 위해서는 무나 배추의 주재료 외에 소금, 고추, 미나리, 파, 잣, 밤, 배, 굴, 생강, 마늘, 새우젓, 조기젓 또는 멸치젓 등이 사용된다.

6. 강정乾釘

과자의 일종으로 강정이라고 부른다. 10월에 주로 만들어 먹는데 길연吉宴이나 제사에도 많이 사용된다. 만드는 방법은 찹쌀가루에 소량의 물과 술을 뿌리고 반죽을 한 다음 2~3치 정도의 방형方形으로 잘라 말린 후 기름에 튀기면 부풀어 올라 누에고치처럼 된다. 여기에 물엿을 뿌리고 깨나 콩고물을 묻힌다.

또 이외에 콩강정, 깨강정, 잣강정, 오색강정, 매화강정 등이 있다. 즉 콩 또는 콩가루를 엿에 섞어 만든 것을 대두강정大豆乾釘(콩강정), 엿에 깨를 섞어 만든 것을 호마강정胡麻乾釘(깨강정), 잣을 엿에 섞어 만든 것을 잣강정, 다섯 종류의 색을 넣어 만든 것을 오색강정五色乾釘, 찰벼를 튀겨 꽃잎 모양으로 만들어 엿을 묻힌 것을 매화강정梅花乾釘이라고 한다.

7. 쑥탕艾湯과 쑥단자艾団子

초겨울 요리로 품위가 있으면서 맛있는 요리이다. 쑥의 어린싹을 뜯어 소고기와 닭고기를 넣어 국을 만든 것을 쑥탕이라고 하고, 쑥을 찧어 찹쌀가루와 섞어 만든 떡에 콩가루와 꿀을 묻힌 것을 쑥단자라고 한다.

8. 우유락牛乳酪 제조

옛날에는 내의원에서 우유락을 만들어 궁중에 헌납하였는데, 그 시기는 10월 1일에 시작하여 다음 해의 1월이 되어야 끝났다. 또 기로소耆老所에서는 10월부터 우락牛酪을 제조하여 연로한 신료에게 나누어 주었는데, 통례로 다음 해 정월의 상원일, 즉 15일까지로 하고 이후에는 하지 않았다.

❖ 11월 ❖

1. 동지일冬至日

천세력에 정해져 있는 날로 신력新曆의 12월 22일에 해당한다. 흔히 동지를 아세亞歲라고 하여, 매년 이날이 되면 도회지와 시골을 막론하고 각 가정에서는 팥죽을 만들어 가묘에 제를 올린 후 먹는다. 그리고 팥죽 안에는 반드시 멥쌀가루로 만든 동그란 경단을 만들어 넣는다. 옛날에는 액불厄拂이라고 하여 팥죽을 각 집 입구 또는 대문 등에 뿌리는 습속도 있었지만 지금은 없어졌다. 아마도 이것은 중국으로부터 전달되었을 것이다. 『형초세시기荊楚歲時記』에 의하면 "공공씨共工氏라는 사람에게는 망나니 아들을 있었는데 동짓날에 죽어 역귀가 되었다. 그 아들이 생전에 팥을 몹시 두려워했으므로 동짓날에 팥죽을 쑤어 역질 귀신을 쫓는 것이다."라고 기재되어 있다.

1) 역曆의 반사頒賜와 전약煎藥

동짓날에는 연례에 의해 관상감觀象監(천문·지리·역서 등을 관장하는 관소)으로부터 다음 해의 역曆을 만들어 이것을 헌납하고, 궁중에서는 그것에 옥새玉璽를 찍어 백관에게 나누어 주었다. 그 표장表裝은 황黃과 백白 두 종류였고, 관원들은 이를 다시 친지와 지인에게 나누어 주었다. 드물게 이조吏曹의 속리屬吏는 각지의 수령에게 청靑 표장의 달력을 보내는 것이 예였다. 채제공蔡濟恭『번암집樊巖集』의 지일반력至日頒曆이라 이름 지어진 시를 참고하였다.

역일황황강자청曆日煌煌降紫淸

경의홀복념전생驚疑忽復念前生

여하만사강담객如何萬死江潭客

또 내의원에서는 이날 전약을 제조하여 궁중에 헌납하였는데, 이것은 소족과 가죽을 푹 고아 백강白薑, 정향丁香, 계심桂心, 청밀淸蜜 등을 넣어 만든 것이다. 그러나 이러한 풍습도 지금은 없어졌다.

2) 황감제黃柑製

매년 동지가 되면 제주도로부터 특산물인 귤, 황감黃柑(밀감) 등의 과일을 헌상獻上하였는데, 궁중에서는 먼저 대묘大廟에 올린 후에 대신들에게 나누어 주었다. 또 섬에서 온 사람들에게는 원래遠來를 위로하기 위해 대접하고 베와 비단 등을 하사하였다. 먼 섬에서 임금님을 그리워하는 마음으로 오는 것이기 때문에 길례吉例를 설치, 과科(시험을 말한다)를 행하여 성적을 고시하고 우수한 사에게는 특별히 자격을 주었는데 이것을 감제柑製라고 하였다. 신라 시대에는 탐라의 성주星主(옛날에는 제주도를 탐라국이라고 하고 왕은 성주라고 하였다)가 감귤류의 토산품을 공납하면 이를 축하하기 위하여 과를 설치하였는데 그것이 조선 시대에까지 계속되고 있었다.

❖12월❖

1. 세초歲抄

관리의 성적을 상주上奏하는 것으로, 6월 1일과 12월 1일에 하였다. 12월 1일에는 연례에 따라 이조吏曹로부터 조관朝官의 성적을 고사考査하여 국왕에게 상계上啓하는데 이것을 세초라고 하였다. 그 점표點表에 의하여 서용敍用·승등

陞等 또는 감등減等·파면罷免 등이 이루어졌다. 국가에 경사가 있어 대사大赦가 행하여질 때에는 별세초別歲抄로서 행하여졌다.

2. 납향腦享

동지 후 셋째 미未일에 해당하는 날을 납일腦日로 정하여, 이날에는 묘廟·사社에 대향제大享祭를 거행하는데 이것을 납향이라고 하였다. 아마도 이것은 부여의 '영고제迎鼓祭'의 유풍으로 보인다. 이수광李晬光의『지봉유설芝峯類說』에 의하면 "채옹蔡邕의 설을 인용하여 청제東는 미未일, 적제南는 술戌일, 백제西는 축丑일, 흑제北은 진辰일을 납일로 하고 있지만, 조선은 동방에 위치하여 목木에 속하기 때문에 미未일을 납일로 하였다."고 쓰여 있다.

1) 작포雀捕
납일에 참새를 먹으면 영양가가 있고, 또 어린아이에게 먹이면 마마(천연두)를 잘 넘어갈 수 있다고 하였다. 또 이날 잡은 날짐승 고기는 특히 맛이 좋다고 하는 설이 전해져, 도회지와 시골을 막론하고 그물을 놓거나 혹은 소총으로 참새를 잡아먹었다. 경성 시내에서 총을 쏘는 것은 엄중하게 금지되었으나 이날만은 엽총의 사용을 암암리에 허가하였다.

2) 납일의 눈
납일에 내리는 눈은 약이 된다는 설이 전해져, 이날 눈이 내리면 곱게 받아 깨끗한 독 안에 가득 담아 두었다. 이것을 김장할 때 사용하면 구더기가 생기지 않거나 맛이 변하지 않고, 또 의복이나 서적에 뿌리면 좀이 먹지 않는다고 전해진다.

3) 납약臘藥

옛날에는 납일이 되면 내의원에서 각종 환약을 제조하여 헌납하는 것이 예로, 이것을 각 대신에게 반사頒賜하였다. 주로 만들었던 약은 청심환·소합환蘇合丸·안신환安神丸 등으로 청심환은 소화불량에, 소합환은 곽란癨亂을 다스리는데, 안신환은 열병에 사용되었다. 정종시대에는 새로이 제중단濟衆丹, 광제환廣濟丸의 두 종류를 제조하게 하여 각 영문營門의 군대에 반사하였는데, 효능이 소합환을 능가한다고 하여 성덕에 감격하는 자가 많았다고 한다.

기로소耆老所에서는 약제를 정제하여 노신老臣 및 각사各司에 분여分與하였는데, 이것은 지인들 간의 증답품으로도 이용되었다.

3. 대회일大晦日(섣달그믐)

12월 말일을 대회일이라고 하고, 그날 밤을 제석 또는 제야라고 부르는데, 이날은 일 년 중 마지막 날이기 때문에 그 해의 모든 거래를 전부 정산하는 날이기도 하다. 각 가정에서는 정월 준비와 채권의 징수, 채무의 반제 등으로 긴장 속에 분주하다. 밤중까지 채권의 재촉으로 돌아다니는 자도 있는데, 빚을 다 받지 못하더라도 자정이 지나면 정월 상순까지는 절대 청구하지 않는 것이 예의였다.

1) 구세배舊歲拜

이날 밤 중류 이상의 가정에서는 가묘에 예배하고, 연소자는 존속 친척 또는 지인의 장자를 방문하여 연말의 인사를 한다. 이것을 구세배라 칭한다. 이날에 한해서는 도회지와 시골을 막론하고 저녁 무렵부터 밤늦게까지 세배를 하러 다니는 사람들이 왕래하기 때문에 길 위 제등도 꺼지지 않으며 사람들로 붐빈다. 옛날에는 이날 서울에 사는 2품 이상의 제관이나 대신은 참내參內하여 구세舊歲의 문안을 여쭈었다.

2) 수세守歲

이날 밤에는 빈부귀천을 막론하고 집안 곳곳에 불을 밝힌다. 남녀노소 함께 새벽닭이 울 때까지 잠을 자지 않고 밤을 새운다. 이것을 수세라고 부른다. 이날 밤에 잠을 자면 눈썹이 하얗게 된다는 설이 전해지고 있어 어린이들은 전혀 잠을 자지 않고 밤을 새우는 일이 자주 있고, 만약 자는 사람이 있으면 눈썹에 분칠을 하고 깨워서 놀리기도 한다. 『동경몽화록東京夢華錄』에 의하면 "도성사람은 매년 제야가 되면 부엌 뒤쪽에 등불을 밝히는 관습이 있다. 이날은 부엌 귀신인 조왕竈王이 하늘에 올라가서 천신에게 그 집에서 일 년 동안 있었던 일을 낱낱이 보고한다고 믿고 조왕에게 경의를 표하기 위한 것이라 한다. 한편으로는 신의 출입을 감시하는 의미도 포함되어 있다. 그래서 사람들은 화롯가에 둘러앉아 아침이 되도록 자지 않는데 이것을 수세라고 칭한다."고 하였다. 또 온혁溫革의 『쇄쇄록瑣碎錄』에는 "섣달그믐날 밤에는 신불神佛 앞이나 마루, 방안 구석구석 등에 새벽까지 불을 밝혀 집안에 광명을 주었다."고 하였고, 『동파기東坡記』의 촉속편蜀俗篇에 "이날은 주식을 준비하여 친구들을 불러 연회를 베푸는데 이것을 별세別歲라고 하고, 새벽까지 자지 않고 밤을 새우는데 이것을 수세라고 한다."고 하였다.

옛날 문인들의 송년에 대한 감상은 어떠했는지 여기에 두세 개의 송년시를 실어보자. 먼저 조선 단종시대 지사志士 백옥이개白玉李塏(사육신의 한 사람)의 제석시除夕詩이다.

세율영수진歲律令垂盡
단좌부학사端坐赴蟄蛇
호아수갱루呼兒數更漏
환부낙등화喚婦落燈花

영야운음적永夜雲陰積
엄풍설세사嚴風雪勢斜
청담잉촉주淸談仍促酒
불필아융가不必阿戎家

인조시대 절신節臣 윤집尹集(호 임계林溪, 삼학사의 한 사람)의 제야시除夜詩는 다음과 같다.

반벽잔등조불면半壁殘燈照不眠
심야허관사처연深夜虛館思悽然
훤당정성금안부萱堂定省今安否
학발명조우일년鶴髮明朝又一年

인조시대의 문인 손필대孫必大(호 한재寒齋)의 수세시守歲詩는 다음과 같다.

한재고촉좌침신寒齋孤燭坐侵晨
전파잔년암손신餞罷殘年暗損神
흡사강남위객일恰似江南爲客日
석양정반송가인夕陽亭畔送佳人

4. 세찬歲饌

12월에는 예전부터 도회지와 시골을 막론하고 세모歲暮라고 하여 꿩, 과일, 과자, 계란, 고기, 어물 등을 친척 또는 지인에게 증답하는 것이 일반적이었는데 이것을 세찬이라고 한다. 옛날에는 세말歲末에 각 절도사를 시작으로 각 도백道伯 및 군의 수령들이 조정의 고관 또는 친지 등에게 세찬으로 특산물을 보내는 것이 예의였다. 서면 안에 별도로 특산물의 종목을 적는데 그것을 총명지聰明紙라고 불렀다. 경성 부근의 칠십 세 이상의 조관·명부命婦에게는 세말에 궁중으로부터 세찬으로 미곡, 어류 등을 받고, 지방에서는 수령 등의 지방관이 수여하였다. 또 팔십 세 이상의 조관 및 구십 세 이상의 사서민士庶民에 대해서는 가자加資를 하였다. 가자라고 하는 것은 일본의 서위敍位와 같은 것으로 백 세 이상인 사람에게는 일품을 더 올렸다. 이것은 모두 노인을 우대하는 의미였는데 지금은 거의 사라졌다.

5. 우금牛禁 해제

옛날에는 섣달그믐의 2~3일 전부터 우금을 해제하는 예가 있었다. 우금牛禁, 주금酒禁, 송금松禁은 조선조 초엽부터 삼대금三大禁이었는데 우금이란 인민이 함부로 소를 참살하면 소의 번식을 해친다는 이유에서 법령으로 제한을 한 것이다. 그러나 일반 인민의 정월을 풍부하게 보내게 하자는 취지에서 연말에 한하여 법령의 적용을 완화한 것이다. 그리고 이러한 풍속은 조선 말엽 이전의 것이다.

6. 사당신祠堂神

옛날 경남 고성에서는 매년 2회씩 관에서 군의 사당에 제사를 지냈다. 즉 12월 20일이 지나면 채단綵緞으로 신을 가장假裝하고, 읍인은 신전에 무도舞蹈하고, 신장神裝을 받들어 관아官衙를 필두로 읍촌을 돌았다. 부녀자들은 앞다투어 미곡 금전 등을 바치고, 정월 15일이 되면 원래의 신당에 봉환한다. 오늘날도 경상도 지방에서는 정월에 '지신밟기'라고 하는 유희를 하는데 이런 종류의 것이다.

7. 윤달閏月

윤달은 여분의 달이기 때문에 액이 없는 달로 여겨져 민간에서는 혼례나 가옥의 건축, 수선 등을 한다. 또 수의의 재봉 등을 하는데 수의란 염습용殮襲用 의복으로 사후에 사용되는 의복이다. 조선의 습속에 중류 이상의 가정에서는 노부모를 위하여 수의를 미리 준비하는 것이 예다. 이달에는 무엇을 하여도 기피忌避할 것이 없다 하여 모두 윤달을 이용한다. 윤달은 특히 불공을 드리기 좋은 달이라고 전해지기 때문에 절 주변에는 부녀자들이 사찰로 모여들었다.

조선의 풍속(음력정월)

조선총독부 편집 서기
신현정 申鉉鼎

조선도 예전의 내지처럼 태음력을 사용했지만, 지금부터 27년 전(메이지 29년)부터 태양력을 사용하게 되었다. 그러나 근래 많은 부분에서 문화가 개방되어 왔지만, 태양력은 공적인 일과 신문명에 속해 있는 부분에만 사용되었고, 이 외에는 아직도 태음력을 사용하고 있는 실정이다. 특히 일반 가정의 제사나 월년歲年 등에는 거의 모두가 구력에 의해 행사를 한다.

근래에는 신력의 신년에 연하장을 보내기도 하는데, 먼저 순서대로 연말의 증답품부터 이야기를 시작해 보자.

1. 증답贈答

조선인도 내지인과 마찬가지로 왕성하게 증답을 한다. 이때 사용하는 물품 중 가장 널리 사용되는 것은 마른 명태로, 이것에 김을 더해 보내는 것이 일반적이다. 또 꿩을 보내는데 기러기는 보내지 않는다. 이 외에도 담배, 쌀, 쇠고기, 생선, 귤 등을 보낸다.

2. 제석除夕

섣달 그믐날 밤을 제석이라고 하는데, 집안 곳곳에 등을 밝힌 후, 잠을 자지 않고 구년舊年을 보내고 신년을 맞는다. 이날 밤에 잠을 자면 '눈썹이 하얗게 된다.'고 전해진다. 그리고 먼 곳에 나가 있는 사람, 관직에 있는 사람, 다른 사람 집에 일을 하러 간 사람도 반드시 이날 밤까지는 귀가하여 가족과 함께 해를 넘기는 것이 예이다. 사당(불단에 해당한다)이 있는 집이라면 사당에 '묵은세배'를 하고, 손아랫사람은 손윗사람에게 '묵은세배'를 한다. (묵은세배라는 것은 구년을 무사히 보낸 것을 축하하는 의미의 예배이다)

3. 원일元日과 차茶

원일에는 아침 일찍 일어나 미리 준비해 둔 식혜 또는 장물醬水, 약주 등을 마신다. 설날에는 아침에 일어나면 어른, 아이 모두 새 옷으로 갈아입고 먼저 사당에 세배를 한다. 그리고 손아랫사람은 손윗사람에게 세배한다. (세배는 신년을 축하하는 예배이다)

4. 음식

설날에는 모든 집이 다음에 나열하는 신년 음식을 준비하여 조상에게 차례茶禮(제사의 일종)를 지낸다. 특히 신년음식으로 준비하는 것은 다음과 같다.

떡국, 인절미, 식혜, 수정과, 밤초, 대추초, 나박김치, 도소주屠蘇酒 등.

1) 떡국
떡국이란, 일본의 조니雜煮[1]에 해당하는 음식이다. 떡은 멥쌀로 만든다.

2) 인절미
인절미란, 내지의 떡처럼 찹쌀로 만들어 콩고물을 묻힌 떡을 말한다.

3) 식혜
식혜란, 밥과 엿기름을 섞어 양조한 일종의 단술이다.

---

1 일본 정월에 많이 먹는 음식이다. 떡을 주재료로 여러 가지를 넣은 국물요리이다.

4) 수정과

수정과란, 곶감을 따뜻한 물에 넣어 꿀 또는 설탕과 섞어 생강, 잣 등을 넣은 것이다.

5) 밤초

밤초란, 마른 밤을 충분히 삶아 꿀과 조금의 계피를 넣어 삶은 것을 말한다.

6) 대추초

대추초란, 대추를 충분히 쪄서 꿀과 계피, 잣가루 등을 뿌려 섞은 것을 말한다.

7) 나박김치

나박김치란, 얇게 썬 무에 미나리, 고춧가루, 파 등을 섞어 담근 신선한 김치이다.

8) 도소주

도소주란, 산초山椒, 방풍防風, 계피, 도라지 등을 조합한 술로 설날 마시면 사악한 기운을 몰아낸다 하여 가족 모두가 마시는데, 나이 어린 사람이 많은 사람보다 먼저 마신다. 그렇지만 최근에는 별로 볼 수 없다.

5. 회례廻禮

차례를 끝내면 회례를 가는데 내지와 같이 명함을 놓아두는 곳도 없고, 명함만 놓고 돌아가는 경우도 없다. 만약 주인이 없다면 몇 번이라도 다시 방문하여 면회를 한다. 주인이 있으면 반드시 집에 들어 세배하여 축하를 한다. 그리고 가까운 친척이라면 주인이 있든 없든 반드시 집에 들어 손윗사람에게는 세배하고 하사賀詞를 드리고, 손아랫사람에게는 세배와 하사를 받는다.

6. 하사賀詞

　신년의 하사에는 다음과 같은 것이 있다. '과세過歲안녕히지내섯습닛가' 이 것은 손윗사람에게 하는 덕담으로 '무사히 해를 잘 넘기셨습니까'의 의미이다. 하지만 이것은 일가 내에 동거하고 있는 사람 혹은 친척이라 해도 서열이 매우 높은 사람에게는 아무 말도 하지 않는 것이 오히려 예이다. '뫼시고과세過歲잘 지냇느냐' 이것은 손아랫사람에게 하는 덕담으로, '양친과 함께 무사히 해를 넘겼느냐'와 같은 의미이다. 이것은 일가에 동거하고 있는 사람에게는 하지 않는다.

　그리고 또 상대의 사정에 따라 각기 다른 덕담을 한다. 즉 '신년새해에는부 자가되엿다는구려' 이것은 부자가 아닌 사람에게 하는 덕담으로 '신년에는 부 자가 되었다지요'와 같은 의미이다. '신년새해는소원성취하섯다는구려' 이것은 일반적으로 하는 덕담으로 '신년에는 바라시는 바가 성취되셨다지요'와 같은 의 미이다. '신년새해에는아들을나셧다는구려' 이것은 아직 아들을 낳지 못한 사 람에게 하는 덕담으로 '신년에는 아들을 낳으셨다지요'와 같은 의미이다. '신년 새해에는병환을다썰어버리셧다는구려' 이것은 병자에게 하는 덕담으로 '신년 에는 병환이 전부 나으셨다지요'와 같은 의미이다.

원단의 조선거리

7. 세배상歲拜床

세배를 온 손님에게 음식을 내는 것이 일반적인 풍습이다. 부잣집에서는 매우 훌륭한 세배상을 낸다. 또 세배를 온 아이들에게는 음식과 함께 '세배돈' 또는 '졀갑' 또는 '연鳶갑'(종이 연 값)으로 5전 및 1원도 2원도 준다. 또 세배를 와야 할 사람이 오지 않으면 매우 화를 내며 무례를 책망한다. 또 설날부터 15일까지 중에 묘참墓參을 한다.

8. 미신

설날 미신에 관해 조금 서술해 보자. 그러나 이것도 조금씩 문화가 발달함에 따라 퇴색되어 가고 있다.

제야 밤부터 설날 저녁까지 '복조리'를 판다. '조리'는 쌀을 씻을 때 물에 들어있는 쌀을 골라내는 도구로, 이것에 일부러 복의 의미를 첨가하여 '복조리'라 칭하고 복을 취한다는 의미로 사서 걸어놓는다.

설날에는 일찍부터 붉은 비단 실을 파는 할머니가 집집을 방문한다. 이것은 축하의 의미를 가지기 때문에 사서 옷에 매단다. 집이 불처럼 일어나라는 의미로 성냥도 사놓고, 엿처럼 늘어나라는 의미로 엿도 사서 문고리에 건다.

또 설날 저녁 무렵이 되면 빗 통에 넣어두었던 머리칼을 태워서 마귀를 쫓는다.

설날 밤이 되면 '앙괭이'라는 악마가 하늘에서 내려와서 사람들의 신발을 하나하나 신어본다. 그러면 신발의 주인은 죽는다고 전해지기 때문에, 밤이 되면 새 신발이든 헌 신발이든 모두 모아 방에 들여놓는다.

9. 그 외

정월에 처음 돌아오는 인일寅日과 묘일卯日에는 아침에 남자아이가 먼저 일어나 부엌에 들어가 솥뚜껑을 열어보고, 변소에 들어가 소변을 보고, 문을 열어놓는다. 그리고 여자 손님을 꺼리고 남자 손님이라고 하더라고 대소변을 보는 것을 꺼린다.

또 이것은 미신은 아니지만, 서일鼠日 시골에서는 밭두렁에 불을 놓아 쥐를 없앤다. 이것은 쥐를 없애지는 못했지만 해충을 없애는 데는 도움이 되었을 것이다.

또 육괘책六卦冊이라는 한해의 길흉과 별자리에 의한 액운이 쓰여 있는 책을 본다. 그리고 14일 밤에 각각의 액운에 따른 기원을 한다. 예를 들면 조선의 버선형으로 종이를 잘라 지붕에 꽂고, 또는 백지를 동그랗게 잘라 달 모양으로 본뜨고, 붉은 종이를 잘라 해 모양으로 본떠 지붕에 꽂아 놓는다. 백지를 동그랗게 자른 것은 달, 붉은 종이를 동그랗게 자른 것은 태양을 의미하는 것으로 태양의 직성 또는 달의 직성인 사람이 있는 집에서는 이처럼 한다. 그 외에 밤밥을 만들어 육괘책이 지정하는 장소에 버리는 등 여러 가지가 있다.

원단의 회례

　또 하나 재미있는 것은 12, 13일부터 짚으로 만든 인형을 만들어 액년을 맞은 사람의 잠자리 머리맡에 놓고, 14일 밤이 되면 이것을 받으러 오는 사람에게 건네준다. 건네주기 전에 인형의 몸 안 여기저기에 동전을 넣어 둔다. 혹은 인형 대신에 남자라면 남자 그림, 여자라면 여자 그림을 종이에 붙여 두고 이 그림에 돈을 붙여둔다.

　15일을 '정월대보름'이라 하고 13, 14일 무렵부터 15일까지 '보름'이라 하여 생율, 잣, 호두를 사서 먹는다. 앞에 서술한 짚 인형을 받으러 오는 것도 신분이 낮은 사람들이 인형에 있는 돈을 꺼내 '보름'을 사 먹기 위함이다. 15일 아침에는 까치와 까마귀가 둥지에서 나오기 전에 일찍 일어나 앞에 서술한 '보름' 중에서 가족들이 각자 하나씩 반으로 쪼개 버린다. 이것은 한 해 동안 부스럼이 나지 말라고 기원하는 것이다. 그리고 이날 경성에서는 오곡밥과 열두 종류의 나물을 만들어 먹는다. 또 이날 술을 마시면 귀가 밝아진다고 하여 귀밝이술이라는 술을 마시고, 시골에서는 오곡밥을 아홉 번 먹는다. 그리고 이날 밤에는 마을간 북을 치며 줄다리기를 하여 승부를 결정한다. 그리고 이날 행사 중 또 하나 재미있는 것은 과일나무 가지 사이에 돌을 끼워놓는데 이것을 과일나무의 결혼이라고 한다. 이렇게 하면 그 해에는 과일이 풍년이 된다고 한다. 경성에서는 이날 밤 '답교'라는 열두 개의 다리를 밟으며 달구경을 한다. 이렇게 하면 일 년 중 다리가 아프지 않는다고 한다. 시골에서는 아이들이 관솔불을 들고 높은 산에 올라 달을 맞이한다. 어른은 달 색의 짙고 연함 또는 좀생이昴星와 달과의 거리를 보고 풍흉의 징후를 살핀다.

10. 유희

신년 유희로 남자는 밖에서 종이연을 날리고, 방안에서는 윷이라는 것을 한다. 윷은 직경 1치 정도의 원목을 5치 및 7치의 길이로 잘라, 한 면은 평평하게 깎은 것을 4가락 만든 것이다. 이것을 도구로 경쟁적 유희를 하는데, 던져 4가락 중 위를 향하는 것이 1가락이라면 1점 '도豚', 2가락이라면 2점 '개狗', 3가락이라면 3점 '걸', 4가락이라면 4점 '윷', 4가락 전부 아래를 향하면 5점 '모'로 종이 혹은 판으로 만든 '말밭馬田'길을 각기 앞으로 전진하여 셈한다. 여자는 널뛰기를 하는데 나무판의 중간 정도에 지점을 두고 판의 양쪽에 올라타 서로 위아래로 뛰는 유희이다. 뛰어 높이 올라간 때에는 위험하지만 재미가 있다.

이상의 유희 등은 전부 15일 전후로 한다. 조선인은 먼저 이러한 방식으로 즐거운 신년을 보낸다.

일본 본토와 유사한 조선의 풍습

-연중행사에 관하여

『조선』편집부

내지에서 조선에 와보니 풍습이 판이하게 달라 놀랐으나, 한편 유사점이 적지 않다는 것을 발견하였다. 이 유사점 중에는 자연환경이나 인간의 필연적인 요구에서 발생한 우연의 일치도 있다. 그러나 적지 않은 기간 교통과 그로 인해 발생한 종교, 문학, 제도, 사상 등의 동일이라는 부분으로부터의, 결국 원류가 같은 것이라고 할 수밖에 없는 유사점이 꽤 많다는 것을 묵인할 수는 없다.

이 우연과 필연의 구별은 어려운 것이지만 이러한 유사점이 우리에게 매우 친근함을 느끼게 하므로, 지금 연중행사 중에 정신 또는 형식이 유사하다고 생각되는 풍습에 관하여 몇 가지 들어보고자 한다. 이에 관해 조언을 받은 사람은 먼저 이마무라今村 서무과장으로 18년간 조선의 각종 공직에서 일하였고, 『조선풍속집朝鮮風俗集』이라는 저작도 있는 사람이다. 또 한 사람은 마찬가지로 이왕직李王職에 재임하였고, 오랜 기간 내지에 체류하여 내지 사정에도 정통한 윤세용尹世鏞 씨이다. 갑작스러운 의뢰에 최선을 다했다고는 말하기 어렵고, 게다가 교열도 거치지 않았기 때문에 틀린 부분도 있을 것으로 생각한다. 그것은 먼저 나의 책임임을 말해둔다. 그리고 이마무라 씨의 저작인 『조선풍속집』도 인용했다는 것을 밝혀둔다.

❖ 1월 ❖

1월에 대해서는 본지의 본년 2월호에 자세하게 서술해 놓았으나 순서대로 나열해 보았다.

1. 원단元旦

세장歲粧이라고 하여 새로운 의복을 입고 차례 즉 세주세찬歲酒歲饌을 준비하여 선조에게 제사 지낸다. 그리고 친척 장자를 두루 방문하여 세배를 한다. 이것은 내지의 회례廻禮와 같은 것으로 내지에서는 명함을 비치되어 있는 상자에 넣는다. 주인과 손님이 마주하고 인사를 하는 것은 같지만 대화의 내용은 전혀 다르다.

2. 음식

음식으로 떡국을 먹는 것은 같다. 단 조선은 양초 같은 모양을 한 멥쌀로 만든 떡인데 국물은 야채를 사용하지 않고 고기를 사용한다. 그리고 도소屠蘇라는 것은 만들기도 하지만, 원래는 약주를 마시고 내지에서는 정종을 마신다.

3. 의복

의복은 빈부에 따라 차이를 나타내는데 새 옷을 해 입는 것은 마찬가지이다.

4. 유희遊戱

아동은 연날리기를 한다. 타인의 연줄에 걸어 연줄을 끊는 놀이를 하는 것은 마찬가지이다. 팽이 돌리기, 제기차기도 한다. 단 제기는 내지와 같이 하고이타羽子板[1]로 치는 것이 아니고 발로 찬다. 그리고 내지에서는 볼 수 없는 도사賭事도 하는데 이것을 윷이라고 한다. 그리고 토전鬪錢, 즉 내지의 아나이치ｱ

---

1   제기 비슷한 놀이 기구. 하고(羽子)를 쳐 올리고 받고 하는 나무 채.

ナイチ(선을 긋거나 구멍에 돈을 넣고 명중시켜 승패를 겨룬다)라는 것을 한다.

이 외에 여러 가지가 있는데 오늘날 내지에서도 스고로쿠双六[2], 가루타歌留多[3]등이 있고, 그 외에 실내 실외 여러 가지 놀이를 정월의 대목이라고 생각한 것은 유사점이라고 생각할 수 있다. 그리고 이시갓센石合戰[4]도 하였다. 도쿠가와 이에야스德川 家康가 아베강변安倍河原에서 이시갓센을 구경하였다는 이야기가 생각난다.

밤, 호두, 잣 등을 먹는 것을 작절嚼癤이라고 한다. 내지의 하가타메齒固め[5]와 같은 것이다. 일 년간 종기나 부스럼이 생기지 않게 해달라는 의미가 있다고 한다. 내지에서 말린 멸치나 말린 청어알 등의 여러 가지 좋은 기운을 가진 음식을 먹는다는 의미에서 유사하다.

길가에서 장기두기

---

2 주사위를 던져 나온 숫자대로 말을 움직여 골에 들어오는 보드게임의 일종이다.

3 일본식 카드를 사용하여 주로 설에 하던 실내놀이이다. 카드는 문자카드(文字札)와 그림카드(絵札) 두 가지 종류가 있는데 그림카드를 바닥에 펼쳐놓고 어른이 문자카드에 있는 글자를 읽으면 그 글자에 맞는 그림을 빨리 찾는 것을 겨루는 놀이이다.

4 전국시대(戰國時代)의 전투를 모방하여 만든 놀이로 두 팀으로 나누어 돌을 던져 승부를 겨루는 놀이이다.

5 정월에 딱딱한 것을 먹어 이를 튼튼하게 하여 장수를 기원하는 것이다.

❖ 2월 ❖

1. 한식일

청명일 후의 삼일을 가리키기 때문에 하나의 절기이다. 갖가지 음식을 차려서 조상제를 올린다. 아이들은 아름다운 옷으로 치장을 하고 조상의 묘를 참배한다. 묘가 먼 곳에 있는 사람은 대리인으로 하여금 참배하게 한다. 내지에서는 예를 볼 수 없지만 하이쿠俳句[6]의 제목에 있는 것을 보면 이전에는 내지에서도 같은 것을 했던 것으로 생각된다. 지금은 하고 있지 않지만 하이쿠의 제목으로 존재하고 있는 것이 더 많이 있다고 이마무라 씨는 말하였다.

❖ 3월 ❖

1. 삼일三日

진달래꽃杜鵑花를 채집하여 찹쌀가루와 섞어 경단을 만들어 기름에 지져 먹는다. 이것을 화전花煎이라고 부른다. 또 녹두라고 부르는 청소두青小豆의 가루로 만든 면을 준비하여 조상에 바친다. 이날 내지에서는 히나마쓰리雛祭[7]를 하는데 이것과는 꽤 차이가 있다. 이날은 제비가 강남에서 돌아오는 날로 작년에 왔던 제비가 원래 집으로 돌아오면 재수가 좋다고 하여 기뻐한다. 내지에서도 제비가 오는 것을 환영하는 것은 마찬가지이다.

---

6 일본의 5·7·5의 3구(句) 17음(音)으로 된 단형(短型)시이다.

7 히나마쓰리(雛祭り)는 여자아이의 건강한 성장을 기원하는 절구의 연중행사이다. 히나인형을 복숭아꽃으로 장식하고 시로자케(白酒)나 스시 등의 음식을 즐기는 절구축제이다.

이달은 청유의 달로 근교에서 경치가 뛰어난 명승지를 화류장花柳場이라 하여 술과 기생을 데리고 가거나 혹은 문묵시부文墨詩賦로 하루를 즐겼다. 또 아동은 버드나무 가지를 꺾어 피리를 만들어 불며 노는데 이것을 버들피리라 고 한다. 아가씨들은 푸른 풀을 한 줌 따다가 머리채를 만들고 나무를 깎아 붙 인 다음 붉은 치마를 입히고 이것을 각시ムスメ라고 하였다. 그리고 이부자리와 머릿병풍을 쳐놓고 놀았는데, 이것은 내지의 소꿉놀이와 매우 유사하다.

❖ 4월 ❖

1. 팔일八日

팔일을 불탄일佛誕日 또는 욕불일浴佛日이라고 불렀다. 절에서는 승려가 엄숙 하게 공양을 드리고, 아이들은 아름답게 치장하고 사원이나 신사에 참배하거나 즐겁게 논다. 이날 저녁에는 장대를 문 앞에 세우고 꼭대기에는 꿩 깃을 꽂거나 오색종이로 장식한 등을 매달았기 때문에 등석燈夕이라 칭하였다. 시내에서는 각종 등롱燈籠이나 완구를 판매하기 때문에 아이들은 이것을 사서 즐긴다.

성연(盛宴)의 상차림

❖5월❖

1. 단오

　단오절에는 조상제를 지낸다. 이날 젊은 남녀는 창포물에 머리를 감는다. 또 창포의 뿌리를 짧게 잘라 여자는 머리에 꽂기도 하고, 남자는 가슴장식을 만들기도 한다. 내지에서는 창포물에 목욕을 하는데 액을 떨쳐버린다는 의미를 가진 조선과는 차이가 있다.

　이날은 삼대 명절 중의 하나로 어린 여자들이 아름답게 차려입고 모여서 즐긴다는 의미에서는 설날과 비슷하다. 가장 많이 하던 놀이는 그네뛰기이고, 또 쑥으로 떡을 만들어 먹는 점도 유사하다.

❖6월❖

1. 십오일 十五日

　유두절이라고도 한다. 청류에 머리를 감고 몸을 씻은 뒤, 가지고 간 음식을 먹으면서 서늘하게 하루를 지낸다. 이것을 유두잔치라고 하는데 내지에는 없는 것 같다. 그리고 이날 유두천신 流頭薦新이라 하여 밀전병을 만들어 조상에게 올리고 일가 단란하게 먹는다.

❖7월❖

1. 칠석

젊은 여자들이 견우, 직녀 두 별에 바느질 솜씨를 좋게 해 달라고 기원한다. 내지에서는 성제星祭를 하는데 조선에서는 제사는 하지 않는 것 같다. 이날 옷이나 서적을 일광에 말려서 벌레의 해를 막음과 동시에 다장多藏을 뽐낸다. 내지의 도요보시土用干[8]와 정취를 합친 것이다.

십오일은 중원 또는 백중이라고도 하여 사원에서는 우란분회盂蘭盆會를 개최하여 부처님께 공양한다. 민간에서는 망혼일亡魂日이라고 칭하는데 술, 음식, 과일을 차려놓고 망친의 혼을 위로한다. 이것도 동일하다.

❖8월❖

1. 십오일十五日

이것은 중추절로 각종 음식을 준비하여 성장을 하고 성묘를 한다. 한식일과 마찬가지이다. 내지의 피안彼岸[9]에 해당한다. 밤에는 달을 감상한다. 그렇지만 이것은 그렇게 유행하고 있지는 않다. 젊은 아가씨들은 달빛 아래 누가 바늘에 실을 빨리 꿰는지를 경쟁한다.

부인의 성묘

---

8   여름 토용(土用)의 시기에 의류나 서적을 바람이 좋은 곳에 말리는 것으로 벌레나 곰팡이가 생기는 것을 방지하기 위함이다.

9   춘분과 추분을 중심으로 전후 삼 일간을 합친 7일간을 말한다. 일본에서는 이 시기 성묘를 비롯한 선조공양의 불사를 한다.

❖ 9월 ❖

1. 중양重陽

중양에도 역시 선조에게 제사를 올린다. 문인묵객文人墨客은 술을 준비하여 단풍이나 국화가 있는 장소에 모여 하루를 즐긴다. 그러나 지금은 별로 하지 않는다. 또 국화전을 만들어 먹는다.

❖ 10월 ❖

1. 월내月內

10월에는 문중의 모든 사람이 묘지에 모여 성대하게 조상제를 올리는데 이것을 시제時祭라고 한다. 조상의 묘지가 먼 곳에 있는 사람들은 묘직墓直이 대신해서 제사를 올린다. 또 무시루떡을 만들어 3일이나 15일 또는 무오일戊午日을 선택하여 가신家神에게 올린다.

이달은 침채沈菜의 달로 무, 순무, 배추를 사서 항아리에 보관하여 1년간을 준비한다. 대가에서는 많은 양을 준비하고, 보통 집에서도 저금을 인출하여 준비하거나 공장 등에서는 가불하여 하는 등 커다란 행사였다. 이 정도는 아니지만 내지의 시골에서도 겨울 준비를 하는 것은 마찬가지이다.

❖11월❖

1. 동지

이날은 붉은 팥으로 죽을 쑤는데 죽 속에 찹쌀로 새알심을 만들어 넣는다. 그리고 일반적으로 팥색의 옷을 입는다. 지금도 이왕 전하를 필두로 붉은 팥색의 옷을 입으시고 팥죽을 드셨다고 한다.

내지에서는 매월 1일과 15일에 찰 팥밥을 하는 습관이 있는데 동일한 근원에서 나온 것으로 생각된다. 『초형세시기楚荊歲時記』에 공공씨共工氏에게는 망나니 아들을 있었는데 동짓날에 죽어 역귀가 되었다. 이 역귀가 팥을 몹시 두려워했다는 것으로부터 이 역귀를 쫓는 의미로 동지에 팥죽을 만드는 것이라고 한다. 내지에서는 조상에게 올리는 정도의 의미이다.

❖12월❖

1. 납평臘平

동지의 세 번째 말일을 이르는데, 조상제를 올린다. 이날 참새를 먹으면 건강해진다고 하여 참새사냥을 하였다. 내지에서는 이와 같은 풍습은 없는 것 같다.

2. 제석除夕

제석에는 집 안팎을 밝히고 조상에게 제사를 올린다. 또 부모에게도 세배하듯 절을 하는데 일 년을 무사히 넘긴 것을 감사하는 의미이다. 그리고 어린이들은 친척집을 찾아가 인사를 드리는데 이것을 구세배舊歲拜라고 한다. 동시에 세찬歲餐이라는 각종 물품을 보내는데, 내지의 세모歲暮인사와 같은 것이다.

이날 밤은 남녀노소 함께 새벽닭이 울 때까지 잠을 자지 않고 밤을 새는데 이것을 수세守歲라고 부른다. 빨리 자면 눈썹이 하얗게 된다고 전해진다. 내지에서도 빨리 나이가 먹는다고 하여 늦게까지 일어나 있는 것과 마찬가지이다.

3. 매서賣暑

매서라는 것이 온다. "내 더위 사가라"하고 부른다. 오히려 상대방이 "내 더위 사가라"하면 먼저 판 쪽에서 돈을 내야만 한다. 이렇게 더위를 팔면 다음 해에 더위를 타지 않는다고 한다. 또 '복조리'를 팔러 오는데 '조리'는 쌀을 씻을 때 돌을 골라내는 도구로, 말하자면 악을 버리고 복을 취한다는 의미이다. 그래서 몇 배나 비싸게 집안에 던져 놓는다. 이처럼 형태는 다르지만 좋은 기운을 얻으려는 의미의 것을 내지에서도 하고 있다. 정월에 액막이로 콩을 뿌리는 마메마키豆撒[10]가 그것이다.

---

10 "귀신은 밖, 복은 안"이라고 외치며 절분에 콩을 뿌리는 것.

조선·만주 정월 민속을 이야기하다

『조선』편집부 좌담회

·출석자

이나바 이와키치稲葉 岩吉, 이마무라 도모今村 鞆, 도리야마 기이치鳥山 喜一,

현헌玄櫶, 손진태孫晋泰, 아키바 다카시秋葉 隆, 주종의朱鐘宜, 오청吳晴

·주최자측

무라야마 지준村山 智順, 구라모토 히로시倉元 弘

·일시

12월 22일 경성 조선관

1. 회담의 취지와 민속적 이해

무라야마
인사를 드리겠습니다. 이야기가 좀 거창하지만, 우리 동양인이 세계 평화에 진실로 공헌한다고 하는 것은, 지금도 구미의 식민지 시장으로 여겨지고 있는 동양이 이제는 그 영역을 벗어나 동양의 원래 모습으로 돌아가 동양 문화 본래의 진면목을 펼치는 것이 아닐까 생각합니다. 이를 위해서는 먼저 동아제민족東亞諸民族의 조화로부터 세계 평화의 중진重鎭을 형성하는 것이 필요하지않을까 생각하고 있습니다.

천운이라고 말씀드릴 수 있는 것은 극동에 위치하고 있는 우리 일본이 벌써 이런 점을 각성하여 한결같은 마음으로 이 이상을 향하여 매진해 왔습니다. 일찍이 일·청, 일·로 전쟁을 겪고, 또한 만주 사변, 중국 사변을 겪을 수밖에 없었던 것은, 대외적으로는 동양 이외의 외력外力을 격퇴하고, 대내적으로는 동양 본래의 의식 각성이라고 하는 촉진운동이 아니었을까 생각합니다. 이리하여 다행히도 일·만 결합이 겨우 성사되었고, 머지않아 계속되는 사변의 결과물로 일·만·중 삼국 제휴도 희망해 볼 수 있지 않을까 생각합니다. 아울러 그 결합제휴는 단순한 정치적·경제적 결합(바꿔 말하면 이해라든가), 타산적인 협동만으로는 위기를 맞을 것은 자명한 사실입니다. 진실한 협동이라는 것은 문화적, 사상적으로 서로 동정同情하는 결합을 이루지 않으면 안 됩니다. 결국, 피아민중彼我民衆 상호 간의 따뜻한 정조적情操的 악수가 견고하게 이루어져야만 하지 않을까. 피아민중 간의 따뜻한 악수가 쉽게 이루어질 수 있는 일이 만들어져야만 한다고 생각합니다.

그렇다면 어떻게 피아민중 간의 따뜻한 악수를 촉진할 수 있는가. 이것은 여러 가지 방법이 있지만, 그 하나는 양 민족의 충분한 이해와 공통점을 발견하여 서로 동정하도록 해 가는 것이 중요하지 않을까 생각됩니다. 조선과 만주는 옛날부터 지리적으로 가깝고, 두 민족 간에 예전부터 왕래가 있었던 점으로 보아 문화, 민족 상호간 융합하여 공통되는 부분이 존재하는 것은 의심할 여지가 없다고 생각합니다. 게다가 조·만 양 민족의 풍속을 분명하게 하는 것으로 예전부터의 문화적 동정, 민족적 동포감을 다시 회복시켜 정조적인 굳은 악수를 할 기운을 양성해야 한다고 생각합니다.

이미 알고 계시리라 생각합니다만, 본청의 문서과文書課에서 편집하고 있는 잡지 『조선』은 시정施政 방침을 중외中外에 선전함과 동시에 조선 사정도 내외에 소개하고 전달하여 조선에 대한 바른 이해와 동정을 불러일으켜, 서로 연계하여 명랑한 조선의 발전을 희망하고, 조선 본래의 천직 수행에 힘이 되고자 하는 문화적 사명으로 우리는 미력하나마 그 사명을 다 하고 있는 것입니다. 이러한 의미로 내년 정월, 1월호를 조·만의 정월 민속을 주제로 하기 위해 이 좌담회를 개최하게 되었습니다. 정월 민속을 주제로 고른 것은 특별한 의미가 있는 것은 아닙니다만, 정월은 일 년의 처음으로 정월 민속은 다른 계절이나 임시로 하는 행사보다는 민중이 보편적으로 중요시하고 있다고 생각되기 때문입니다. 정월에 행하는 민속 간에 혹시 차이점이 있다고 한다면 그 차이점은 피아양자 간 보편적인 사항이 되지는 않을까 생각합니다. 이러한 의미에서 정월 민속을 화제로 삼은 것입니다.

또 하나는 정말로 덧붙이는 것에 지나지 않지만, 정월 민속은 대부분 경사스럽다는 의미를 많이 포함하고 있습니다. 그러므로 이에 관해 이야기하는 것은 양자의 민속을 분명하게 하는 것과 동시에 스스로 그 민속을 가지고 있는 민중을 축복하는, 그 사람들에 대해 경하의 의미를 나타내고 있는 것을 조금 덧붙이고 싶습니다. 부디 이러한 내용을 충분히 찬성하시어 여러분들의 지식을 기울여 주셔서 이 좌담회를 멋지게 끝낼 수 있도록 부탁드립니다.

그래서 대략 정월에 행하고 있는 민속이라고 하면 중요한 행사들이어서 1시간이나 2시간으로는 도저히 모자랍니다. 그러나 어쨌든 정월 기분이 나는 의식주, 풍속이라고 합니다만 주거·의복·음식과 같은 것에 대해 언급하고, 또는 행사라는 것을 통하여 정월이라는 것을 대략 정리해보고자 합니다. 정월 의식주와 행사가 조선과 만주 간에 어떠한 관계가 있는가 하는 사항을 가능한 구체적으로 이야기를 해주신다면 다행스럽게 생각합니다.

그럼 먼저 조선부터 이야기를 진행해 보고자 합니다. 현헌 씨에게는 지금 말씀드린 것처럼 정월에 전체적으로 행해지는 의식주와 행사에 관하여 총론적總論的으로 부탁드리고, 특히 정월 의례를 중심으로 이야기를 듣고 싶습니다. 부탁드립니다.

2. 정월의 행사와 덕담

현  저는 별로 이쪽 분야에는 정통한 사람은 아니지만, 단편적이라도 제가 알고 있는 것을 말씀드리겠습니다. 총론이라고 할 정도는 아닙니다만, 어쨌든 조선의 정월 민속이라고 하면 자연스럽게 의식주에 관련된 행사라고 볼 수 있습니다. 그런데 아까 무라야마 선생님의 이야기처럼 역시 정월이라고 하면 새로운 해가 오다. 신년, 이러한 의미로 본다면 삼원三元이라 하여 연·월·일의 처음, 이러한 의미로 정월을 매우 중요하게 보고 여러 가지 민속이 행해지고 있다고 생각됩니다. 그것과 동시에 삼원이기 때문에 일 년에 해야만 하는 것을 대략 정월 행사 안에 집어넣은 것처럼 생각됩니다.

그 내용을 말씀드리면 첫 번째는 도덕적인 행사가 있습니다. 먼저 조상숭배를 반드시 하고, 그것과 동시에 예의로 새해 인사를 합니다. 친척고구親戚故舊를 일 년에 한 번은 반드시 방문하여 신년 인사를 하는 것은, 물론 정월에 행하는 하나의 의례 혹은 도덕으로서 전반적으로 보급되어 있는 방법입니다. 그리고 또 하나는 신앙에 관련되는 행사를 아마도 하는 것으로, 일 년간의 염원이 정월 안에 전부 이루어지고 있는 것으로 생각됩니다. 이것의 근원은 도신禱神입니다만, 그 외에도 여러 가지 이와 같은 의미의 것을 하고 있다고 생각됩니다.

그리고 또 신년은 경사스럽다는 의미의 경하慶賀를 포함하는 행사가 이루어지고 있다고 생각됩니다. 그 행사 중에는 올해 안이나 혹은 내년에 일어날 경사스러운 일을 미리 축하하는 의미와 같은 행사도 있습니다. 그중에 하나의 예를 들면 '덕담'이라는 것이 있는데 정월 초삼일은 반드시 이것을 합니다. "만나는 이가 관리라면 승진하였다. 아이가 없는 사람에게는 아이가 태어났다. 장사하는 사람이라면 돈을 많이 벌었다." 등의 축하를 합니다. 경사스러운 때에는 그와 같은 기분으로 경하하는 것으로 생각됩니다.

또 이외에도 취미·오락과 같은 것을 합니다. 행사의 항목을 보면 도회지와 지방 다소 차이는 있지만, 일반적으로는 공통적이라고 생각됩니다. 그것이 의식주, 의에 있어서도, 식에 있어서도, 주에 있어서도 여러 가지 형태로 나타나고 있는 점도 있습니다. 말하자면 조선 정월 민속의 대략적인 부분은 이상 열거한 것과 같은 정신이 녹아있어 이처럼 실질적으로 행해지고 있다고 생각됩니다.

정월의 일반적인 휴가 기간을 말씀드리면 이전에는 꽤 길었습니다. 먼저 15일까지, 15일을 상원上元이라고 하여, 정월 초하루부터 상원까지 15일간을 전부 쉽니다. 그 사이 행사와 같은 것도 꽤 수가 많은 것으로 생각됩니다. 그리고 또 하나 신년이라고 하는 의미로부터 모두 새롭게, 그리고 장래 희망을 품는 의미로부터 행해진 행사도 꽤 있다고 생각됩니다. 그러니까 예를 들면 '복장'을 보아도 '신장新粧'이라든가, '신물新物'이라고 하여 '신新'이라는 글자를 사용합니다. 그리고 또 '신'을 대신하여 '세歲'를 사용하는 경우도 많습니다. 예를 들면 문자로 나타내면 '세주歲酒', '세배歲拜', '세찬歲餐', '세축歲祝' 등 이처럼 '신'을 대신하여 '세'를 많이 사용합니다.

이와 같은 것들이 종합하여 조선 정월 민속이 되는데 일 년간 이루어지는 다른 행사보다도 꽤 눈에 띄게 이루어집니다. 지금은 폐지되어 버린 것도 있지만, 현재도 왕성하게 이루어지고 있는 것도 있습니다. 이것으로 총론이 되었는지 어떤지는 알 수 없지만 대체로 총론적으로 말씀드렸다고 생각합니다.

이나바   지금 말씀하신 덕담입니다만, 요 몇 일전 덕담이라고 하는 글자를 어떤 기사에서 발견하였는데 어떤 의미인지 몰랐는데 지금 설명을 들으니 정말 잘 알겠습니다. 확실치는 않으나 조선 선조宣祖 때에 사자使者가 만주로 가서 그곳의 정월 음식을 대접받았다. 그때에 정말 경하스러운 말을 여러 가지 들었는데 그것을 '내 나라의 덕담과 같이' 라고 쓰여 있었는데 도무지 알 수가 없었습니다.

이마무라   『동국세시기東國歲時記』에 '봉친구년소이등과진관생남획재등어덕담이상하逢親舊年少以登科進官生男獲財等語德談以相賀'이라고 쓰여 있습니다.

현   덕담과 대조되는 '문안비問安婢'라는 것이 있습니다. '문안비'라는 것은 안부를 묻는 여자 하인을 말하는 것으로 일부러 하인을 보내 "새해가 밝았습니다. 올해는 매우 좋은 해로 댁네의 행복을 빕니다. 자녀가 탄생하였다니 정말 기쁜 일입니다. 어르신이 무고하시다니 정말 기쁩니다. 당신의 가족이 승진하셨다니 얼마나 기쁘십니까." 와 같은 여러 가지 인사말을 합니다. 덕담이라고 하는 것은 직접 만나서 하는 것입니다.

이마무라   잘 차려 입히고 비교적 미인을 보냅니다.

이나바   재미있군요. (웃음)

오   심부름꾼이라고 해도 천한 여자가 아닙니다. 기품 있는 여자를 보냅니다.

무라야마   살아있는 연하장이군요. "귀댁의 만복을 기원합니다." 라든가…… .

이마무라   그렇습니다.

아키바   승진하지 않았을 때에도 "축하합니다." 라고 합니까. (웃음)

손   승진하시기를, 돈 많이 버시길 이라고…… .

현   아닙니다. 결정적으로 말합니다. "했다지." 라고 합니다.

아키바　그것은 재미있군요. "했다지."라고 결정되어 있다고는……. (일동웃음)

오　현 선생님 저건 어떻습니까? 조선의 사교적인 담화에는 겉치레가 없는데 정월인사인 덕담에서는 겉치레를 하는 이유가 무엇입니까?

현　신년에는 한층 분발하라는 의미일 겁니다.

도리야마　덕담이라는 것은 중국에서는 별로 사용하고 있지 않지요.

이마무라　물론 없습니다.

아키바　조선어 사전에는 있습니다.

현　그 사상은 중국도 조선도 문자로 나타내는 것으로는 같지 않을까 생각됩니다. 이렇게 말하는 것은 조선에서는 '신축新祝'이라는 문구를 써서 붙이는 경우가 있는데, 이것은 중국도 같다고 생각됩니다.

아키바　그것은 중국으로부터 전해진 것입니다.

현　조선에서는 예를 나타내는 문구를 하나부터 여덟까지 모아서 엽서 같은 것에 새겨 넣어 내놓습니다. 그 문구는 다방면에 걸쳐있습니다. 주로 세계가 태평하기를 이라든지, 황은제력皇恩帝力이라든지, 또는 나라를 걱정하여 풍년을 기원한다든지, 사적으로는 자기의 행복을 기원하는 내용입니다. 총괄적으로 말하면 재앙보다는 복을 기원하는 것입니다. 그리고 봄은 하늘과 땅에 충만하고 복은 집에 충만하라 등과 같은 것도 있습니다.

무라야마　덕담을 할 때 나타내야 하는 축복의 의미에는 어떠한 것들이 있습니까?

현　개인의 영달을 도모하고, 재물의 다풍多豐을 기원하고, 가족의 무병을 기원하는 등의 내용이 많습니다.

3. 정월의 소나무 장식과 금줄

무라야마   다음에는 이마무라 씨에게 부탁드립니다. 조선의 정월 장식(금
줄이라든지) 그 방면의 이야기를……

이마무라   내지와 공통적인 것은 있지만, 만주와는 관계가 없는데……

무라야마   만주와 관계가 없어도 상관없습니다.

이마무라    내지는 소나무 장식을 하는데 조선은 이것이
없습니다. 내 생각으로는 소나무 장식은 고대
아시카가시대足利時代[1]부터 있었습니다. 원래
민간에서 벽사에 소나무 침을 사용하였다는
것이 시작으로, 이것을 경사스러운 일에도 적
용하게 된 것이 아닌가 생각합니다. 조선의 습관에서 송엽은 벽사
에 자주 사용됩니다. 이것은 원래 절분節分에 호랑가시나무를 내
놓는 습관과 같은 것으로, 말하자면 벽사에 사용되던 것이 경사
스러운 일에도 사용되도록 전환되어 온 것입니다. 소나무로 공
통적인 것은 묘지에 소나무를 심는 습관이 내지에도 조선에도
있습니다.

그런데 단 한 곳 조선에서 정월에 소나무 장식을 하는 곳이 있습니
다. 그것은 경상도의 일부분으로 그곳에서는 소나무 장식과 함께
금줄을 칩니다. 내지와 같이 금줄을 왼새끼로 하는지 어떤지는 알
수가 없지만……. 그와 같은 습관은 남양南洋계통인지 북쪽 계통
인지 알 수 없지만, 몽골에도 있고, 흑룡강黑龍江부근에도 있어서
어느 쪽인지 모릅니다. 우리는 남양 계통이 아닐까 생각합니다.

---

1   아시카가 다타우지(足利尊氏)가 1336년 건무식목(建武式目)을 제정하고, 1338년 정식으로 경도(京
都)에 바쿠후(幕府)를 연때부터 15대 장군 아시카가 요시아키(足利義昭)가 1573년 오다 노부나가(織
田信長)에 의해 추방되기까지의 235년간을 말한다. 무로마치(室町)시대를 말한다.

내지에서 금줄을 왼새끼로 하는 습관은, 죽은 사람을 묶는 일에 사용하였다는 것이 경사스러운 일에 전환되어 온 것이 아닐까 생각한다. 그에 관한 가장 오래된 기록은 『고사기古事記』[2]에 시메쿠리나와しめくり繩[3]를 둘러친 곳이 아마노이와도天岩戶[4]라는 것으로 보아 지극히 신식神式의 것으로, 그런 것과도 관련이 있는 것으로 생각됩니다.

내지와 마찬가지로 남선南鮮에서도 신년에 왼새끼 금줄을 사용하는 습관이 조금 남아있습니다. 그것은 예를 들어보면 먼 곳에서 사람이 죽었을 경우 그 운반에 죄인을 사용하는데 그것에 대해 왼새끼를 사용하는 것이 있었다. 또 남선에서 정월에 하는 것은 어떤 이유인지에 관해 물어보자, 떡이 잘 쪄진다고 말하고 있었습니다. (웃음소리)

오   남선에서 떡을 찔을 때 장식으로 금줄을 칩니다. 그 떡은 제사에 사용하는 떡입니다만…….

이마무라   제례에는 내지의 씨자氏子가 모두 금줄을 치는 것처럼 남선에서는 씨자가 전부 금줄을 치는 습관이 있습니다. 금줄은 정갈하게 하여 벽사를 한다는 의미라고 생각됩니다. 내지와 조선의 공통적인 점은 남선에서 금줄을 치고 소나무를 세운다는 정도입니다.

정월에 배에 소나무를 장식하는 것은 내지 각지에 있고, 지금도 있습니다. 또 이것은 흑룡강 부근에도 있고, 또 양자강楊子江 근처

---

2   일본의 가장 오래된 역사서.

3   태양신인 아마테라스오오미카미가 아마노이와도(天岩戶)에 숨어 세계가 암흑으로 바뀌자 숨은 곳에서 잔치를 벌여 동굴에서 나오게 한 후 다시 숨지 못하도록 입구에 시메쿠리나와(しめくり繩)를 쳤다고 전해진다.

4   일본신화에 등장하는 바위로 된 동굴이다. 태양신인 아마테라스오오미카미가 동생의 난폭함에 노하여 동굴에 숨었다는 고사의 전설의 무대이다.

에도 있습니다. 이것은 공통입니다. 금줄과 소나무를 세우지만 푸른 송엽 등은 붙이지 않습니다. 그리고 조선에서 정월에 하는 것은 중국이나 만주에서는 하지 않습니다. 그렇지만 중국과 공통적인 것은 세화歲畵로 조선에서는 새를 그리지만, 중국에서는 신다울루神荼鬱壘의 그림을 그립니다. 이것은 만주에서도 하니 공통적인 부분입니다.

아키바　그쪽에서 온 것이겠군요.

이마무라　그것도 역시 벽사의 의미군요. 정월에 그와 같은 것을 하는 것은……. 또 하나 소나무와 관련하여 내지에서는 호랑가시나무를 사용합니다. 호랑가시나무ひいらぎ는 눈을 찌른다는 의미입니다만, 이것과 비슷한 습관이 조선에 있습니다. 돈나무라고 하는 심한 악취를 풍기는 나무와 엄나무라는 나무가 있는데 이것을 세우는 습관이 있습니다. 이것은 내지와 일치하고 있습니다. 왜 이러한 것을 하는지 물어보자 전설을 이야기해 주었습니다. 동방삭東方朔과 귀신이 즉답을 하였다. 귀신에게 동방삭이 너는 무엇을 싫어하느냐고 물어보자 귀신은 돈나무와 엄나무를 싫어한다고 대답했다. 이번에는 귀신이 동방삭에게 너는 무엇을 싫어하느냐고 묻자 동방삭은 술을 가장 싫어한다고 대답했다. 그래서 귀신은 술을 가져왔지만 동방삭은 돈나무와 엄나무를 잔뜩 늘어놓았기 때문에 귀신은 결국 나무들을 무서워해 도망쳤다는 것이 있습니다. (웃음소리) 조선에 돈으로 점을 보는 것이 있는데 이것은 만주와 조선의 공통점입니다.

현　금줄은, 저는 내지처럼 정갈하게 한다는 의미에서 정월에만 사용하는 것이 아니라고 생각합니다. 경성 주변에서 볼 수 있는 것처럼 왼새끼로 꼬아 간장 항아리에 둘러칩니다. (웃음소리) 또 남선지방에서는 출산 때에도 사용합니다. (웃음소리)

정월에 정갈하게 한다는 것은 청결법에서 온 것으로 먼저 여자는 일 년간 모아둔 머리카락을 그날 저녁에 반드시 태웁니다. 그리고 오래된 신발을 전부 모아 감추어 둡니다. 이것도 일종의 청결법이라고 생각합니다.

이마무라 신발은 야광귀가 와서 가져갑니다. 그렇게 되면 일 년 내내 운이 없기 때문에 가져가지 못하도록 체를 내놓습니다. 야광귀가 그 체의 구멍을 세는 동안 새벽닭이 울면 도망간다는 전설이 있습니다. 이것이 또 내지와 공통입니다. 체를 걸어두는 것은 내지의 여러 곳에서 볼 수 있습니다.

아키바 정월에 말입니까?

현 원일 밤에 합니다.

이마무라 내지와 공통이네요. 그리고 구십구까지 세어서 백까지 오면 뒤집는다고 하는 그 구십구 전설과 관계가 있습니다. 귀신이 닭 울음소리에 놀라서 도망간다는 관계입니다. 지금 청결하게 한다는 현 씨의 이야기도 있었지만, 역시 그와 같은 미신도 있습니다. 야광이라는 것은 어떤 것인지 잘 모르겠습니다만……

현 실은 야광夜光이라고 하는 것은 조선어로 '야광'입니다. 옛날 정월 밤에 많은 비가 내려 신발이 흘러내려 가 버렸습니다. 이것이 '야광'의 시작입니다. '양광이'가 귀신의 이름으로 '야광'이라고 하는 것은 번을 선다는 것을 의미합니다. 그런 곳에서부터 온 전설입니다만, 말하자면 일 년간 널려있던 신발 중 고칠 것은 고치고 버릴 것은 버려 정리한다는 일종의 청결법을 그런 식으로 표현한 것이라고 생각합니다.

이마무라 조선에서는 정월에 떡을 먹습니다. 북경이나 만주에서는 먹지 않습니다. 내지에서도 옛날에는 먹지 않았습니다. 이 떡을 먹는다는 것은 종류는 다르지만 내선 공통되는 것입니다. 정월에 떡을 먹는 것이 어떤 이유인가 생각해 보면, 대개 경사스러운 때에 떡을 돌립니다. 내지에서도…… 조선에서도…… 이것은 찰벼가 처음 생겨났을 때에 먹어보고 가장 맛있었기 때문이 아닐까 생각합니다.

무라야마	떡에 관련하여 정월 장식으로도 사용합니다. 오카가미ぉ鏡[5]는 공통입니까?
손	아닙니다. 오카가미라는 것은……. (웃음소리) (이하 속기 중지 약 5분간)
무라야마	하하……(라고 웃으며 손씨에게) 남선에 특별한 것은 없습니까?

4. 풍년 줄다리기와 지신

손	남선도 별로 특별한 것은 없습니다만, 오늘날 하는 것은 줄다리기 정도입니다.
무라야마	경성과 비교하여 특별한 것은?
손	이것은 경성에는 없을지도 모릅니다. 지신밟기라는 것입니다.
도리야마	줄다리기는 북쪽에는 없습니까?
이마무라	별로 하지 않습니다.
현	동북지방까지 퍼져 있어 강원도 근처에도 있습니다.
도리야마	작년 동래東萊에서…….
이마무라	동래는 왕성합니다.
도리야마	놀랐습니다. 이런 것으로……. (라며 양손을 넓게 벌린다)

---

5 가가미모치(鏡餅)는 떡을 곡물신에게 올리는 것으로 가도마쓰(門松), 시메나와(しめ縄)와 더불어 정월 장식의 하나이다.

현	옛날의 정월 모습을 보고 싶어서 작년에 여기저기 갔었습니다. 큰 마을 안에 고목을 중심으로 거기에 전부 금줄을 쳐 놓고 기도를 드리는 곳이 있었습니다.
아키바	부락제군요. 그것과 같습니다.
이마무라	그것은 줄을 새롭게 바꿉니다. 정월에…….
도리야마	일 년간 사용한 것을 말입니까?
이마무라	그렇습니다. 그리고 낡은 줄은 버리지 않고 놔둡니다.
도리야마	내지에서는 '죄스럽다'하고 물건을 태우는데, 조선에서는 그러한 습관은 없습니까?
이마무라	제문祭文을 태우는 것이 있습니다.

손　남선의 특별한 것은 줄다리기와 지신밟기 정도입니다. 이 줄다리기의 첫 번째 의미는 신에게 풍년을 기원하는 농업적인 의식인 것 같습니다. 남선에서는 이런 의미보다도 일반적으로 생각되는 것은 풍년을 점친다는 의미인 것 같습니다. 예를 들면 동과 서로 나뉘어 동쪽이 이기면 풍년이 되고, 서쪽이 이기면 작풍이 좋지 않다는 식으로 하는 것 같습니다. 줄다리기의 줄은 동래나 부산에서 사용하는 것은 매우 굵은 것입니다. 이 정도(양손을 넓게 벌려 원을 만들며)입니다. 혹은 더 굵은 것도 있습니다.

도리야마	가운데 부분은 저의 키보다(도리야마 씨는 5자 2~3치 정도이다) 훨씬 높습니다.
무라야마	목줄을 말씀하시는군요.
도리야마	그렇습니다.
손	동쪽은 남성, 서쪽은 여성을 의미하는데 남성 쪽에 구멍이 뚫려 있고, 그곳에 통나무를 찔러 넣습니다. 정말 깁니다. 이것을 당

겨 경쟁을 하는 것입니다.

무라야마　통나무를 넣어 암줄과 수줄을 연결할 때의 행사는 없습니까?

손　행사는 특별히 없을 겁니다. 그렇지만 매우 엄숙하게 진행합니다.

무라야마　어떤 식으로 합니까?

오　처음에는 선두에 악대를 놔두고 금방 끼우지 않습니다. 끼우기까지 상당한 시간이 걸립니다. 양쪽에서 힘이 센 사람이 나와 선두에 서면 그 주위를 악대가 풍악을 울리며 돌면서 깃발을 세우고 시합을 합니다. 크게 하는 곳은 거기까지 적어도 2~3시간 걸립니다. 좀처럼 어느 쪽도 하려고 하지 않습니다.

손　역시 일종의 의식이군요.

오　초반에 하는 곳도 있지만, 대개는 15일입니다.

아키바　저는 김해 부근의 행사를 보았습니다. 그 때 안내해 준 사람이 이러한 말을 했습니다. 매우 신성시하기 때문에 여자가 넘어가면 안 된다. 이전에 이런 일이 있었다고 합니다. 어떤 집 부인이 넘어간 것이 발각되자 그 줄을 가지고 가서 그 부인의 집을 둘러싸고 양쪽에서 당겨 결국은 부숴버리고 말았다. (웃음소리) 이러한 이야기가 있습니다.

오　여자에게는 절대로 넘어가게 할 수 없습니다.

아키바　여자와 남자로 나뉘어 줄다리기를 하는 경우는 없습니까? 정월이 아닌 때에.

오　그런 건 없네요……. 여자는 지나가게 하지 않는다. 지나가게 하면 그 쪽이 진다고 하기 때문에…….

아키바　전북지방에서는 여자와 남자로 나뉘어 줄다리기를 하여 반드시 남자가 지는 것으로 되어있다는 것은……. (웃음소리)

이마무라　그것은 처음 듣는 이야기입니다.

아키바 마을 길 끝 바위에 줄을 감아두고 내년 줄다리기 때가 오면 그것을 풀어 사용하고, 또 새로운 줄을 만들어 감아 둡니다. 그 감아 둔 바위가 다른 마을로부터 보이면 그 마을 여자들의 풍기가 나빠진다고 하여 그 바위를 감춘다고 합니다. (웃음소리)

이마무라 어떤 것을 보면 여자의 풍기가 나빠진다는 것은 각지에 있습니다. (웃음소리)

손 정월 초하루부터 3~4일 정도까지 처음에는 어린이들이 "짚을 주세요."라고 말하며 마을을 돌아다니며 모읍니다. 그 짚으로 새끼를 꼬아 밤이 되면 동서로 나뉘어 당기기를 합니다. 매일 그렇게 하여 12~13일 정도 지나면 꽤 길어지는데 어린이들이 감당할 수 없게 되면 어른들이 부락에서 시합을 합니다. 짚은 농가라면 있지만, 농가가 아닌 경우는 짚 값으로 돈을 냅니다. 그리고 항구와 같은 지역이면 배가 중요하기 때문에 배에 마승麻繩을 걸고 있는데 그 벼리綱를 전부 받아 옵니다. 그것을 거절할 수는 없습니다. 지금은 어떤지 모르겠지만……. 그것을 가지고 줄을 꼬아 15일 밤부터 16~17일 사이에 줄다리기를 합니다.

승부는 먼저 3자 당겨진 쪽이 진다든가, 6자 당겨진 쪽이 진다든가 하는 식으로 한도를 정하고 합니다. 본 줄은 매우 큰데 머리가 가장 크고, 꼬리로 가면서 점점 얇아집니다. 거기에 또 수강穗綱이라고 하여 지강枝綱을 넣습니다. 그 지강에 또 소강小綱을 끼워서 갑니다. 여자도 참가하는데 자기편이 불리하게 되면 여자들은 모두 치마 속에 돌을 넣어 분발합니다. (웃음소리) 여자가 줄을 넘는 것은 허락되지 않습니다. 전령傳令 같은 사람이 있어서 여러 가지 문구를 쓴 깃발을 세우고, 각종 악기로 풍악을 울리고 "당겨"라고 대장이 명령하면 그 명령을 전달합니다…….

아키바 줄을 만드는 것은 같은 마을에서 합니까?

손	그렇습니다.
아키바	편은 마을 안에서 나눕니까?
손	마을이라고 해도 작은 마을은 저쪽 마을과 이쪽 마을 이런 식으로 나누어서 하고, 큰 마을은 마을 안에서 두 편으로 나누어 합니다.
아키바	다른 마을과 할 때에는 역시 공동으로 대항합니까?
손	그렇습니다.
아키바	줄은 두 줄입니까?
손	수줄과 암줄이 있습니다.
오	저건 왜 그렇습니까? 같은 마을에서 하는 경우에는 처음에 머리가 없는 깃발을 많이 세우고, 동편의 가장 나이 많은 중요한 인물이 제사를 올린다. 명태 2~3마리를 두고 커다란 잔에 술을 따르고 제사를 올립니다. 그 제사가 끝나면 선두에 서 있는 사람의 지휘로 시합을 한다. 서로 3자나 1간 정도의 사이를 두고 가운데에 선을 긋고 그 선을 조금이라도 넘으면 지는 것이다⋯⋯.
이마무라	그렇게 하는 곳은 어디입니까?
오	안동, 청주, 대구 방면입니다.
아키바	농업과는 관계가 없습니까?
오	풍년과 관계가 있기 때문에 농업과 관계가 있습니다.
현	지방에 따라 다른 곳도 있습니다.
손	이긴 줄은 비싸게 팔립니다. 그것으로 고기잡이 그물을 만들면 물고기가 잘 잡힌다고 하여 비싸게 팔립니다.
오	지역에 따라서는 그 줄을 잘 보관하는 곳도 있습니다.
도리야마	이긴 줄을 산다는 것은 어떠한 의미가 있습니까?
손	이긴 쪽의 줄을 산다는 것은, 예를 들면 수줄이 이기면 수줄이 매우 비싸게 팔립니다. 배를 가지고 있는 사람은 앞다투어 서로

사려고 합니다. 이 줄다리기는 중국 혈하絜河놀이와 비슷합니다. 중국에도 이와 같은 줄다리기가 있습니다.

현　혈하는 우리도 어렸을 때 시골에서 했습니다. 이쪽이 제방을 만들어 물을 끌어가면 상대편에서 물을 붓습니다. 그 물에 의해 제방이 끊기면 이기는 것입니다. 물이 제방을 돌파하여 나온다는 것은 승부에서 졌다는 것을 의미합니다. 이것도 일종의 혈하입니다.

무라야마　줄다리기는 이 정도로 하고 지신밟기 이야기를 계속해 주십시오.

손　지신밟기는 별로 다른 곳에서는 볼 수 없습니다만, 정월이 되어 2~3일 지나면 슬슬 시작됩니다. 어떤 식으로 하는지 확실히 기억하고 있지 않아서 극히 대략적인 이야기만을 말씀드리게 될지도 모르겠습니다. 수십 인의 젊은이들이 종이로 만들 고깔 같은 것을 쓰고 각종 풍물을 앞세우고, 어사대부御史大夫, 통정대부通政大夫 등을 쓴 종이를 고깔에 붙이고 갑니다. 어떤 사람은 도포道袍를 입거나 부채를 가지고 있거나 합니다. 이것은 소위 양반이라고 칭합니다. 그 후에는 꿩이나 비둘기를 사냥하여 넣는 자루를 차고 등에는 총포를 걸고 머리에는 털모자를 쓴 사람이 따라갑니다. 그렇게 아침부터 밤까지 수십 인이 줄을 서서 한 집도 남기지 않고 집 안으로 들어갑니다. 그리고 마당 신, 가신家神, 우물 신, 변소의 신 등에 "잡귀, 사신邪神은 물러가라."와 같은 축사祝詞를 합니다. 이러한 것입니다.

무라야마　그 부분을 좀 더 자세하게…….

손　그럼 좀 더 자세하게 이야기해 보면, 그 일행은 먼저 집 마당에 들어가 풍악을 울리면서 한동안 춤을 춥니다. 그 사이 주부는 마루에 자리를 깔고 상을 폅니다. 그렇지만 그 상에는 특별한 것을 올리지 않고 정화수만을 올립니다. 그리고 그 옆에 그 집의 경제 사정에 맞게 쌀이나 돈을 올립니다. 일행에게 술을 대접하거나 하는 곳도 있지만 그것은 예외로 대개 쌀이나 정화수를 내놓습니다. 이것이 주된 방법입니다. 그렇게 한동안 놀다가 갑니다. 그 모습을 여자들은 창호지에 구멍을 내고 구경하고, 마을 어린이들이 따라와서 함께 구경합니다. 양반이라는 것과 포수들은 어떠한 것이라고 정해져 있지는 않지만 여러 가지 예藝를 보이며 사람들을 웃기거나 합니다. 그러나 이것은 집집이 다릅니다. 돈을 넉넉하게 내놓거나 쌀을 넉넉하게 내놓은 집은 길게 합니다. 가신家神이 있는 곳에 가서는 이러한 말도 합니다. 예를 들면 "이리 옵쇼, 이리 옵쇼." 한 사람이 선창을 하면 나머지 사람들은 풍물에 맞추어 따라합니다. 그 다음 문구는 잡귀, 잡신을 물리쳐 달라는 의미입니다. 그렇게 하면 또 밖에 있는 사람들이 그것과 같은 말을 풍물에 맞추어 반복합니다. 이렇게 우물 신에게도 부엌 신에게도 혹은 장독 신, 혹은 변소의 신에게도 같은 것은 합니다.

아키바   지신밟기의 문구를 어디서든 합니까?

손   그렇습니다. 또 하나 물의 신에게도 같은 것을 합니다. 그러한 문구를 해서 신들에게 경의를 표하는 것입니다. 재미있는 것은 양반인데, 양반이라고 해도 물론 젊고 놀기 좋아하는 사람이 합니다만, 그 사람은 하루 종일 존경을 받습니다. 자신의 아버지이건 촌로村老이건 아무리 높은 사람이라 하더라도. 원래는 그렇지 않아도 양반의 갓을 쓰고, 양반의 옷을 입고 있는 이상은 그 사람에게 정중한 말투를 사용하고 절대로 예의 없는 행동은 하지 않습니다. (웃음소리) 게다가 그 사람은 가장 높은 사람이 되어 다른 사람들에게 반말을 사용합니다. "이봐.", "너." 등을 씁니다. (웃음소리)

아키바   지신밟기의 밟기는 발로 밟습니까?

손	밟는다는 것은 노는 것은 의미합니다.
이마무라	지신용地神踊이 아닙니까.
손	그렇습니다, 그렇습니다. 지신용地神踊입니다.
아키바	왜 지신퇴치로 잘못 안 것일까요.
손	장소에 따라서는 지신용地神踊이라고 합니다만, 경주 등에서는 '골친다'라고 합니다. 이것은 지방의 통지를 관장하고 있는 신을 '골친다'와 악기를 연주하며 소리 높여 불러 위로한다는 의미일 것입니다.
이마무라	지금 물을(정화수) 뜨는 것은 사발입니까?
손	물론 사발입니다.
이마무라	뜰 때 봉을 하나 올리지 않습니까?
손	아무것도 올리지 않습니다. 대체로 그렇습니다.
아키바	그것을 하는 것은 정월 며칠쯤입니까?
손	며칠쯤이라고 결정되어 있지 않습니다. 2~3일쯤으로, 작은 마을에서는 2~3일에 끝나고, 큰 마을에서는 15일쯤에 끝납니다. 예전에는 궁중에서도 했었다고 전해지기도 합니다. 저는 예전에 황해도 것을 본 적이 있습니다. 정월 행사가 가장 많은데 이것은 대체로 세 가지로 분류된다고 생각합니다.
	하나는 현 씨가 말씀하신 것처럼 사교적인 것, 또 하나는 농업적인 것으로 조선은 농업의 나라로 상업은 원래 발달되어 있지 않습니다. 상업이 발달되어 있지 않다는 것은 역시 사회적인 영향에 어둡기 때문일 겁니다. 또 하나는 세계 공통적인 것으로 제재除災에 관한 것, 이 세 가지로 나눌 수 있습니다. 이 중에서도 농업적인 것이 가장 의미가 깊고 또 가장 중요하게 여겨지는 부분입니다.
이마무라	그것이 가장 많을 것입니다.

손	가장 많습니다. 그리고 엄숙하게 치러집니다. 사교적인 것은 이른바 사교적으로 이루어집니다.
이마무라	궁중에서 내풍작內豊作이라고 하여 여러 가지 행사를 하더군요.
손	풍년을 모방한 행사를 합니다.
무라야마	말하자면 그 해의 풍년을 축복하는 것입니다.
손	그렇습니다.
이마무라	내풍작은 원래 민간의 것을 궁중에서도 도입한 것일 겁니다.
손	이것도 의식은 7일쯤에 한다든가.
이마무라	궁중 의식에서는 가위바위보를 하여 좌우로 나누고 승부를 겨뤄 승리한 쪽에는 각종 상을 주는 것도 있습니다. 그리고 농부는 궁중사람이 합니다.
무라야마	그 궁중사람이라는 것은 고용인입니까? 궁녀입니까?
이마무라	높은 계급 사람도 있고, 낮은 계급 사람도 들어있었을 겁니다.
손	경주의 것은 막대한 비용을 받아서 하므로 그러한 것은 그만두는 것이 좋을 것 같다고 대신들이 왕에게 건언建言하였습니다. 그러자 임금님께서 "그것은 안 된다. 선조 전래의 것이니 하는 것이 좋을 것이다."라고 하였다. 이와 같은 내용이 쓰여 있습니다. 또 이와 같은 것은 민간에서도 왕성하게 했을 것입니다. 황해도의 장연長淵에서 최근까지도 있었다고 하는데 자세한 사항을 알지 못합니다. 작년 조사한 바로는 대체로 다음과 같았습니다. 정월 15일 상원 아침부터 마을 젊은이들이 모여 산山편과 포浦편으로 나누어 척사擲柶를 합니다. 산편이 이기면 올해는 산의 농작이 좋을 것이고, 포편이 이기면 포의 농작이 좋을 것이다. 그리고 이것이 끝나면 뒤편 넓은 곳으로 가서 벼를 심는 경기를 합니다. 중심은 산신山神으로 매우 재미있습니다. 농업은 처음에는 산에서 했던 것일까요. 산신은 수소를 타고, 도

포를 입고, 머리에는 관을 쓰고 산에서 마을로 내려옵니다. 그러나 그때에 신의 머리는 거꾸로 산 쪽을 향해 있습니다. 산신이 내려오면 마을 젊은이들이 맞이하여 한동안 노래를 부르거나, 춤을 추거나 하여 산신을 위로합니다. 마을 젊은이들이 모두 모내기 복장을 하고 종이나 짚과 같은 것을 들고 한껏 여문 벼의 이삭을 준비하여 들고 악기에 맞춰 노래를 부르거나 춤을 추거나 하여 산신을 중심으로 모내기하는 시늉을 합니다. 그 사이 산신은 수소를 타고 하루 종일 아무 말도 하지 않습니다. 신이기 때문에 말을 하면 이상하겠지요. (웃음소리) 입을 다물고 그곳을 한 바퀴 돕니다. 그렇게 산신은 마을 사람들에게 존경을 받습니다.

아키바 어디입니까?

손 장연長淵입니다.

아키바 퇴우退牛라는 말을 들어본 적이 있습니다만…….

손 그것은 신에게 올린 후 나중에 물리는 것입니다. 그 장면에서는 원숭이 등도 나와 관중을 즐겁게 하는 경우도 있습니다.

이마무라 살아있는 원숭이입니까?

손 그런 것 같습니다.

무라야마 원숭이는 사리원沙里院의 향토무도인 '봉산탈'에도 나오지요.

손 그렇게 식부植付가 끝나면 이번에는 매우 성대하게 산신을 중심으로 각종 춤을 추며 놉니다. 이날 마을 사람들은 남녀노소를 막론하고 거의 대부분이 모여 구경을 하면서 하루를 즐깁니다.

무라야마 언제입니까?

손 상원일입니다.

5. 북선北鮮의 행사, 약수若水, 답교踏橋, 풍양간豊穰竿

무라야마 주 선생님 북선의 정월 행사로 무언가 재미있는 것은 없습니까?

주 갑작스러워서…… 그렇다면 대략적이지만 들어본 이야기를 조금…….

손 북선은 사자춤이 유명하지요.

주 먼저 제사부터 이야기를 시작해 보겠습니다. 제사 중 자신의 선조 제사는 섣달 그믐날 밤에 합니다.

손 한밤중에 말입니까?

주  그렇습니다. 시간으로 말하면 1시에서 2시 정도입니다. 그리고 일 년간 입을 옷을 정월에 모두 만듭니다. 그리고 아까 사신邪神을 쫓기 위하여 조리를 걸어놓는다는 이야기가 있었습니다만, 역시 그러한 것을 문에 걸어 놓습니다. 그것은 나쁜 신이 와서 그 조리의 구멍을 세고 있는 사이에 날이 새서 도망가 버린다고 하는 이유에서입니다. 그리고 음력 21일은 가장 많은 사신이 오는 날이라는 이유로 그 날 밤에는 신발을 헌신, 새신 전부 밖에 내놓아서는 안 됩니다. 만약 신발을 밖에 내놓아 사신이 신고 가버리면 그 사람은 그 해에 죽는다는 미신이 있어서 어린이부터 어른까지 자신의 신발은 헌것도 새것도 모두 숨겨놓습니다. 그것은 한편으로는 아까 어느 분이 말씀하신 것처럼 청결의 의미로 모두 정리하는 것이 아닐까도 생각됩니다만…….

오 21일입니까?

주 확실한 기억은 아닙니다만…….

이마무라 신발과 조리는 상관이 없는 거군요.

주	그리고 축하입니다만, 연시회年始廻를 '세배'라고 합니다. 내지에서도 이것을 세배라고 부릅니까? 섣달 그믐날 하는 것과 원일元日에 하는 것 두 종류 있습니다만, 이것은 경성 부근은 없는 것 같습니다.
손	경성도 같습니다.
주	그믐날의 밤중이 아닙니다. 농촌에서는 섣달 그믐날부터 쉬면서 구세배舊歲拜라는 것을 합니다. 아침 일찍부터 세배를 다닙니다. 그리고 다음날 원일에 연초부터 세배를 다닙니다. 주로 나이가 적은 사람이 많은 사람의 집으로 갑니다. 60세 이상인 사람은 세배를 다니지 않습니다. 그러면 부자가 아닌 사람은 어쩔 수 없지만, 조금이라도 여유가 있는 사람은 술도 담배도 내놓습니다. 이것은 지금으로 치면 오전 중에 끝내고 오후에는 술을 마시는데 이것이 결국 연말, 연시의 회례廻禮입니다. 그리고 또 하나, 집집이 다른 것 같습니다만 주로 주부들이 하는 것으로 정월 안에 여러 가지 축복祝福을 합니다. 하나의 예를 들어보면 매일 아침 우물물을 제일 먼저 길어오는데 이것을 '야생수夜生水'라고 합니다만, 가장 먼저 그날 나온 물이겠지요. 그 물로 밥 혹은 떡을 만들면 매우 좋다는 것입니다. 기도를 올릴 때에도 사용합니다. 그리고 놀이, 오락입니다만, 여성들은 널뛰기, 쌍륙雙六 등을 합니다. 젊은이들은 윷柶을 던집니다. 아울러 북선에서는 이쪽과 같은 윷이 아니고 콩으로 합니다. 하나의 콩에 4개의 구멍을 내는데, 구멍이 있느냐 없느냐로 점수가 나뉩니다. 대략 20세 미만의 여자들이 합니다.
이마무라	구멍은 4개이지요?
주	그렇습니다. 이쪽 같은 윷은 언제 사용하는가 하면 15일에 사용

합니다. 야생수를 길어 놓고 먼저 그 물에 인사하고 축복의 말이 있다면 한 후 옻을 머리위에서, 다음에는 양어깨에서 떨어뜨립니다. 이와 같은 방법으로 차례로 세 번 던져 점수에 의해 어느 정도 복이 있는지 재앙이 있는지를 책을 보고 길흉의 점을 칩니다.

무라야마　그것은 달을 향하고 하는 것입니까?

주　마당에 자리를 깔고 그 자리 바로 아래에 물을 길어 놓고 밖에서 안을 향해 합니다.

도리야마　신은 안에 있군요. 어떤 신입니까?

주　그렇습니다. 그리고 신은 어떠한 신인지 분명하지는 않습니다.

아키바　물을 올리는 것은 어디입니까?

주　마당입니다.

아키바　달이 아닐까요?

이마무라　그게 아니고 물을 길어 기원하는 것은 하늘입니다.

손　부잣집의 흙을 퍼온다거나 하는 것은 없습니까? (웃음소리) 이것은 정말 있는 이야기입니다. 경성에도 이러한 이야기가 있다는 것을 책에서 읽은 적이 있습니다. 평안도에 가니 정월 아침 10시가 되자 가장 먼저 아무로 모르게 부잣집에 가서 그 집 흙을 퍼와 자신의 집에 두면 부자가 된다. (웃음소리)

이마무라　그것은 3, 4년 전까지 개성에서 하고 있었습니다. 한편 흙이 사라진 집에서는 복이 줄어든다고 하는 것이군요. (웃음소리) 흙 숭배의 한 종류군요.

주　15일 행사입니다만, 저의 고향은 함흥咸興으로 그곳에는 만세교萬歲橋라는 큰 다리가 있습니다. 15일에 그 다리를 발이 아플 때까지 밟으면 복이 온다고 하여 남녀노소 구별 없이 아침부터 모두 총동원되어 그 다리를 밟습니다. 매우 성대하게 치러지기 때문에 1년 중 그 정도 활기찬 일은 없습니다. (웃음소리) 이것을 이른바 답교踏橋라고 부릅니다.

이마무라	그 다리에 의복의 옷깃을 매다는 것은 하지 않습니까?
주	그런 것은 없습니다. 오로지 걷는 것뿐입니다.
무라야마	왔다 갔다 하는 것이군요.
주	그리고 또 하나 역시 15일 행사로 농촌의 행사입니다만, 이른바 봉화라고 부를 수 있을까요? 많은 사람이 들판에 나와 마른 풀이나 겨 등에 불을 붙여 마을과 마을이 대항하여 승부를 겨루는 것이 있습니다.
손	거화炬火군요…….
주	들판의 풀에도 불을 붙여 태우는 것이 있습니다. 그곳에서 들은 바로는 이것에는 두 가지 의미가 있습니다. 하나는 들판을 모두 태우면 괴조怪鳥가 오지 않는다는 것이고, 또 하나는 젊은이들이 일종의 축하의식으로 하는 것입니다.
아키바	농업적인 의미군요.
주	이것은 매우 성대하게 했던 것 같습니다. 너무 성대하게 하다 보니 부상을 당하는 일이 종종 있었다고 합니다. 저의 고향에서는 2월 1일까지는 신년 기분으로 갑니다. 또 하나 이것도 농가와 관련된 것으로 아까 줄에 관한 이야기가 있었는데, 긴 장대를 세우고 그것에 줄을 늘어뜨려 놓습니다. 대개 짚으로 만드는데 말의 모양을 한 것도 있고 벼이삭과 같은 모양을 한 것도 있습니다. 그것을 제등提燈과 함께 마치 만국기처럼 줄에 매달아 놓습니다. (웃음소리) 밤에는 그 제등에 불을 붙이고 그 밑에서 마을 젊은이들이 모여 술을 마시거나, 노래를 부르거나 하면 놉니다. 최근에는 하지 않는 것으로 생각됩니다만…….
아키바	그것은 뭐라고 부릅니까?

주	특별한 이름은 없습니다.
아키바	풍년기원 같은 것이군요.
주	그렇습니다.
이마무라	그 줄은 오른새끼입니까? 왼새끼입니까?
주	오른쪽이 아닐까요?
이마무라	그믐날에 행리行李를 세우고 불을 켜는 것은 없습니까?
주	저희 쪽은 모든 집에서 불을 켜고 철야를 하기도 합니다.
손	그것은 섣달 그믐날이지요.
무라야마	이번에는 이야기를 만주로 옮겨 이나바 선생님께 부탁드립니다. 현재의 만주에 이르기까지의 민속행사에 관하여 이야기를 부탁드립니다.

6. 만주의 제천사상祭天思想과 당자堂子(당츠)

이나바

방금 사회자의 지명으로 만주 초기 즉 청초淸初 여진인女眞人의 연중행사에 관해 이야기하려고 합니다. 그러나 여러분도 아시다시피 만주팔기씨족滿洲八旗氏族의 대부분은 거의 북경 방면에 이주하였고, 근대에 번갈아가며 산동인山東人과 하북인河北人이 끊임없이 들어와서 현재와 같은 사회가 되었습니다. 그러므로 예전의 연중행사를 만주의 생존자, 즉 여진계女眞係의 것으로부터 끌어낸다고 하는 것은 지극히 어려운 일이어서 문헌적인 자료에 의지할 수밖에는 없는 상태입니다. 또 문헌적 자료라고 하여도 한민족漢民族의 풍속 습관에 일치하는 듯 강조하고, 고유 풍속 습관에 관해서는 아무튼 기술이 빠져있는 것은 지금도 유감으로 생각됩니다. 유일하게 당자堂子의 제사라는 것이 있는데 북경에 가도 계속 쇠퇴하지 않고 있었습니다.

당자의 어원에 관해서는 아직 충분히 조사하지 않았습니다만, 『청조실록清朝實錄』에 보면 이 제사는 태조太祖(누루카치)가 아직 건주좌위建州左衛의 추장酋長으로 불리던 시절부터 있어서, 전쟁에 출정하는 때 등은 반드시 당자의 제사를 마치고 출진했던 것으로 보아 매우 오래된 전통적인 존재라고 생각됩니다. 나중이 되면 당자의 제사는 정월 원단에도 황제가 반드시 친히 거행하도록 되었습니다. 『청실록淸實錄』에는 만주문자로 쓰인 노당老檔이라는 것이 가장 오래된 것으로 지금도 남아있는 것입니다. 만주문자의 창조는 만력萬曆 27년 이후의 일로, 드디어 그것이 기록에 나타나기 시작한 것은 꽤 시간이 지난 후의 일이기 때문에 노당老檔이라고 하여도 그다지 오래된 것이 아니고, 오래된 부분의 사실史實은 오히려 조선으로 전해져 있을 것으로 생각합니다.

최근의 일입니다만 저는, 선조宣祖시대에 조정으로부터 사자使者 신충일申忠一을 건주建州에 파견하여 누루카치의 실정을 탐지하게 한 일이 있습니다. 만력 24년 봄의 기록, 즉 서계書啓(복명서) 및 자술한 수록手錄, 도기圖記와 같은 것을 일람一覽하는 기회를 얻었습니다. 꽤 재미있는 것이었습니다. 재미있다는 것은 이 시대는 지금 말씀드린 것처럼 만주문자가 생기기 이전입니다. 이 시대의 실록 기사라는 것은 아마도 고노古老의 기억, 혹은 몽고자蒙古字, 혹은 여진자女眞字로 쓰여 남겨진 것들로 그것을 재료로 쓰인 것들은 틀림없이 일방적이기 때문에 아무래도 신빙성이 떨어집니다. 이것들의 결점은 지금으로써는 반도문헌半島文獻의 출현으로 판명되거나, 혹은 증명돼야 하는 부분입니다. 저희는 일찍부터 이 점을 눈치 채고 있었고, 지금 이야기된 당자에 상당하는 것이 도기로부터 발견된 것입니다. 저는 종래 꽤 많은 양의 청초문헌을 섭렵했다고 생각하고 있었습니다만, 이 당자에 상당하는 외민족外民族의 견문見聞에 맞닥뜨린 적은 없었습니다.

이 조선의 사자 신충일이 간 건주성은 흥경興京(호토아라)에는 없고, 그 이전의 성, 지금의 흥경 서남에 해당하는 이도하자二道河子라는 곳이 있는데 누루카치가 최초에 세운 성은 그곳에 있습니다. 앞서 말한 신충일의 도기에는 당자라고 쓰여 있지는 않습니다만, 태조의 거성居城으로부터 훨씬 남방의 산상山上으로 보이는 곳에 '제천사祭天祠'라고 훌륭하게 쓰여 있는 것을 알게 되었습니다. '제천사'가 즉 당자라는 것은 지금부터 이야기를 해보면 간단하게 아실 수 있습니다. 다만 이 '제천사'의 위치가 아무래도 지리적으로 맞지 않는다고 생각됩니다. 즉 『성경통지盛京通誌』등에서 보면 당자는 성내에 있고, 주거와는 그다지 떨어져 있지 않았던 것 같습니다. 다만 이도하자二道河子의 성은 나중에 확대한 것 같기 때문에 확대할 때에 '제천사'는 성내에 포함되었을지도 모릅니다. 어쨌든 조선의 사자는 분명하게 제천사의 존재를 기록하고 있기 때문에 아마도 신충일이 이 건물을 보고 "저것은 무엇을 제사지내고 있는가?"라고 묻자 여진인이 "하늘에 제사를 지내는 사당입니다"라고 대답했음이 틀림없을 것입니다. 제천사는 명칭이 아니고 내용입니다. 그리고 이 명칭이 정확하게 당자의 내용에 해당합니다.

여진인과 제천祭天, 이것은 매우 흥미가 있는 일입니다. 연호라는 것은 물론 한민족漢民族에 의해 시작된 것이기는 합니다만, '천天'이라는 글자를 연호에 사용하는 것은 한민족보다는 오히려 새외민족塞外民族에게 많이 보이는 것으로 생각됩니다. 특히 개국 군주는 거의 하나같이 '천'을 연호의 처음에 채용하고 있습니다. 예를 들면 거란契丹의 태조에는 '천찬天贊'의 연호가 있고, 다음 태종에는 '천현天顯'의 연호가 있습니다. 또 금金 즉 여진의 태조에는 '천보天輔'의 연호가 있고, 다음 태종에는 '천회天會', 또 그 다음 희종熙宗에는 '천춘天春'이 있습니다. 그리고 이 누루카치가 드디어 후금국(청국의 이전 이름)을 창건하자 '천명天命'이라고 건원建元하고, 다음 태종은 '천총天聰'이라 하였습니다.

이와 같은 예는 한민족 간에는 많이 보이지 않는 경향입니다. 결국 경천敬天은 동방제민족의 근본적, 전통적 신앙이고, 세수歲首 즉 정월 원단에는 제일 먼저 하늘에 제사를 지내는데 이 하늘에 제사를 지내는 장소를 만주에서는 당자라고 했던 것입니다.

이것은 청조淸朝가 북경에 천도해서부터의 일입니다만, 원단元旦 당자의 제전에는 미리 북경 부근의 산림으로부터 커다란 소나무를 줄기와 잎이 붙어 있는 채로 당자의 구내構內에 운반하여 그림처럼 정식전亭式殿이라는 건물 앞에 세웠기 때문에 이것을 당자립간대제堂子立杆大祭라고 부르고 있습니다. 좌우에 서있는 작은 소나무는 제왕諸王 등의 입간立杆인 것 같습니다.

당자(정식전과 신사)의 그림

정식전에는 전날 저녁 즉 제야에 궁중의 몇 개 신위神位가 이안移安되고, 황제의친배親拜후 2~3일이 지나면, 이것을 의주儀注라고 부릅니다만……, 예식의 다음 순서는 '만주제신제천전예滿洲祭神祭天典禮'라고 하는 만주양문兩文으로 쓰인 칙선勅選 서류에 만재滿載되어 있기 때문에 생략하겠습니다. 그러나 이들 제천제신祭天祭神에 지금 말한 소나무(삼나무도 사용하는 것 같습니다), 즉 결정潔淨의 나무를

세우고 간杆으로 하는 것은 오랜 된 『삼국지』 한전韓傳에, "삼국제
국읍三國諸國邑, 각위일인주천신各立一人主天神, 명립천군名立天君, 제
국각유별읍諸國各有別邑, 명위위소도名立爲蘇塗, 입대목立大木, 현령
살懸鈴殺, 사귀신事鬼神, 기립소도지其立蘇塗之義, 유사부도有似浮
屠"라고도 있어 『만주원류고滿洲源流考』의 저자는 이 소도蘇塗와
소모索摩가 음이 비슷해서 만주에서는 신간神杆의 간杆을 소모索
摩라 한다고 해석하고 있습니다. 이 해석이 맞는지 틀리는지는 알
수가 없지만, 대목을 세워 천신의 강림을 비는 사상은 당자립간
에 있어 인정되는 것입니다. 어떻든지 간에 제천이라는 것이 여
진·만주에도 계속되었던 것 같다고 생각됩니다. 지금까지는 구황
실의 당자립간대제의 이야기였습니다. 일반민간에서도 비슷한 것
이 있었던 것 같습니다만, 나중에 제천은 황실만의 행사로, 민간
에서는 제신만이 남은 것 같습니다. 신간神杆도 봉천奉天의 청정궁
淸亭宮에 남아있는 것 같은 두斗가 붙어있는 것도 있습니다. 이런
종류의 신간은 나중에 아키바 교수님의 말씀에도 있을 것이기
때문에 생략하겠습니다.

7. 부엌의 신·혜방惠方·춘축春祝의 문신門神

무라야마　지금 아키바 선생님으로부터 문헌상의 만주 초기 민속에 관해 들
었기 때문에, 이번에는 현재 만주에서 하고 있는 정월 풍습 등에

관해 도리야마鳥山 씨께 한 말씀 부탁드리겠
습니다.

도리야마　이러한 이야기는 이미 거절했었는데…… 하
하…… 이것은 매우 어려운 일입니다만, 중국

의 풍속 습관 중에 지금 만주에서 하는 것은 매우 많습니다. 그러므로 중국의 정월 이야기가 되어 버릴 것 같습니다. 중국 정월을 지금의 만주 정월이라고 보아도 무방하므로 그러한 의미로 들어주시기 바랍니다.

지금 이나바 씨의 이야기 중에 있었던 것처럼 만주의 정월 중에는, 먼저 개인적인 부분으로 자신의 선조를 모시는 것이 가장 중요합니다. 신위를 가장이 가지고 가족이 예배하는 신앙적인 것인데 이것은 지금도 계속되고 있습니다. 이것은 한인漢人도 마찬가지입니다. 그리고 아까도 이야기되었습니다만, 본래의 만주인 중에는 불교 방면에서 와서 보살菩薩을 모시는 것도 있는 것 같습니다. 대개 지금의 만주에서도 중국에서도 정월이라는 것은 도교적道教的인 것이 많은 것 같습니다.

만주 정월민력의 조신(竈神)

이 역曆은(라고 말하며 역을 꺼낸다) 쇼와 4년(1929)의 역입니다만, 말하자면 이것은 만주사변으로 이와 같은(역을 보여주며) 형식의 것이 넓게 행해지게 되었습니다. 이것은 만주 중에서도 신앙이 가장 두터운 부엌의 신, 그리고 도교는 인간적이기 때문에 부부를 놓습니다. 내지에서도 옛날에는 역을 집안 안쪽에 붙여놓았던 것 같습니다만, 역시 만주에서도 같다고 들었습니다. 이것은 여러 가지 세공을 하는데 이러한 것은 각 가정에 있습니다. 이 회지繪紙 자체를 믿는 것은 아닙니다만, 부엌의 신은 집을 완전히 지배한다고 하므로 매우 강한 신앙심이 있습니다. (웃음소리) 또 동시에 부엌의 신은 부엌뿐 만이 아니고 집 안 가족의 일상 동작을 보고 있다가 천신에게 갑니다. 이것은 도교 쪽의 생각입니다.

그리고 여러 가지 행사가 있습니다. 역에 8개의 단락이 나뉘어 있습니다. 기쁨의 신인 희신喜神, 재신財神, 칠룡七龍과 같은 식입니다. 그리고 내지에서 말하는 혜방惠方에 해당하는 것입니다만, 올해에는 그쪽에서 여러 가지 행복을 받겠다고 하는 방각方角이 있어서 그쪽에 빕니다. 어떤 곳은 그쪽 방각으로 참배를 하러 가는 장소가 있습니다. 말하자면 혜방 참배에 해당합니다. 또 그 방향으로 예배를 올리는 것들이 신년 행사의 하나가 되고 있습니다. 조선과 관련된 행사 중에는 문짝에 회지를 써 붙이는 것일 겁니다. 그 문구는 신도울루神荼鬱壘라든가 진경秦瓊이라든가 또 하나는 경덕敬德이라든가 하는 식으로 두 가지 종류가 있습니다.

오 　 '춘축春祝'으로 중국에서는 입춘에 하는 것입니까? 그믐날 밤에 하는 것입니까?

도리야마 　 그믐날 밤입니다. 문신門神을 붙이지 않고 홍당지紅唐紙입니다. 그것을 문이나 부엌에 이런 식으로 붙입니다. (능형菱形으로) 이것에는 '복福'이나 '수壽'와 같은 간단한 축하 문구를 씁니다.

신도울루라고 하는 것은 역사적으로 말하면 아주 먼 옛날부터 하고 있었던 것 같습니다. 그러한 이름은 『산해경山海經』에서부터 나와서 황제黃帝까지 연결되어 있습니다. 이것은 도삭산度朔山이라는 악귀를 신도울루라는 자가 붙잡아 봉인해버렸다는 것에서 온 것입니다. 복숭아나무가 있는데 그곳에서 악귀가 나오는 것을 신도와 울루라는 두 신이 지키고 있다가 갈대로 울타리를 엮어 봉인하였다는 이야기가 있습니다. 그것에서 황제黃帝와 도부桃符 그리고 신도와 울루 두 신을 그려서 사귀邪鬼를 떨치는 것을 정했다고 하는 것이 기원이라고 합니다만, 이러한 방법은 한 시대漢時代부터도 있었던 것 같습니다.

그리고 진경과 경덕은 당唐 초기 서유기에 나오는 것이 처음입니다. 진경은 진이 성이고 경이 이름입니다. 그러나 본명은 숙보叔寶라고 하는데 경은 자명字名입니다. 경덕은 위지尉遲가 성이고 경덕이 자명입니다. 이야기는 이런 내용입니다.

당 태종 때에 용왕龍王이 하늘의 법도를 어겼기 때문에 천제가 매우 화가 나서 위징魏徵에게 "용왕을 내일 오시午時 삼각三刻에 베어라"는 명령을 내렸다. 내일 오시 삼각에 악귀를 베라는 것입니다. 그것을 용왕이 알고 매우 고심하였다. 그래서 태종에게 목숨을 구걸하여 "그 시각에 위징을 잠들도록······."하고 부탁하였다. 태종은 그것을 허락하였다. 태종은 어떻게든 위징을 막아보고자 위징에게 장기를 청하였다. 오시 삼각이 되자 위징이 바둑판에 기대어 잠들어 버렸다. 이것은 정사에도 나와 있는데, 어쨌든 위징이 잠들어 버렸기 때문에 태종은 '용왕과의 약속을 지킬 수 있을 것이다. 완수할 수 있을 것이다.'라고 안심하고 있었다. 그런데 그날 밤에 태종의 꿈에 목이 떨어져 나간 용왕이 나타나 왜 약속을 지키지 않았는지 매우 화를 냈다. 이야기를 들어보자 위징은 자신이 잠들었을 때 혼령이 날아가 용왕을 베어버렸다고 하였다. (웃음소리) 그래서 용왕이 화가 나서 밤만 되면 태종에게 나타나 괴롭히는 통에 매우 힘들어하고 있다는 것을 신하들에게 털어놨다. 이것을 들은 진경, 위지경덕이 "그렇다면 우리가 전하를 지켜드리겠습니다"고 말하고 궁 밖으로 나가 용왕이 오는 것을 기다렸다가 베어버려 태종의 고민을 덜어주었다. 태종은 매우 기뻐하며 "회繪를 잘 그리는 자에게 너희의 공로를 그리게 하여 궁문에 붙여 그 증표로 할 것이다."라고 말한 것에서 그 습관이 계속되었다고 합니다. 그래서 지금 그림에 있는 갑옷을 입고 있는 모습은 서유기에 그려져 있는 그 날의 분장입니다.

이마무라 지금의 이야기 중에 비가 내리지는 않습니까?

도리야마 있을지도 모릅니다. 그러한 두 가지로 사기邪氣를 떨쳐내는 것입니다.

이마무라 그 문신門神 말입니다. 그것은 제가 걸었던 곳에서는 대개 아름다운 문신門神을 붙이는 것 같습니다. 시골에 가면 '복福'과 같은 어떠한 글자를 빨간 종이에 적어서 붙여 놓습니다. 조선의 흰 종이는 아주 깔끔합니다. 좀 단조롭기는 합니다만, 만주거리를 걷고 있으면 더러운 집 출입구에 홍당지紅唐紙가 붙어 있습니다. 문짝에 붙이거나 한 것은 뭔가 활기차게 일양래복一陽來福의 기분을 잘 나타내고 있다고 생각합니다. 어느 쪽이든 도교의 영향이 꽤 있습니다.

손 도교는 민간신앙이기 때문이겠지요.

도리야마 내지도 꽤 여러 가지가 있습니다.

현 지금 중국의 이야기를 들으니 조선과 매우 공통된 부분이 있습니다. 지금 말한 부엌신도 공통적입니다. 조선에서는 정월 초야初夜의 저녁에 부엌신에게 등을 밝히고 음식을 올립니다. 부엌신의 이름은 조왕竈王이라고 합니다. 그리고 붉은 종이에 쓰는 습관도 있습니다. 원일 아침 천정의 정중앙에 '신세新歲, 만사여의萬事如意'와 같은 문구를 써서 붙입니다. 장소에 따라서는 '세재갑자歲在甲子, 제원성취諸願成就'와 같은 문구를 씁니다. 이것은 문짝에 붙이는 것과는 조금 다르지만, 그곳이 공통적인 부분입니다. 부엌신도 공통적인 부분입니다. 역曆에는 '삼살법三殺法'이라는 방각이 딸려 있는데 그 해에는 그 방각으로는 이사를 할 수 없다고 합니다.

무라야마 지금 도교이야기가 나왔습니다. 신앙적인, 종교적인, 혹은 샤만적인 것으로 조선과 만주의 공통적인 것에 관하여 아키바 씨에게 부탁을 드리고 싶습니다. 만주 혹은 몽골까지 이야기를 해주셔도 상관없습니다.

아키바  만주도 한민족도 지금 도리야마 씨가 이야기한 것처럼 도교적인 것이 많이 있는 것 같습니다. 저는 정월의 행사와 그 행사를 하는 장소를 설명하는 정도로 하겠습니다.

중국의 건물은 가장 간단한 것이라도 대략 3개의 방이 있는데 통례적으로 삼간방자三間房子라고 부릅니다. 이것은 중앙이 토간土間이고 양쪽 두 개가 온돌입니다. 부엌은 들어가서 정면이나 가장 중앙 입구가 있는데 그곳이 부엌입니다. 부엌 위에 벽에 이렇게 붙입니다만, 이것을 저녁 무렵이 되면 불에 태워 승천시키고 새로운 것을 준비해서 붙입니다. 오래된 것이 불에 타 승천할 때에 그 가족의 일 년 중의 공과표功過表를 지참하여 승천시켜 천신에게 보고한다고 하므로 매우 무서워합니다.

그리고 부엌 토방의 정면에 선조의 영靈이 있습니다. 집의 중앙에 들어가 정면, 집은 남쪽을 향해 있기 때문에 남쪽에 선조의 영靈이 있는 것입니다. 거기에 긴 종이를 붙여 선조에게 제사를 올립니다. 그런데 그믐날부터 정월에 걸쳐서의 행사는 볼 수 없습니다. 우리가 집에 들어가려고 하면 대문을 딱 닫아버리기 때문에 이야기를 듣는 방법밖에는 없습니다. 그래서 저는 봉천奉天 어느 지인의 소개로 특별히 허가를 받아 볼 수 있었습니다. 등을 밝게 밝히고, 풍악을 울리고, 폭죽을 터트리고, 향을 올리고, 불을 피우고, 지면에 술을 뿌려 신을 영접하여 매우 엄숙하게 향을 들고 들어가 버립니다. 안에 들어가면 알 수 없습니다만, 어쨌든 정월 중, 아니 일 년간 그 신을 소중히 합니다.

그리고 15일이 지나 상원이 되면 정월 동안 긴 막대에 매단 제등에 매일 불을 밝히고 망에 소나무를 끼워 놓습니다. 이것은 시골에 갈수록 많이 볼 수 있습니다. 비자와(毗子窩)에 갔을 때에는 자동차 길 여기저기에 서서 살펴보았습니다. 어느 한 마을에서는 모든 집을 다 살펴보았습니다. 그것은 '등간(燈杆)'이라고 하는 것인데 두드러지게 나타나는 현상입니다.

만주국에서는 한민족 풍으로 연중행사로 치르고 있기 때문에 한민족 것이 꽤 영향을 끼치고 있습니다만, 신에게 제사를 지내는 것은 신기하게도 매우 다른 부분이 많습니다. 지금 이나바 선생님이 말씀하신 것처럼 당자(堂子)가 행해지고 있습니다. 글도 아무것도 모르는 할머니까지도 당자라고 말합니다. 집안에서도 그렇습니다. (웃음소리) 아주 옛날 만주인의 집은, 어떤 집인지 알 수 없으나, 지금은 주로 한인풍의 집을 짓는데 집 중앙에 신은 없습니다. 중앙 정면에는 선조를 모시고 있지 않지만, 중앙으로 들어가서 서쪽에 있는 방 서 측에 모십니다. 집 중앙에 벽이 있고 여러 가지 제사를 지내는 방식은 다르지만, 위에 선반이 있는데 중국인은 선조의 영(靈)도 부처의 영(靈)도 조금 높은 곳에 모십니다. 그러나 만주는 일본인과 비슷해서 매우 높은 곳에 하나 혹은 두 개의 위패를 모시는 선반을 달아 그곳에 신을 모십니다. 집에 따라 이름은 다릅니다만, 최근 보고 온 것은 한쪽에 하나 한쪽에 두 개와 같은 풍으로 하고 있었습니다. 내려서 보여주지 않겠느냐고 물어보았습니다만, 그것은 보여줄 수 없다고 하였습니다. (웃음소리) 무엇이 들어있느냐고 묻자 비단이 들어있다. 이것은 조선에서도 상자에 폐백(幣帛)을 넣어서 제사 지낸다. 이와 같은 것은 많이 있지만, 이쪽 것은 인간의 형태를 한 것이 들어있다. 말을 탄……(웃음소리) 무엇인지 잘 모르겠습니다. 첫날 아침 제사 때에 온

돌방에 내리고 샤먼이 와서 제사 지낸다. 비단이 들어있는 것은 밤에 지낸다. 그것은 매우 신비스러운 제사입니다.

그 다음 날은 하늘에 제사를 지낸다. 그것은 밖에서 하고 집안에서는 하지 않는다. 봉천奉天 근처 만주인의 집에 가자 문을 들어가 오른쪽 동남방향에 신간神杆이 세워져 있습니다. 제가 본 바로는 수가 많은 것은 마당의 정면에 서 있었습니다. 그것에는 여러 가지 제물을 올린다. 그리고 그 제사에는 여자는 참석하지 않고 남자들이 한다. 그러한 장대杆가 세워져 있는 집과 세워져 있지 않은 집이 있다. 제사 때마다 세우는 집도, 계속 세워놓는 집도 있습니다.

무라야마 지금 말씀하신 장대는 어떤 나무입니까?

이나바 녹나무…….

아키바 (이나바 씨의 말을 받아서) 그것이 가장 좋을 것입니다. 청태조가 인삼 채취에 사용하던 장대나 봉도, 인삼을 찾을 수 없어 그 장대를 세워 신에게 제사 지냈다. 이것이 기원이라고 들었습니다. 또 태조가 적에게 쫓겨 숨었을 때에 많은 새가 날아와 적병의 눈을 속여 주어서 살았다. 그래서 새에게 감사하는 제사를 하고 있다. 신간神杆에 짚으로 만든 그릇을 달아 안에 먹이를 넣어두면 새가 아침에 날아와 먹는다면 매우 좋아한다. 정월에 그런 제사를 하는데 방법은 신간 앞에 가서 향을 피우는 정도입니다. 신을 당자에서 온돌로 내려 샤먼 8명이 대대적으로 제사를 지내는 것은 매년 10월에 합니다. 그래서 반복해서 말씀드리지만, 만주의 집은 북쪽에 집이 서면 정면에는 선조의 영이 없고, 서쪽의 위쪽에 선반이 있는데, 혹시 이쪽 방향에 당자가 있으면 서남쪽이나 동북쪽과 같은 식으로 대각선을 이루고 있다. 몽골의 전당은 대부분 남동쪽에 있다. 완전 북쪽보다 서쪽에 치우쳐 있다. 그리고 정면에는 주인공이 앉는다. 이쪽에 손님이 앉는다. 높은 분이 오면 주인공은 정면에서 물러서고 손님이 그곳에 앉는다. 중국에 가면 부처님이 계시는 곳은 북쪽이 아니고 서북쪽입니다. 동서남북과 달리 또 하나의 시스템이 있는 것입니다만…….

무라야마   신간은 버드나무를 사용합니까?

손   원칙적으로는 버드나무를 사용하지만, 그것을 구할 수 없다면 아름다운 나무를 사용하게 되어 있습니다.

아키바   그런가요? 몽골은 자작나무로 두 개를 세워 '도리이鳥居'[6]같이 전당의 입구에 세운다. 전당의 입구에는 샤먼이 있어서 도리이쪽을 향해 춤을 추거나 북을 치거나 한다. 도리이의 옆에는 피가 떨어질 것 같은 장부臟腑를 겁니다. 만주인이 뼈를 거는 것과 비슷합니다.

오   원단 아침 해가 떠오를 때에 봄을 맞이하여 돌아간다. 그것은 무엇입니까?

아키바   최근 봤습니다만, 당자에는 여우를 제사 지내고 있습니다. 여우신은 호신狐神이라고 합니다. 이것은 만몽인滿蒙人에게도, 오로촌족에게도 많은데 전문적으로 제사를 지내는 할머니도 있습니다. 뭐라고 부르는지 물었더니 호신당자라고 했습니다. (웃음소리)

이나바   그것은 산동인山東人도 합니다. 여우숭배에서 온 것이군요.

8. 이런저런 정월놀이

무라야마   오 선생님께 정월에 가장 즐겁게 하는 놀이, 오락으로 정월 기분

---

6   일본 신사의 입구에 세워져 있는 기둥

을 한껏 낼 수 있는 것을 하나…….

오  조선에서는 먼저 척사擲柶일 겁니다. 이것은 남녀노소를 막론하고 합니다. 전라남도에서는 작은 것으로 하는데 그것이 가장 좋습니다. 아까 주 선생님이 말씀하셨지만, 함북에서도 보통 때는 길고 큰 것을 합니다. 이것은 평안도 지방도 마찬가지입니다. 그리고 여자들은 널뛰기를 합니다. 남쪽 안동지방의 특별한 정월놀이로 답교놀이라는 것이 있습니다. 안동에서는 이것을 '놋다리'라고 하는데, 충청도·경북도 방면에서는 하원河原놀이라고도 합니다. 놀이 방법은 어디든 다 똑같습니다. 안동은 차전車戰도 매우 유명합니다.

손 그 차전이라고 하는 것은 어떻게 하는 겁니까?

오 지금의 우차牛車같은 차를 사용하여 그 위에 사람이 탑니다. 안동의 차전은 일군一郡이 둘로 나뉘어 하기 때문에 대단합니다. 조선의 정월놀이는 그 정도입니다.

손 연날리기도 많이 하지요.

오 그것도 많이 합니다. 연날리기도 여러 가지 방법이 있습니다. 서로 실을 걸어 먼저 끊어진 사람이 지는 것, 또 불을 붙여서 태우는 것도 있다고 합니다.

무라야마 실내놀이는?

오 척사, 상륙, 승경도陞卿圖놀이를 많이 하고 있습니다.

무라야마 만주변의 정월놀이에서 가장 열광하는 것은 무엇입니까?

이나바 가면을 쓰고 춤을 주는 것이 있습니다.

도리야마 고각高脚 등이 그렇지요.

아키바 조선의 정월과 비교하면 색채, 소리, 사람들의 움직임이 만주가 떠들썩합니다.

도리야마	시대에 따라 다르지만, 지금은 마작을 많이 하는 것 같습니다.
무라야마	도박으로 그 해의 운세를 점친다든가 하는 것은 없습니까?
도리야마	그런 것은 없을 겁니다.
오	이마무라 씨, 조선의 척사 말입니다. 그것은 어떠한 의미가 있습니까?
이마무라	노자가 만든 투자骰子가 아무래도 척사인 것 같습니다. 투자라는 말에서 온 것입니다.
오	척사도 풍년을 기원하는 하나가 아니겠습니까.
무라야마	정말 감사합니다. 꽤 시간도 지났기 때문에 이것으로 마치도록 하겠습니다. 추우신데 늦게까지 감사합니다. (구라모토倉元 편집부원 속기)

* 원문 자료는 세로로 읽어야 하므로 322쪽부터 오른쪽에서 왼쪽으로 보십시오.

朝鮮と支那の正月

殺すと、王訝りて開き讃めば、直ちに宮中に諂りて、一室の屏風を射よとある。急ぎ王宮に歸へり件の屏風を射れば、その内に王妃、奸臣と共に王を殺さんことを謀りつゝあり、直にこれを殺すと云ふ度なる説話がある。この日、王の德を多として藥食を供へたといふのである。その日が十五日であつた故、稗來この日は藥食を供するのであるといふ。又地方によりてはこの日早朝、胡挑・棗・栗・菩花生等を菌にて焼きて戸外に捨てる風習あり、一年中の惡疫を拂ふためだといつてゐる。

×

支那でも近來陽暦を公式には採用して居るのであるが、依然として陰暦の正月が一般に行はれるのである。

支那では舊暦の十二月二十四日から越年までを小年といふ。一般に年の瀬も迫つていろ／＼の方面が多忙を極めることは、何れの土地とも變りはない。二十九・三十

この日で板飛びも鞦韆も遊び納めである。風を上げるものは絲を切つて、風を遠く放ち、是れで正月の遊びも終るのである。

日を除夕といつて、一年最終の行事を行ふのである。除夕の前夜、つまり二十九日は祖先を祭祀するのが普通であるが、然し近來これもたいしてやかましく云はないやうになつた。別に特別の酒や料理を作ることはしない。然し勿論平常と違つてお互に酒を飲み、新年を祝禱することは他の何れの土地とも變りはない。

翌三十日は凡ゆる惡神を追ひ拂ふといふ意味で爆竹を打ち上げる。家庭でも商店でも盛に爆竹を打ち上げるのである。商店などは其の爆竹の上げ具合でその年の景氣の良し惡しが知られるとまで云はれるのである。

三十日の深夜つまり元旦の曉にかけて、來年の財神を迎へるのである。この夜は守夜と稱して終夜寢に就かず、福の神を迎へるといふのが普通である。

扨て元旦は各戸、目出度く迎へて互に新年の挨拶を交すことに變りはない。夫々新しい晴着を着て親戚知己又は近隣へ過禮する。既に過禮は三日までの裡に濟ますのである。元來正月は十五日までは何處も休業するのが一般の風習であつたのだが、近年は三箇日だけを休業して、十五日迄は午前中取引なり、事務をして、それから牛日遊ぶなり休業するやうにしてゐる者が殖えてゐる。

正月の裝飾は別にないが、何れの家庭でも思ひ／＼の提灯を吊り下げたり、赤い布で作つた彩球など下げて家の内を飾るのである。

して、肉類を食はないやうにするなものはないが、然し近來これなどは「空竹」と稱する笛の入つた供は「空竹」と稱する笛の入つたものを過して遊ぶことを喜ぶやうである。

小供の遊戯も正月と云ふて特別なものはないが、北京あたりの子供は「空竹」と稱する笛の入つた玩具を過して遊ぶことを喜ぶやうである。

正月の三日には一般の家庭では夫は必ず妻の實家を見舞ひ、新年の挨拶をして年賀廻りを行ひ、嫁は必ず夫の實家を見舞ひ、老父母を慰めるのが常である。又商店では「開市」と稱して新年の賣り始めを行ふ。これに景氣をつけて一年中の商賣繁昌を願ふのである。

北支では祭壇に供へる爲め特に大きな饅頭を作つて、これの表に景氣の良し惡しによつて棗を嵌込む。南支ではこれはない。これは南支に行くと年糕と稱して、米粉で作つた餅樣のものを作る。砂糖を入れたものも、砂糖を入れない棗ものもあつて、近來ではこれに砂糖や棗を一緒に煮込んで日本の糝菜のやうにして食べる風習もある。

十四日から十六日までを元宵節と稱して、祭りをする。各家庭でも町でも、團體でも夫々趣向をこらしてこの催しをする。龍頭踊などを集めて賑かに行はれる。提灯をして過して、鑼や獅子の假裝をして踊り歩くのである。鑼や太鼓、高脚踊などがあつて、服かな音樂入りで、爆竹を盛んに打ち上げて、踊り歡ぶのである。そしてこの催が終れば、正月の氣分もよい／＼なくなるのである。

朝鮮でも支那でも色々の幸福な文字即ち驕を書いて門戸に粘る習慣はあるが、日本式の正月飾りと云ふやうなシメ飾りや松飾りはしない。

朝鮮と支那の正月

朴　念　仁

朝鮮では近來陽暦が行はれて居るが、正月の式は依然として陰暦で行はれて居る。即ち陰暦の多至が過ぎると朝鮮でもそろ〜〜迎年の仕度にとりかゝる。多至の日は小豆の粥を炊いて、祖先の墓に供へ、食膳にも上げ、一夜餅に祖先を祭るのである。

この頃即ち陰暦十二月の多至頃から街の各商店は正月仕度の賣り出しに活氣を呈して來る。家庭では正月の準備や馳走の仕度に忙しくなる。愈々除夕つまり三十日となると、今宵一夜で今年も終ると云ふので、各自親戚知己の高齢者に歳暮の遺禮をする。それより新年に贈る正月と云つて、小供は勿論大人まで新しい衣に着替へるのである。夜は夜通し飮み明すものもあり、語り明すものもある。

徹夜することを例として、小供御馳走をたべるが、眉毛が白くなるとか煮豆とか云ふ正月特殊の料理は無い。固より酒は飮む。

べろ、其他出來るだけ魚肉類で御馳走をするが、日本式のかずの子どいふ風習もある。又地方によつては初卯の日は女は他出せず、他出しても他所に用便をせずな日本內地で、大晦日の鷄に殘る奴は馬鹿だと昔はれるのと同じである。元日の晩方に米洗ひに使用する「鰈(米を洗ふザル)」を賣り歩く、これを求めて一年の福を勝ふといふのである。

一して元日は早朝より祖先の墓に詣でる。又灯籠や色々の供物をして(魚肉、蜜、栗、松の實等)禮拜する。これを茶禮と稱する。終つて家內一堂に會して、家長に對し、又幼年者は長年者に對し恭しく新年の挨拶をする。これより食膳につき、山海の珍味を盛つた御馳走を戴く。元旦料理として特殊なものは、米粉で作つた餅を肉を入れた汁に入れ、內地の雜煮式にして食す。

元日には或は退避に出、或は家族や親戚友人と歡酒し、長簫などを叩き、放歌高吟して正月を祝賀する。又男の子は凧を上げ、女子は板飛びと云つて板の兩端に乘つて戯れる。又獨樂と稱する木片四本を投擲して勝負をする遊戯を特に正月の遊戯として大人も小供も行ふものもある。

元旦の夜は各家庭では路々の頭髪を門口にて燃くし、鬼の入り來る風習が行はれるといふのである。これは天滿が來りて履物に觸れゝば、その履物の主は此年必ず死ぬと云

ふ、昔、新羅王、一日他出中、天より一鳥來つて紙片を落す。拾ひ取れば紙片に文字あり、この紙片を得るものは一人を殺すど、又この紙片を開きて讀みたるものは「二」人を

はれてゐるに困るのである。三箇日間は業を休んで、正月を祝ふが、昔は十五日迄休業したのであるが、今日ではそんな事は無いが田舍では十五日迄は正月氣分に沒つてゐる。商人の商賣始めを貰す日は最初の寅・午・哀の日を撰んで貰ひ始める。初午の日を撰運祈願の日とする。又地方によつては初卯の日は女は他出せずどいふ風習もある。又十四日には各自身につけたもの、卽ち着物の切れとか、足袋の類につける。又は藁人形に自分の衣服の一部を着せて捨てる地方もある。何れも惡運を捨てることを意味する。

十五日になると、いよ〜〜正月も終りで、この日は再び祖先の靈を祭り、祭壇に茶菓を贈する、これは餅米を炊き込んで作るもので內地式のこわ飯のやうなものである。栗・棗・松の實は蜂蜜を入れ、栗・棗・松の實に砂糖又は蜂蜜を入れ、米粉で作るもので內地式の

朴念仁,「朝鮮と支那の正月」,『조선급만주』376호 (1939.01.01), 62쪽

いふ。

元日から五日の間は飯を炊かない。三日までは水を汲まず、物の烹炊きもしてはならず庖丁も使つてはならぬといふ。だから除夜には三日間の野菜から漬物まで用意をして置かねばならぬ。仮の用意も充分にして置くのである。正月三日の間は全くの精進料理であるが、それでも五日までは手で千切つたといふ。正月三日の間は精進料理を用ふるから、除夜には朝から御馳走を積んでウント肉なぞを食べる。祠堂に精進料理を供することはいふまでもない。

除夜には眠らずに歳を守ることが昔からの例であるが、子供だけは早く寝かして十二時頃に起し、接神の儀をすませてから三時四時頃には又軽々かすといふ風で、女子供はいふまでもなく皆が夜を更かして雙六・花札・麻雀なぞに興ずるのも除夜からである。

波斯　ペルシヤ

四敎國では正月に禁欲生活をす。肉食を廃して野菜・果物類を處であるから、正月は鲞り目立たない。衣服も極めて質素にせねばならぬ。女は麗を飾らず、化粧せず、素服で諸慎してゐるから正月らしい陽氣なぞ薬にしたくもない。これは三日から二週間ばかり潰くのであるが、一休和尚では「門松は冥路の旅路に急ぐ一里塚、正月朝から克己、禁欲の生活を始めるのである。我々から考ふれば、口を慎しみ冗談さへウッカリいべきであらう。恐ろしい窮屈な正月と思はれる。

獨逸　ドイツ

西洋諸國ではクリスマスが最もれに相應しいお正月を迎へてゐるのである。

佛蘭西　フランス

フランスの正月は却つて寂しいからでもあらう。天氣がよければ近郊に散策に出かけるものが多い。お祝ひ近所の料理屋で賑ひ一般に家業は休んで元日を靜かに過す。

ロシア

印度人はよく水神を祀る。だから正月にも水神の祭がなければならぬ。元日になると、あらゆる階級の人が附近の川に集つて來る。其の形から何から千態萬様をなす。そして貝殻に火を燈すのだ。印度ら下つて行く。我が國の精霊流しに閃つて美しい影をゆるがしながら正月を流し數萬數十萬の灯は流れるやかな流れを園んで群集は貝殻の灯を流し數萬數十萬の灯は流れ印度

ロシア

「新年おめでたう」を唱へて、聲を揃へて「新年おめでたう」を唱へて、聲を揃へて大群集は「新年おめでたう」と唱へる。若者達は大に茶目を發揮するものあり、かくて舊年を送り、新年を迎へた群集の分れ。

アメリカ

ワシントンでは時の大統領が午前の三・四時間を費して市民さ握手しなければならなかつた。今はたゞ「おめでたう」といつて頭を下げるだけに改められたが、それでも押し寄せて來た萬を以て數ふる市民に一々頭を下げるのだから市民の折れることすくない。ニューヨークでは、ニユーヨークタイムス社が棧上から下す異彩なる玉を見る爲めに街を埋むる群集がある。深い雪の中に埋れた正月、考へたゞけでも何さなく陰鬱に思ふ。戸外の娛楽は不可能である。親しい者、近所の者が集つて、甲乙の家へ踊り歩いて親しい者が集つて貝殻の灯のやうに正月を祝つてゐる。ふと我等東洋人には覗き足りないものがある。（終）

各國正月風景

桃花泉

一夜あくれば芽出度いお正月、此の辻褄の合はぬ算盤勘定に眼を白黒させて、やつこ通り越した年の瀬の苦勞も薩張り洗ひ落し、祝ひ直しちや、正月早々から祝ひ氣な顔は禁物で、陽氣に、陽氣になつてこゝに一陽來復、芽出度い所はどこまでも潤れて行く。年に改まるといへ、心にも何となく新味がさして來る様に思ふのが人情の常であらう。世界到る處で正月は祝はれてゐる。處變れば品變るといふ。次に面白そうなところを抜き書きして見やう。

朝鮮

先づ近い所から筆を着ける。朝鮮では除夜から祠堂（祖先の靈を祀る所）に賴拜し、祠堂、會長・親戚なこには儀成拜の挨拶をする。贈裕の足に合ふ子供草鞋を提げ廻る。

の行はるゝこゝも變らない。此の夜は早く寢るゝ眉毛が白くなるゝ恐れて草鞋を隱して置く。臘除けや、夕方から炬火を携へて高い所でも夜更かしをする。早く寢て眉毛も白く、粉を喰られ、眼を覺してから鴛を見る子供を見るのも罪のない戯れである。

元日は早朝から正朝茶禮といつて祠堂に歳謁をする。それから美しく着飾つた子供達の歳禮を受け、親戚知人へ歳拜（週禮）に出かける。歳拜に來た子供達にはお年玉をやるが、これは美味綯とにあふ。

正月は元日から、十五日までといひ、立春には門や柱に書いた紙片を新しく貼りひ（春勝こいふ）上元卽ち十五日には果物を入れて蒸した藥飯を食べる習慣である。

男の子は紙鳶をあげ、獨樂を廻はし、女の子は跳板の遊びに打興

支那

支那でも除夜から色々なこさが行はるゝ。賑い神像を繪く送神の儀新しく神を迎へた（十二時過ぎてから）安神の儀等があり、家庭では談笑して美食にあき、外では爆竹の音が姦しい。

元日は早朝から神を迎ふる接神の儀を行はねばならぬ。次には盗所に竈の神を迎へ、商家は又財師の像を拜む。百分といつて神々を描いた紙（色々ある）を神壇に祭り、その前には買賣陌形に摺上げた菓子のミイコンを供へる。林檎・乾柿・橙頭・餅を始め色々な供へ物も並べられてゐる。金儲けの呪ひになる馬蹄銀型の元寶、寶が多い所から子寶を授かる様にといふ石榴の供物なき、支那氣分が横溢してゐるこいふべきである。

ずるが、踏橋といつて夕方から済中遇が多いこふ。だから子供達は渡つて足を病まぬ樣にする呪恐れて草鞋を隱して置く。臘除けに登り、月の出を早く拜んで古遇を斬る風習もある。一番早く月を見たものは學問が上達するこいつてゐる。夜光鬼は入つて來る締に氣御をかける理由はかうである。御を忘れては又數へ直す繰り返し〱數へてゐる中に曉になつて雞が鳴けば、其の隙に驚いて逃げるこいふのである。

繋米の粉を固めて搗く棒形に造り、これを料切りに淨く切つて牛肉・雞肉等と共に炊き、醤油・薺椒粉で味をつけた醬湯は、內地人の雜煮こ同じい。糯米粉又は粟粉を籠で蒸した饅餅もなくてはならぬものゝ一つ。饅餅には色々あつて小豆をかけのなこなもあるこいふ。

朝鮮の正月

を作るは元旦ばかりでなく、朔、望、其の他神に詣る時にも之を供へてゐる。（こゝにいふ神は善神及び惡神を含み、鬼神を總稱しての名であるが、父母、祖先の靈をも亦神と稱へてゐる）

男でも女でも生れ年から九年目毎に三災の厄が來るさいふ。此の厄年に富ったものは門楣に鷹の繪を貼って厄除けとなし、尚一年中何事も控へ目にする。あれはしてならぬ、これはいけぬといふ様に物忌みが頗る多いからだそうな。こんなことは自然に慾びて行くだらう。規しい人に合へば德談さいつて何でも緣起のよい挨拶を取交す。たとへば『子供が生れるだらう』とか『金儲けがあるだらう』とか或は又『進級した』『昇級した』さいふ類である。一般に此の夜は、夜光鬼が出て來るさいふ。夜光鬼は子供の草鞋が大好きで、自分の足に合った子供草鞋があれば持って行く。草鞋を持去られた子供草鞋は同時に福運を盗まれて、一年中不吉であるさゝ言ひ傳へてゐるから子供の恐がるのも無理はない。草鞋を大切にしまつて置くは勿論のこと、壁には簛をかけて置級けにする。夜光鬼が簛に氣を取られて其の目の數を數へ出し、數を忘れては又數へ直してゐる中に鷄が鳴けば鬼は恐れて逃げ去るからであるさいふ。

立春

立春が來るさ大門や柱に貼られてゐる春聯も振ってゐるのは替を賣る話である。早く起きて眞先に合ふた人を突然呼び留め、相手が返事をすればすかさず『吾が替を買へ』といふ。買つた人は夏になつても暑さ患ひをせぬが、賣つた人こそは夏の暑さに其の分苦習負ひ込まねばならぬから、此の朝はうつかり返事も出來ないといふ。然しながら此の話は大抵に慶れて行く。

春聯には必ず緣起のよい對句や單句等を用ひる。たとへば門には『門神、戸護』『國泰、民安』『雨順、風調』等さ二行に並べ、柱には『春到門前增富貴』『春光先到吉人家』等の句が掲げられてゐることは到る所に見られるだらう。

上元

十五日を上元さいふ。此の日は必ず藥飯を食はねばならぬ。藥飯（又樂食さいふ）は果物さ共に蒸した飯であるが、之を作るには先づ糯米を蒸し、それに棗、栗、松の實、蜂蜜及び醬油を交ぜ、更に又蒸し上げるので。一種の風味をもつてゐる。この外、燒酎又は藥酒を一杯飲む。此は耳が聽くなる様にこの意味で耳明酒又は聰耳酒さいふ。迷信さ傳說に富む朝鮮の事であるから、面白い話も少くないが、早曉起きて鐘路の十字街上の土を取り、家の四隅に撒き散らし、齒齒の上にも塗るさきは財緊るさいはれ、又この朝、栗や胡桃、松の實などを噛み碎けば、齒が強くなり

一年中おデキが出ぬさも信ぜられてゐる。これも一年中脚の病氣をせぬ呪であるさうな。今一つ週月の話を附加きてさ言ふ。上元の夕方から替烏を持って高い處に登り、月の出を待つこさないのであるから、最先に月の色が赤ければ旱すがあり、白い時には水がある。月色の濃きは豐年の兆、溥ければ凶年さ見て蓄臘するが、かうした風習は地方に作むものゝ今も尚よく見かける所である。

朝鮮の正月

本誌記者

除夜

年の暮れに物を贈答したり、登帥、諸知其の他奴婢等にも歳饌を贈ることは何れも變ることはないけれど朝鮮で普通用ひらるゝ贈物は雉、鷄、鷄卵、明太魚、煙草、反物等である。除夜は又除夕ともいひ、夕方から祠堂を拜し（祠堂は先祖四代前迄の神主=位牌=を祭ってある所）荷歳拜といつて登長や親戚なさに挨拶をする。室内には明るく火を灯し、夜遅くまで睡らない。（守歳と稱す）早く睡ると眉毛が白くなるとて昔ひ慣してゐるから、子供なさ早く睡つて眉毛に白粉を染められ鬢かされることが多いといふ。福を迎へるといふ意味から、此の日一般に稻荼を貫ふ習慣がある。

正月

朝鮮のお正月は元旦から十五日までが普通である。元旦には正朝茶禮といつて早朝家廟（祠堂ともいふ）に歳謁をするのである。男女老幼を問はず新衣を着け（歳裝といふ）の鮮の自然に調和する明るい單調な裝ひをこなして芽出度いお正月を迎へる。茶禮がすむと家の貧長達は子女の歳禮を受け、それから親類や朋戚等に歳拜に出かける。時食を開ることも赤行はれ、これを歳饌と稱してゐる。子供達が歳拜に來れば歳拜錢と稱して撲らかづ（のお年玉を興へて喜ばせ、大人同志が酒食を興することも內地の風習と變つたところはない。元旦には必ず白餅を作り、餅湯と稱する一種の雜煮をこしらへ、饀餅もなくてはならぬものとなつてゐる。粳米の粉を蒸して大きな板の上に載せ、杵をもつて搗き固めてから更に引延ばし、細長い梳の樣な白餅を作る。之を斜に輪切りにして牛肉、鷄肉、と共に炊き、醬油を用ひて味をつけ、蕃椒粉をかけて供湯となす。此の餅湯が元旦にはなくてならぬものであつて、祠堂に供へたり來客に饗應したりするのである。饀餅は粳米又は糯米の粉を饀の中に盛び落し尽くして搗いてから、此を蒸すのであるが、蒸された餅は饀から取出して、其の上に又小豆をかけるといふ。饀餅

本誌記者,「朝鮮の正月」,『조선급만주』290호 (1932.01.01), 79쪽

先に述べたやうに、八瀬・大原地方の住民は高句麗の移住民であるがために、此れが蒸し風呂の風習を傳へて、それが印度醫學の滝湯法と合致して、最初は疾病的に使用せられたものが、遂に今日のやうな錢湯に變化して來たものである。

四　正月の松飾の風習

今、内地では正月に松飾をしてそれを芽出度いものとされてゐるけれども、此の行事は餘り古いものではないので、室町時代の頃から起つたものである。宮中では昔から今日まで正月に松を立てる習はないのである。朝鮮では松を立てる風習は、傳染病を防ぐの惡魔除けに使用してゐる。傳染病の流行その他松葉の針葉そのものと思はれるやうだ。日本に於ても、昔は死者を埋葬した後に松を捕えたり、又は松の枝を立てゐるった風習があったので、或はその他松葉を魔除けにした風習も各地に於て見られるのである。

徳川時代の中頃には傳染病が大流行をしたことがあったが、或る年の五月頃に江戸市中一般に松を立てたとのことが獨山人の『一話一言』の中に記載されてゐる。『一竝宛として正旦の門松』とあるのが即ち此れである。恐らく、此れは朝鮮から得た風習の變化したものであらう。民間に遍在した土俗は自然に民間に採用せられて生まれたものと思はれるの

五　注連の風習

日本の注連と同樣なのが朝鮮にもあって、左に編んだ繩である。圓繩等と呼ばれてゐる。俵繩、左索、圓繩等である。俵繩を張る場合は、出産があった家の門口に張る風習が神道に亙って最も廣く一般に行はれてゐるが、その他傳染病の流行の時に、病人の家とか、或は村の入り口には鬼神木(クシンム)と稱して彼等が崇拜してゐる大木(クシンム)と稱してゐる。又、顔飾の時は左繩を額に鉢卷の如うに結ぶことも行はれてゐて、或は殺人の衣服の帶並に冠の紐は片左繩みの繩を使用してゐるのである。主に、齋忌父は惡魔掃ひに使用せられるのである。

日本の七五三は神禁なものとして現在使用せられてゐるが、昔は矢張り朝鮮と同じやうで古事記の天照皇大神宮の天の巖戸入りの條に「しりくめなわ」を張ると言ふ記事が見えてゐる。天の巖戸入りと言ふのは胴御を意味したものである。更に巖戸を出給ふたことは再生の思想を寫したものである。

此の七五三は南洋系統のものであつて、今でも土人が死亡した時に此れを張る風習が殘つて居る。恐らく古い時代に此れを張る風習が南方から朝

である。正月に立てる木は必ずしも松に限らないのであって、椎や杉の木も立てられてう。

鮮と日本の兩方面に傳へられたものであらう。

擡て、以上は内鮮古代共通の風習の二、三を述べたのであるが、比較的近代に於て、日本から朝鮮に傳へられた風習には、團扇の發明品であって、支那に傳つた團扇は古代に於ては存在しなかったものである。團と言ふのは「ちわ」のことである。團は扇ぎ織機、摺疊扇、摺疊扇等と稱して、此の發明は奈良朝の末期であるやうに思はれるが、扇(うちわ)を宮中禮式の儀さして使用する檜扇から轉化して此の南扇に轉入したのである。支那では最初に侯者が使用して居て、又朝鮮に此れが高麗に渡り南如うな小者が使用してゐたのが次第に上流方面に傳つて、遂に社會一般に使用されるやうになつたのである。室町時代に扇は朝鮮への輸出品の一つであって、泉州堺の及劍と共に大多數を輸出してゐたのであって、その時代の扇は最も貴重な貿澤品であつて精巧を極め眼を驚かす程の高價なものであった。然し、高麗の末期から朝鮮でも扇を製作することを覺えて、此れを朝鮮から支那に輸出するやうになつた。朝鮮では矢張り日本と同じやうに、儀禮品或は携帶品として冬でも夏でも土人が死亡した時に此れを張る風習が殘遠に携帶してゐる風習がある。(筆記)

今村鞆，「日鮮古代風習の共通」，『조선급만주』 290호 (1932.01.01), 76쪽

んでゐるのがあるのを見ても判るであらう。

因に記して置くが、チゲで物を運ぶことは朝鮮では南鮮地方の風習であつて、新線の古墳から出た古い繪にも見えるので餘程古い風俗ではあるが、日本には傳はらないで濟んだやうだ。越後・土佐・肥後等の山奥にチゲに似たものはあるが、此れは別途のものヽやうである。又、朝鮮で人を脊負ふ際に、例へば河を渡る時に、日本にする如うな形を取つて脊負ふのではなくて、負はれる人の膝を後へ曲げて、負ふ人がその膝の下に手を持ち添へて脊負つて行くのである。此の脊負ひ方は、昔日本にゐた花魁が客席に出る時につて、又婚禮の時に花嫁を脊負つて行く時に使はれた方法である。彼我の間に風俗の聯絡があるのではないかと自分は思ふのである。

三 温浴の風習

此れは最初朝鮮から日本へ傳へられたものであつた。人間が湯を沸かしてそれに浸ると言ふ風習は、世界では羅馬が一番古いのであつた。ポンペイの發掘された遺跡からも共同風呂があつた。伊太利は火山國であるから温泉が多くて、それに浸ることが自然に湯を沸して浸ることになつたのであらう。日本人の温浴好きなのも日本に火山が多い――隨つて温泉の多い關係からであるらうと思はれるのである。

然し、日本の風呂は、朝鮮から傳つた蒸し風呂が元で、それが漸次發達して今日に及んで来たのであつた。その元は朝鮮から傳へられたものであるが、現在今日の温浴の風習を内地から朝鮮へと傳へて、現在では日一こさである。此れが日本の最も古い蒸し風呂に續いての記事である。日本には、古代に於ては今日の如うな温浴の風習はなかつた。源平時代の少し前頃から此の温浴が一般に發達したのであつたが、それは全部蒸し風呂なのであつた。光明皇后が慈惠的に施設せられた風呂も矢張り蒸風呂であつて、明智光秀が京都の佛寺に寄附した風呂も矢張り蒸風呂であつた。

してゐて、松葉を燒いて石を熱し更に蒸氣を起すことは朝鮮のと同樣である。歴史に依ると、天武天皇が大作鼻子と戰はれて傷を負はせ給ひて、それを八瀬に療養せられたが、此れに依つて地名を矢苔と名附けられたこの此れが日本の最も古い蒸し風呂に續いての記事である。

背粗製品が朝鮮から輸出して日本に移されて、日本に於てそれを精製して、ゐるのは、背粗製品が朝鮮から輸出して日本に於てそれを精製して、ゐるものである。朝鮮の人が温浴に浸入る風習が擴がりつヽある。

現在、朝鮮に於て療病の目的で使用せられてゐる蒸し風呂は、此れを朝鮮では、一般に蒸窑、又は汗蒸と稱せられてゐる。土を陶器を燒く窑の如うに熔窑形に高く盛り上げて、一方に煙出しを設け一方には入り口を設け、内部に石を置いて、その上に於て松葉を燒いて石を強く熱した後、その石に水を注いで蒸氣を起こさせて、その蒸氣に浴すると言ふ方法である。

一體、風呂と言ふ名稱は、食物の「風呂ふき」の如うに、吹かす名稱から來たものであつて、昔は風呂に入ると言ふことはないで風呂を吹くと言つてゐた。蒸氣浴をして後に息を吹かけて垢を擦り取つてゐたものである。それが漸次に湯の量を多くして來て、遂に今日の銭湯のやうになつたものである。今に、伊勢近江に於ては、四方を密閉してゐる湯の量を少くして蒸氣に浴するものが残つてゐる。又純然こした蒸し風呂に浴するものも中國・四國の方面に殘つてゐるのが見られる。

開城には、その營業者があつて、最も大きな構造の立派な蒸し風呂がある。平安・江原・黄海の各地方には部落で共同して作つた極く粗造の蒸し風呂のあるのが見られる。此れは療病の爲めに使用せられるものである。

日本には、此れと同樣のものが八瀬に存在るのが見られる。

今村鞆、「日鮮古代風習の共通」、『조선급만주』290호 (1932.01.01), 75쪽

日鮮古代風習の共通

朝鮮史編輯會囑託

今　村　鞆

古代の日本と朝鮮とに於ては風俗の相共通したものが極めて数多いのであつた。その理由は、極く古い時代に在つては、日鮮の間には今日の如うに朝鮮と内地と言ふやうな地理上の區別が無かつたので、九州邊と慶尚・全羅北道は同一の民族が住んでゐて、南方から北漸した民族が朝鮮にも入り日本にも分け入つたもので、又中央支那系統のものが朝鮮を經て日本にも入り込んでゐた。或は支那北方の沿海州邊の民族が日本海沿岸方面に進出したので、して、その民族は朝鮮方面にも南進したのであつた。以上は極く古い時代のことである。その後に於ても、歴史に記してあるやうに、百濟・新羅・高句麗の滅亡前後から多數の移住民が朝鮮から日本に入り込んでゐて、又日本からも朝鮮に移住したものが多かつたのである。

右の如うな關係から、日鮮兩民族の上に於ては相共通した風俗が甚だ多く見られるのである。今、其れ等の中から二三の例を舉げて簡單に述べて見やう。

一　物を頭に戴く風習

此の風俗は世界何れの国にもあつた。今、朝鮮に於ける頭に物を載せて居る風俗に就いて見るに、支那から傳へたもの、南洋系統のもの、此の兩者が相合併したものといやうである。孟子に「斑白戴負せず」とあるから、支那にも古くから在つた風俗と思はれる。・日本の現在に於ては、物を頭に戴く風俗は大島及び南島にあるだけで、此れ等のものは南洋系統のものである。朝鮮系統と思はれるものには、平安朝・奈良朝の時代に於て近畿地方並に中國・九州方面にこの風俗が存在してゐたが、徳川時代以後に於て漸次消滅したのであつた。明治時代に至つても、尚阿波・九州の方面に残存してゐるのが見える。

京都の八瀬、大原の地方に今尚此の風俗が残つてゐるのは、此れは朝鮮系統のものである。八瀬・大原附近の住民は、阿波附近に順に物を載せる人間が現在残つてゐる四國から、海邊の人間であるが、自分の考へでは、當地の人民は確に高句麗系統の移住民であると思はれる。本論者は自分が新説として作年以に發表して置いたものである。

二　物を背に負ふ風習

朝鮮の人は現在でも背に物を運搬する時に栲（ヲク）を使用して背に負つて持ち運ぶのである。日本人の矢締棒式に物を背負ふことは餘り古いことでなくて、矢張り朝鮮同樣に背に負つて居たことは、東大寺の縮袋物に存に負つて古いことは、東大寺の縮袋物に、物を運ぶ人夫が、現在朝鮮でやつてゐる様式で運

今村鞆、「日鮮古代風習の共通」、『조선급만주』290호 (1932.01.01), 74쪽

正月と新年行事の起源

頃からのことです。その雜煮は今日關西地方
で煮へるこ同樣で、熨斗餅を切つて入れる
のでなく、丸い平たい餅を入れたものでした。
中には一つの椀の中に紅白の餅を一つゞゝ入
れることもあつたやうです。

朝廷でお使ひになるのは鏡餅といつて近江
の國でできるものでした。

◇

四方拜といふことは近世民間ではお公卿さ
んくらゐしか行ひませんでしたがこの頃は中
流の人は必ず、その家庭で四方拜を行ひまし
た、蓋しそれは朝廷で行はせらるゝのを眞似
たものです。

正月の四五日頃に戴餅といふことをしま
した。それは三四歳から五六歳くらゐの子供
のある家に限るのですが、子供の頭の上に平
たい餅を二三枚重ねて載せて、その子の前途
を視賀する儀式でありました。

年賀も隨分古くから行はれてゐますが奈良
朝時代の年賀は、極く範圍が狹かつたもので
す。目下のものが目上のものゝ家にゆくとか
分家のものが本家に行くとかいふくらゐであ
りました。そして、行けばたゞ名刺をおいて
來るといふだけでなく、必ず叮嚀な御馳走に

頃からのことになつてゐるました。名刺を持つて
をいて來るといふ習慣は極く新しいことのや
うです。

惠方詣といふのも平安朝時代からあつたこ
とで、やはり今日のやうに方角のよい神社に
詣でゝ、燈火を獻じ、新願を讀めたものです。

◇

鎌倉時代になると、武家の方にいろ〳〵新
しい風俗ができました。

凧を描いた紙を枕の下において寢て初夢
を見るといふのも、この頃から始まつたこい
ふことです。なほ武家特有の儀式には、馬乘
初めなといふことも行はれました。

羽根を突くといふことは室町時代の中頃以
後から始まつたものらしく、平安朝や鎌倉時
代にはさういふことは見えてをりません。尤
もこの頃は羽根子ではいはず、胡鬼板といひ
羽子板といはずに胡鬼板といひました。今の
ものゝ違つて恰好の惡いものですが、材料は
同じものであつたやうです。

◇

歌留多は室町時代の極く末頃から浮ばれた
ものこ見えます。これは平安朝頃から行はれ
た貝合せから出たものゝやうに思はれます。

貝合せは正月の遊びこ限つたわけではないで
すが、貝合せには、繪を合せるものさ、歌貝
といつて、一組の貝の内に和歌の上の句さ下
の句を書かせてあるのを合せゝ遊びさありま
すが、この歌貝から歌留多ができたのであら
うこ思はれます。

小倉百人一首は鎌倉時代の中頃に選ばれて
ゐたのですから、それを歌留多に應用したの
は、多分室町の末頃のことであらうさ思はれ
ます。

◇

昔の双六は、將棋盤に似た繪の上で遊ぶや
うになつてゐました。將棋盤からできたのだそうで
は室町時代の末頃の繪双六で、寢の
目の數によつて思ひがけないこゝろに飛んで
行くのです。その時分の双六は今日の飛双六
うになつてゐました。繪を描いてある繪双六
目の數だけ規則正しく進ん
で行く道中双六は、後世になつてから、子供
に地理を敎へるために作つたもので、その時
代にはなかつたといふことです。大勢で遊ぶ
時には、賭物といつて賞品を賭けたこもも今
日の通りでした。平安朝時代には、一月の節
一の子の日に婦人も子供も野に出て、松引
きといふことを松しました。　小松引

松永速雄、「正月と新年行事の起源」、『조선급만주』266호 (1930.01.01), 87쪽

正月と新年行事の起源

文學士　松永速雄

正月に門松を立てるといふことは、千年以上も試から行はれてをりました。尤も、その時分は松に限つたわけではなく、榊のやうなものを代用することもありました。竹を添へ

て立てるやうになつたのはズツト下つて室町時代のことださうです。

門松は千年前から一般に用ゐられてをりました。上流の家庭では、門松散の外に、戸毎に、その隅は竹で飲むことはなく、皆燗をして飲んだものです。

鏡餅は平安朝時代から供へたものですが、今日のやうに餅の上に海老とか昆布とかを飾るやうになつたのは、室町時代からのことです。

雑煮を食べるやうになつたのもやはりこの

た、これらは何れも屠蘇と同樣の藥で、これを酒に入れて藥酒を作るのですが、味淋を使ふやうになつたのは極く後世い事です。これに、その頃は竹で飲むことはなく、皆燗をし

散、御神酒といふ二種をも併せて用ゐまし

意である。

迎月＝夕方になれば炬火を持つて高處に登
り、月の出るのを待つやうなことをする。先
に月の出るのを見た者は吉運を課せられ、その月
の色の清濁によつてその年の農作物の豐凶を
占ふのである。

踏橋＝この日はまた踏み橋と稱して橋を渡
る習がある○これは年中健脚で足の病にか
らぬやうにする傳說があるからである。

立春＝この日には家々の屋面に白紙に肉筆
で「立春大吉、建陽多慶」とか「壽如山、富
如海」とか「愛作希道榮、登國顯年豐」とか
かやうな吉意の文句を大書して貼るのであ
る。

×　　　×　　　×

これは子午の刻、夜十二時に詣るのである。

以上のやうな行事が大概行はれるのであ
るが、近頃は所謂有產階級、或ひは智識階級い
人の間には陽暦の例によつて行ふことが隨分
多くなつた。それは時代の進展といふより環
境が然らしむることと思ふ。そして如上の例
も多く支那の影響が非常に多いことは本當に
皮肉な話である。正月を通えて三日位意の禮
服通りは全部店鋪が仕舞つてあつて、そこに
往き來る男女の色鮮やかた服裝のシーンはた
しかに朝鮮情調を濃くするにことであらう。

ず誰も拾松の實を殼割りをして食べる。この
他、生栗や胡桃も食べる。松の實襟といつて
松の實の油分を利用して鐙をともしたり、
楣といつてこの年の吉凶を卜する遊戯もある
のである。大人間にあつては直作一寸程の間
木を五寸乃至七寸の長さに切り面を平たく倒
つたものを四本作り、之を投げて、四本のう
ち上向になつたのが一本あれば一點、二本
なれば二點、三本なれば三點、四本なれば四
點、四本共に下向になれば五點と數えて、恰
度日本の雙六遊びのやうなことをするのであ
る。

臈製酒＝上元の朝は疫酒或ひは藥酒を呑む
のである。これは日本の屠蘇のやうなもので
俗に耳明酒とか聰製酒といつて耳を聰くする

李光天, 「朝鮮の正月」, 『조선급만주』 266호 (1930.01.01), 86쪽

178

巧みに絲卷をまわして揚げるのである。近頃
はさうでもないけれども以前（三四年前迄）
は背肚年間にも大きな健し物の一つとして盛
んにやつたものである。こいふのは紙鳶合戰
といつて、紙鳶と紙鳶とを空中で絲切りをや
るのである。だからそれには魚類
の腸から絞りとつた一種の粘氣の强い液體を
塗つたり、ひごいのにたるゝ茶碗のやうな磁
器を毀はして細かい砂粉を糊ませて絲に塗
つたりする。さうして紙鳶を倒下しにさせる
やうなこと。その他のこゝで兎に角絲卷きを
巧みに廻はして敵の紙鳶絲の中間に引つかけ
るのである。兩方の紙鳶が引つかゝつたら互
かの紙鳶が切れて空中を波形をうつて流れる
のである。この時の流れない勝つた方の得意
な喜びは大したものである。近頃も子供の間
にはあるけれども、都會に於いては電線等の
關係でその筋に禁ぜられて大部分なくなつ
て來てゐる。

獨樂＝これは日本のそれと比較分形やゝやり
方が違ふのである。形は恰度圓栗の質の樣な
形で上方が平たい。固い栗の樹で作る。
下方の尖端はとがつてゐる。そして布切れを
棒の片方につけて鞭をつくつて、これを打つ
のである。勿論初め廻はすときはその長い絲

女兒＝女兒間には踏柷こいふのをやる。こ
れは親長い板の中間に枕みたいな物を置き兩
束を下敷こして側に女兒がゐるわけである即
ちその反動を利用して、交互に跳ぶのであ
る。原色のかつた華麗に新衣を纏ふて空中高
く跳び上る娘子のなまめかしい味を一般の人
は非常に推賞するのである。年頃の若者は垣
の外に立つて垣越しにこちらを上つて見るこ
の嬌姿に戀心を感ずるこいふ調子である。こ
れはもつこも年頃の娘の場合であるが。

形の鞭の切れを巻いて日本の獨樂のやうに廻
はすけれども、廻るエネルギーが弱つた時は
これを倒方から打つのである。これで打ちさ
へすれば、大した障害物のない外には幾らで
も廻りつづけるのである。
廻はす場合は平たい地面の上でもやるが、
大概、溝の中の氷の上でやるのが多い。そ
れから嫁入り遊びこいふのを利用して獨樂同
志の嫁入り遊びさいふのがある。これは獨樂
と獨樂とをぶつつけて片方のだこい
ふ。即ちぶつつけられて敗けた方が婿になるわけで
あって、勝つた方が婿になるわけで
されて、倒った方が婿になるわけで
ある。これは主として親子間のみに行はれる
るが、これは支那が本場で大した意味はない
のである。

4 よ 元

これは正月十五日に行ふ催で恰度日本の鏡
餅開きに相當する。この日は人形祭りといふ
のをやるこれも父母こして兄女間に行はれ、
男兒は十歲、女兒は十一歲にこの年があたつ
たものは藁人形を拵へてそれにその子女の省
物は一揃ひ着せるのである。そしてこの藁女
のこの年における不幸一切ならもらい受けす
ると意味で小額のまじたい銭を入れるのであ
る。そしてこの子女を道邊に置き捨てさなるや貧乏
者はそれを拾て行くわけである。そしてこの日はそを若男女たくがわ
松の實＝そしてこの日はそを若男女たくがわ

玩具＝玩具は如上述べた遊戯に隨ひ男兒は
紙鳶・紙卷・獨樂・風船の他に、保竹の道具・
玉・近時繪入され簡等を愛用し、女兒にあ
つては人形（恰度日本の埋人形小形をしてゐ
る）ほうき・花・近時繪入等をもつて遊ぶ。そ
の他人形についても昔時は種々の形のものが
あつたが近時は殆んどこの面影をうしな
に混同されて近時は恰度聖誕祭等に於けるやうな
やかな西洋人形に比べものになら當はないの
色布切れで作ればあるがこれはもこよりはな
である。

李光天, 「朝鮮の正月」, 『조선급만주』 266호 (1930.01.01), 85쪽

朝鮮の正月

李　光　天

花か紅葉か
夢も往き來う
憶ひは萎れ行く
年も暮れ行く

これは歲暮氣分をごく悲哀味のかつた調子で唄ふうたである。

「門松や冥土の旅の一里塚」のうたに對照すればよく東洋人の持つセンチメンタルを物語つてゐるやうだ。

朝鮮の正月は聖誕祭を一月も過ぎて迎へるのだから近代風に傾いてゐる人はさておいて一般人の持つ重要な年中行事の一つとなつてゐる。

1. 儀　式

正朝茶禮　これは殆んど中流以上の階級に於いて全部行はれる祖先祭である。家系五代以下の祖先の位牌に各々祭需と雜煮を調へて行ふ。時刻は大概午前中を常例とし、出來るだけはやい方が良いのである。供養物の祭需といふのは餅湯（雜煮に等しい）、又食醯に相當するアルコール分のない甘酒を獻すのである。その他冬季にある果物類が重なるものである。その供養物はお正月の重な御馳走であつて來客等に出すわけである。

歲　禮　これは十五日以内に行ふのを例とし、主に童女が新衣を粧ふて近親並びに親戚關係の家を訪ね廻るのである。歲拜といふのであつて訪ねた家の年長者に年賀を意味する禮拜をいふのである。歲拜を受けると歲拜錢といつて童女に小額の金錢を與へるのである。年長相互の歲拜の際は酒食を饗する。

2. 衣裳及贈物

衣裳‖一般人の嗜好として最も原色美の勝つた味を愛する。もとより大人にあつては白色のものを着用するが殊に引き立つのは童女である。歲粧といつて晴衣のことであつてこれは正月一杯着るのである。しかし近代風潮の潛入に影響されて洋裝が大分用ゐられることによつて都會に於ける氣分は隨分昔時と意味を異にしてゐる。殊にショールや、洋靴。その他、内衣の袖襟は風貌に或る畸形味が多い。でも朝鮮家屋の多い街の氣分は現在でも良くそれ等を如實に語つてゐる。

ここに田舍人の一般氣分はよく原始味を持續さしてゐる。赤いリボン（女兒）や、色帶衣は非常に愛用されてゐる。

贈物‖祭需に用ゐるもの〻外に、柿酒といふのを贈す。これは乾柿に砂糖か蜂蜜を入れて醸す。

藥飯　これは一名藥食といつて糯米を蒸しこれに松の實・栗・棗・砂糖を入れて蒸す出來上つた物に肉桂粉や松の實を入れて一種神話的な風味を持つてゐる。

油藥　これも種々な種類があるが大抵、胡麻油に揚げて恰度天ぷら見たいに油分が浸んでゐる。

3. 童女の遊戲と玩具

男兒　男兒は紙鳶を揚げる。紙鳶の形はほゞ長方形で中央に圓形の穴をあけて竹の皮で米字に骨を貼る。それに長い尾をつけて、

李光天, 「朝鮮の正月」, 『조선급만주』 266호 (1930.01.01), 84쪽

る。まだ明るい中に、香り高く漂いた風呂の中で、菖蒲で鉢巻をしてふざけ散らして遊んだことを覺えてゐる。その日は新しい着物を着せてもらつて、母が作つた草餅を親戚や懇意な人の家に配り歩くのであるが、何處の家に行つても大變喜んで、御馳走をもらうのである。それにはいろ〳〵の御馳走もある。尤もこれは支那でも近似してゐるのも、尤もであらう。端午の節句さいふのは此の三國太夫田原が五月五日の午の刻に生れ同月同日の同刻に沒する水に投じて死んだので、其の靈を弔ふ爲、其の日を記念する爲めにさ云つてゐる。其れでその日は河の有る處方では龍舟を泛べて水瀬に米を投じて鬼を救濟するさ云ふ綺麗な事をやる。其の舟は五彩の色鮮かな圖案意匠を施したので、其の上から米を河中や海中に食つたり施したりする習慣がある。之を粽子さ云つて居る。餘し斯う云ふ風俗さ支那の話である。

此の頃の武者人形から受ける感じは如何にも稚拙で神經質に、近代文明はかうして子供を徒ら小さく神經質に、やがては此の美しい事をさへ嵐前に亡ぼしてしまふのだらうか、町さいはず田舍さいはず節句の氣分さ云ふものは始んど滅びやうさしてゐる。

朝鮮の節句と支那の節句さは大變よく似た

所がある、もさ〳〵端午の節句さ云ふもの は、支那から傳はつたもので、其れに内、鮮各々其の土地の風俗習慣を加味して作り上げ たもので、殺も支那の風俗文化の影響を最も多く受けた朝鮮では大變風俗も近似してゐるのも、尤もであらう。端午の節句さい ふのは愁の三國太夫田原が五月五日の午の刻に生れ同月同日に沒する水の水に投じて死んだので、其の靈を弔ふ爲、其の日を記念する爲めにさ云つてゐる。

る、都邑に至る處楊柳大樹の技に米を設けて、燕の如く飛揚の快を樂しむのである、古詩にも「非天非地坐空中、青山綠水自逍遙」或は「形如二月荊花疾、容似三月帰去燕」なざミ形容して居る。これは唐の玄宗の時楊妃が宮中に高き所より此の技さ云つて外部の安綠山さ相智ふ習さ傳説が殘つ

本誌記者、「五月の節句」、『조선급만주』 259호 (1929.06.01), 84쪽

五月の節句

本誌記者

霪る綠に風薫る五月、村の此處接鳴の軒に、高く風に躍る鯉幟、吹流し、鱗指し物、それ等を一種の崇敬ミ驚容の心持で見上げてゐた少年時代の嫡午の節句

蜜柑の花の香り高いは今思ひ出しても、なつかしいものゝ一つである、家の床の間に飾られた武者人形の數々武内宿禰や加藤清正の虎退治や、桃太郎や、金時なごの惡魔に力んだ裂が、少年の日の自分の心をこれほご、夢のやうな功名心ミ憧れに誘つたこごか、私達は近所隣の胸白米を羅つて來ては、その前で母が作つて呉れたチマキミいふ蓴で包んだ團子や、柏葉餅を貪ひながらめい〳〵の好きなヒイキの英雄の自慢話を我が事のやうに話し合つては、互ひに負けまいご議論を戰はしたものである。そんな時の幼ひはまるで自分がその ヒイキの英雄になったやうに偉く思った。節句の前の日は朝早く起きて、山合の池に菖蒲を取りに行つて、それを菖蒲を束ねて家根に投げ上げ、殘りを節句の日に菖蒲湯を立てゝ入るのであ

本誌記者,「五月の節句」,『조선급만주』259호 (1929.06.01), 83쪽

お金を與へ、又一般の歳拜者には酒食を饗す
る習慣になつてゐる。子供の遊びは、男子は
紙鳶を揚げ、女子は跳板遊びをするが、室内
遊戯に擲さ云ふのがある。擲さ云ふのは、直
徑一寸程の圓木を五寸乃至七寸位に切り、一
方を平たく倒つたものを四本作つて之れを投
げて遊ぶ。四本の中、上向になつたのが一本
であれば、一點二本なれば二點と云ふやうに
點を定め、四本共下向になれば五點と數へて
競爭する。正月には子供達は斯んな遊戯をし
て遊ぶ。

十五日は上元と云つて、其日は藥飯を食べ
るが、十四日の夜に之れを拵へる。藥飯は藥
食とも云ふが、糯米を蒸し之れに松の實栗等
を加へて云ふ。糯米を蒸し之れに松の實飯に
ついて一つの傳説がある。昔新羅の炤王が武
る處に行幸した際、鼠と烏が庭に遊んでゐた
が、鼠が王にこの烏の飛ぶ先きを尋ねて行け
と云へた。王は臣下に命令して、鼠の教へた
やうに烏の跡をつけて行かした烏が遽に其處
食とも云ふが、糯米を蒸し之れに松の實栗等
食とも云ふが、一人の老人
が現れて恭しく脅物を呈出した。其上奏に詞
かば二人死す、開かざれば一人死すと云ふ樓
なこさが奇かれてゐたので、其臣下は急ぎ歸
つて其由を王に奏上して其脅き物を差出し
た。王はこうぞ人が死ぬるなら二人を殺す方

十五日は上元と云つて、其日は藥飯を食べ
るが、十四日の夜に之れを拵へる。藥飯は藥
食とも云ふが、糯米を蒸し之れに松の實栗等

より一人を殺す方がよいから開封せぬ方が宜
からうと云つたが、臣下の意見に依つて其咨
を開封した。急ぎ歸つて琴匣を射よと記され
てあつたので早速宮中の琴匣を射つた。處
が、修僧と官女とが以前から審通して居り、
窃に王を弑さんとしてゐる奸計が發覺して王
は姦事なることを得たと云ふ傳説から、民間
では其以來正月の上亥、上子、上午の日は謹
慎して家に縮つて何事もしない、又上元に拵
へる藥飯は烏の恩に報ゆる爲であると云はれ
てゐる。

上元の朝は成るべく早起して、橋附又は藥
酒等の冷酒を飲むことになつてゐる。これは
耳が善くなるやうにこの意であつて、此酒を
俗に耳明酒と云つてゐる。又、上元の朝には
栗、松實、くるみ等を嚙む風習があるが、之
れは一年中腫物が出來ないと云ひ傳へられて
ゐるからである。夕方になれば炬火を持つて
高い處に上り、月の出るのを待つ、これを迎
月と云ふが、先に月を見たものは、其年中幸
運であると云ふされてゐる。又月色を見て、其年
の吉凶を占ふこともある。昔は、此日炬火で
他部落と喧嘩をする風習があつたが、今では
斯かる惡習は禁じられてゐる。上元の翌日は
女は決して喧嘩をして身を飾らない。この日
に化粧すれば惡鬼がさりつくと云はれてゐる

からである。

立春の日は、都會、田舍を問はず、家々
門の板戸に吉辰の文句を白紙に大書して貼付
ける習慣がある。（李氏説）

支那と朝鮮の正月

本誌記者

北京さか上海等の大都會では、太陽暦に依つて年中行事を行つてゐるが、田舎では、まだ〳〵太陰暦に依つてゐる處が多い。新年に於ける民間の慣習には支那特有の面白いこともあるが、大體に於て支那・朝鮮・日本は似通つた點が多い。

正月には、祖先、財神、竈神を祭るが、竈神の祭りは支那獨特のもの〳〵様である。竈神は十二月二十三日（陰暦）に天に登るので、之れに飴を供へてお祭りをする。竈神が昇天する際に舊年中の家内の惡事を天の神に告げない様にする爲めであって、竈神は飴を食べると口が開かないと云ふ迷信から起つたか判らないが、十二月二十三日に昇天した竈神が大晦日の夜再び其家に歸って來ると云はれてゐる。大晦日の夜は皆んな眠らないで供物の用意をした

り、爆竹を盛んに鳴らす。この爆竹は長さ一尺ばかりで、煙硝をボール紙に巻いて作ったものであるが、爆竹を鳴らすのは惡魔を掃ふ爲めである。夜の二時頃になると、黄紙を背に張付けて祖先の墓に詣り、矢張り其黄紙を持つてかへる。其れに就ての故事等もあるのであらうが、支那の正月は祖先ヶ祭ること主であるからでもあらう。

祖先の墓に詣りかへしておく。除夜の習慣は正月二日に

大體以上の様なこさであるが、元旦には家々の門口などに赤紙を張付け、其れに書かれた有名な詩さか、現代の有名な詩さか弄き寄き付ける。昔は桃木で門口を飾ったものであるそうだが、現在では、總て赤紙に詩をかけつけたもの〻みで飾る。そして家内では、祖先、財神、竈神を祭り、豚の肉、野菜等總て生のま〻供へて家内の者は屠蘇酒を汲み、年長者、親類、知己等に年賀の挨拶をして廻る。此點

は、日本の正月と同じである。正月十五日節ち上元の日には、楊子辺以北の地方では夢粉で作った團子を供へ、江南の地方では糯飯を供へる習慣がある。北方には米が少いから餃子を供へる様になつたのである。上元の翌日は何の部落でも芝居をする習慣になつて居る。

（支那領市舘王氏談）

朝鮮の正月は晦日に夕刻に祠堂（祖先の位牌を安置せる所）を拜し、長上、親戚等に歳末の挨拶をする。此除夜にも爆竹をやる。晦日は火燈夜、除夕と云つて、各室内に火を燈して老幼を問はず鶏鳴の頃まで眠に就かない。若し眠る様なことがあれば、眉が白くなると云ふ言ひ傳へがあるか、居睡つた兒女などは此藝でよくからかはれる。それは元旦の御馳走の手傳ひを子供にさす爲から來たものであらう。

元旦は一年中で最も大切な行事であるから、家内一同は早起して、祭饌と雑煮とを調へ祠堂に供へて禮拜をする。之れを正朝茶禮と云ふ。新年には一日から十五日まで歳拜さ云つて老幼男女が習む新しい衣服を着け、子女は自分の家で親を済すると歳拜と云つて、年長者は家に居て子女や親戚からの年賀を受け、子女は親戚に巡禮をする。歳拜を受けた者は、俗に歳拜錢さ云はれてゐる小額の

支那と朝鮮の正月

本誌記者, 「支那と朝鮮の正月」, 『조선급만주』 254호 (1929.01.01), 83쪽

滅びゆく 朝鮮の年中行事 ＝陽春三月三日＝

三月の三日――桃のお節句と云へば、少女達にとつて嬉しい日の一つです。燃ゆるやうな緋の燭壇かけの上に、きちんと並べられた可愛らしい内裏雛の白い顔、五人囃子や官女の姿、くさ〴〵の調度、さては又、供へられた三色の菱餅・山川白酒、豆煎りまで、孫子の世話をするやうになつても忘れられぬ、振分け髪で打興した日の追憶のたねでせう。

殊に今年はアメリカから、はるぐ〳〵太平洋を越えて「青い眼をしたお人形」が、國際的の贈物として我が園の地を踏み、全國の主な小學校を訪れるので、一入賑かな氣がします。かくして時勢につれて雛祭りも家庭から社會へ、國内より國際的へと愼ましやかに羽振りを伸して行きます。

兎角、新しいものへのみ憧れて行き易い人

朝鮮の三月三日――尤も其れは舊曆ではありますが、「重三」と云つて、昔は家毎に花煎を拵へて食べたものです。花煎といふのは糯米の粉に湯を注いで捏ね上げ、程よい太さに丸く延ばしたものを輪切りにして、躑躅の花菌をつけ、油で揚げたものです。

又、靑小豆の粉でと云ふ習慣も拵へ、祖先の饗膳に供へてから食べると云ふ習慣もありましたが、こちらも現今では殆んど行はれて居ないので青年達には其の慣習を全く知らない者が多いさうです。

女達は此の日――三月三日には、蛇が冬籠りの穴から出て、九月九日まで匂ひ廻るのだ

のむに、かうした國粹的な年中行事が、多少の心に、かうした國粹的な年中行事が、多少伸びて行く少女達のために喜ぶべき傾向です。

と思ひ・又この日には燕が江南から來て巣を營み始めると云はれて居ます。此の燕の巣は前年のものに戻つて來るを吉さしますが、三年目は忌んで必ず新しくされます。また其の日に見た蝶の色で吉凶を占ふ人もありましたが、白蝶は凶とされたものです。

京城では女や子供が打連れだつて、一日のピクニックを試みます。場所は何と云つても其の人々の間に勢力のある藥水の邊りが同一です。この淸遊を試みることを「花柳」と云ひ、其の場所を花柳揚と稱します。

日は違ひますが、冬至から百五日目に寒食と云つて、一日中煙突から炊煙を上げず、冷たい食物のみを攝つて、祖先の墳墓に詣でる日があります。しかしこも寒食だけは今なほ盛んに行ふやうですが、寒食の慣習は年毎に薄れて行くやうです、自己の生活を一日でも抑制するのは、現代人に不向なためだからでせうか――

へて樂しい家庭を作れ」「今年は折角男の子を産む様に」等と思ひ〱の讒言を遂べて別れるのが通例である。

正月十五日は第二の元旦として特に子供の喜ぶ日であつて、年始廻りは大抵此の日で打切つて了ふのが齊道である、而して此の日は(或は十四日)五殻飯と言つて粟・米・大豆・委の入交つた御飯を炊き栗・松實・胡桃などを食べるのであるが此等を食べる前卽ち十五日の未明に早く起きて(主に子供だけ)前記栗・松實・胡桃を三ツづつ嚙碎いて棄てたり或は厄年の人は愛人形を拵へて中に入れて棄てる習慣がある、之れは其年中惡魔に侵されぬ様にと云ふ厄拂の意味である。

正月に行はれる遊戲遊興等は極々雑多なものがあり地方々々に依つて夭れ〱違つて居るが普通一般的に行はれるのは花札、凧揚げ毱投げ、擲柶、雙六、背牌、綱引き、板戲、石投げなどであるが就中柶戲、骨牌、毱投げ板戲、石投げなどが最も盛に行はれて居う機である、而して之れ等の遊戲の方法は可なり複雑なので一寸簡單に說明し難いから之れは他日に讓り茲には省いて置く。

初春芝居等

金商範,「朝鮮の正月の習慣」,『조선급만주』230호 (1927.01.01), 75쪽

朝鮮の正月の慣習

京城電氣會社　金　商　範

お正月と云へば時と處を問はず荷も人間と生れたものは男女老若器つて之れを感じ賀する賞に目出度い日であるが朝鮮人に在ては殊更に惡る傾向がある樣に思はれる。と云ふのは元來朝鮮人は慨して快活なる氣象や溌溂たる精神が至つて乏しく總てが消極的であり、險的である。從つて乏しく色彩を賞し美を愛すること云ふ感情的觀念が極めて薄い之れは社會組織の缺陷だとか民族性の因習だとか言ふ人もあるが誌するところは矢張り古來政治並に教育の其の宜きを得なかつた結果に他ならぬと思ふ、何れにせよそう云ふ樣な狀態であるから大勢のものが、例へば一洞一村打揃ふて花見會を開くとか紅葉狩を企てるとか或はお祭騒ぎをやるとか云ふ様な年中行事的の催物は極く稀であつて登山や郊外散歩

の如きですら此頃は可なり盛んになつたが、往昔は殆んどなかつたのである。それである從來室内にばかり閉籠つて店て華かな物事に接する機會を得なかつた關係からして偶々正月などになると一年中陰氣に閉ぢられた氣分を一時に噴すべく盛に飲食もし遊興もするのである。

今正月に於ける鮮人の行事及遊戯の大略をお話して見やう。先づ大晦日の夜は元日の準備の都合もあらうが田舍などでは娘さの餘りか殆んど休まない人が多い殊に小供は寢ると眉毛が白くなると云ふので一睡もしない連中もよくある。そうして此夜に家族の履物を悉く室内に入れて置くがこれは天から化物が降りて來て履いて見ると云ふ迷信から來て居るにし「無事に歳を過したか」「今年は何卒

奇麗な着物を着て先づ上長にお辭儀をして賀詞を述べ先祖のお祭が濟んで後一同揃つて雜煮（餅を棒のやうにし其れを切つたもの）其他の所謂別食のやうに正月の食べものして數品を取る（別食こは平生食べない食べる習慣は無い、年始廻りは最近一部の人は不相を配つたり同じ市内でも年賀郵便を出したりするがこれは決して朝鮮古來の禮儀ではない、必ず相手方を訪問し室内に遷入つて年寄の人から順々に恭しくお辭儀をして其れ

　相當の新年の賀詞を申述べなければならぬ。（但鮮人は三日乃至五日迄　即ち十二次に於ける卯の日が經過した後でなければ決して年始はやらぬ其の内人を訪問するのは却て失禮になるばかりでなく雙方共其の年は運が惡いと云ふにある）而して一通りの挨拶が濟むと大人には御馳走を上げ、子供には多くお金をや

賀詞の述べ方は內地のそれとは稍趣きを異にし「無事に歳を過したか」「今年は何卒

企持になつて下さい」「今年は嫁さんを迎

鴨緑江の新年

鴨緑の大江、長白の高嶺、汝は國境を飾れる花形なり。汝は國交を渥かならしむる連鎖なり。今や氷雪全く鎖して、天地ただ一板。

西とおもふ方より朝日のぼる見ゆはや旅の客とならんとす。さるにても一歩は支那の地籍に印せられたり。三歩五歩、いつしか安東の客とならんとす。さるにてもかへり見る高麗の山なみ年たちててのわかときを大鷲の飛ぶ

歌聲全く冷じたり。叩けども何等の反響あらばこそ。戰々恐々、内ふところに兩手を入れたるまゝ、とぼくと我關の前を通れば、緑眼赤髯の吏員が、しるしばかりの檢査を了して、これを支那人に渡す。ニーや暫く待て、微恙未だ醒めざる已は、攜帶の凡てが、省これ新年祝賀の材料なりければ君が代の八千代を壽くも酒なる哉。されば、この異國に來りてまで、新年早々、我醉に酒なるかな。

車夫人急げ、今日十二時、採木公司の社宅を訪ふべく約しおけり。慇懃々々として保呂なき車上の客を吹けど、寧ろ元日の安東を眺むべき便あり。迂餘曲折、名の知らぬ町を通りて友がり國旗の下を潛れば、早くも轂をひびき來る。蓋し賀宴既に酣なるか、世はいよく正月なり、いつし

か我も天界に遊びて眠る。やがて眼はさめたり。時計は九時を報じぬ。夜か晝か、戸外よりは、△△△の聲、車の音など庭に聞え來る。驚き起ちて窓を開けば、今日二日の初荷ならし、白鶴正宗金露などと記せる四斗樽の、山より高く積み重ねられた上には、小さき國旗の花より美しく飾られて、今し諳ひつゝ祝ひ行くなり。追羽子あたりに飛んで、この勇しき行列に光彩を與ふ

追羽子の音のまに、西へゝ飛へゆくなり國の稜威は初荷はてふ木遣の歌に我ぞしる日本男子のやまと心を天空一碧、山川凍り氷りて、萬象口を噤む中に、長閑なる追羽子の音なり。勇ましきはさやれの聲なり。況んや母國を距れる此國に於てをや。とりく懐しくこそ。

昨日は大江を徒歩にて渉り、支那の一角にて草枕面白く寐ねたり。今日は黒烟揚々、鐵路長橋を走り、更に一馳自動車を飛ばして、統軍邸下に初夢を結ばんこと、亦以て新年の快事なるかな。

（未完）

鴨綠江の新年

げに立てるも見ゆ。

新義州に著く流石は國の境なりけり。銀髪の紳士が、白衣の婦人を睦しげに語り交はす側より、年賀の挨拶を述ぶる内地人のあるなど、早くも目につく。

天地新麗なり。君が代の聲、いづこよりとなく響き來る。おのれ鴨綠江に遊ぶこと五囘。されど未だ新年の大江を叩きて、氷を踏み雪を蹴つゝ、おのがじゝ氣焔を揚げたることあらず、いでや今年こそは、

アリナレの大鐵橋にそりたちて四百餘洲の

歌よまんかな

安東富士獨り晴洞の間に現はるゝ外、天地ただ皚々、山河草木皆雪に埋れて、下り居る鳥の影だにあらず、圓境はいづこ、鴨江はいづれ、樂しみにしたる統軍亭のみ心あてに見ぬ

て、ただ雪より雪につゝき續く。

雪々たる音の時々開ね來れるは、彼が足踏を試みて目許り出だして、逆立てる毛恐るべく凍ねるなるべし。

寒風凜烈、橋は長くして鐵は氷れり。幅は廣くして板、石行人極めて稀なる朝、步哨獨り銃を擔うて蹤めしく警戒す。

我は誰れかと問ふ、この任務に當れる增良雄の前を通れば、叮嚀に會釋し呉れたるぞ嬉しき。

高々に高梁のから負ひて行くツルメキ白し

川は氷れり。

様の外套を著せるライオンとも見るべきか。當世珍しきライオンとも見るべきか。

吹雪一陣、龍と怒り虎と狂つて、今や、大江の眞中を嚙んに渦き嚙くなど。何たる興趣ぞや。

乘りすてし船さながらに氷りとぢて雪を吹きつゝ風起すあなた

さるかなと思へば、

鴨綠の氷ふみつゝ君が代をうたひつゝ行くは誰が子なるらん

おのれも、

四百餘洲支那のやまなみ我うたふ君が代いかに
ひびきゆくらん

四百餘洲のみかは。實にや西比利亞に於ける、我遠征軍の陣中へこそ。

日影箱々麗かになり初めたり。人馬漸く繁くなりぬ。色香新しき車夫が、クハイ〳〵と著けゆくは線路工夫なり。シルクハツトを戴せたる車夫が、クハイ〳〵と躅まされつゝ、支那より朝鮮を訪れんとすれば、これは綾や蒴黄のカツキ吹かせつゝ、これは綾や世は彌々賑なるかな。

酔步蹣跚、往く人躓る人、

いつしか鐵橋を渡り終らんとす。安東縣は目の前に見ゆ。待てしばし、咋夜家人の贈りし魔法瓶全く平げ盡さず、枕上の灰爐暖く、腰間に提げられたり。手提の中には、讀みさしの新年號の外、食ひ餘りの甘二三品あるのみ。恥じや我關若の我を糺さば、我亦何を以て答へんか。

鴨綠江の新年

網村

百八の鐘はいづこにて聞きたりけん。年越の醉ひまだ醒めざる列車は、風新しき白馬の峽を走りて、眼界茫々たる元旦の郊原に出づ。國旗ところ〴〵飜へるは、我同胞の住家なるべし、停車塲には、今日祝賀の式に列すべき子供の、物語し

網村,「鴨綠江の新年」,『조선급만주』139호 (1919.01.01), 100쪽

正月の飲食物に就て

過ぎない、此の程度のアルコールを攝取することは決して人體に害をなさないのである、但し防腐劑としてのナルチル散及びフーゼル油が下等の酒になるに從つて分量が多くなる、これが一定量より多くなる時は腦神經系統を侵害して健康に影響を及ぼすことになるのである、宿醉して頭が重いと云ふのは是等の有害物によつて腦神經系統を害されたものである、此の程度に及んで始めて酒の效能を喪失して害毒を受けることとなるのである。

◎アルコールは適量に用ふれば胃腸の機能を活潑にすることが出來て藥となるが度を過ごす時は他の一般の藥と同樣害をなすものである、藥物には習慣作用と稱して量を增し度を重ぬるに從つて其應作用が退減し遂には全く反應機能が喪失して終ふのである、飲酒家にして慢性アルコール中毒症状を呈するのはこの藥物の習慣作用によつて其機關の働を喪失せしめられたのである。

◎酒に醉つて居れば當人は平常より溫さを感ずるが是は決して體溫が高まつて居る譯ではなく却つて平常より下つて居るのである、時によると平溫より二三度降下することがある、斯る時に急に零下數度と云ふ外氣に觸れたならば皮膚は摩擦し血液循環の調節作用減退して過度の熱を放散するから血壓が低くなり其結果內臟の血管が極度に膨脹して遂に破裂するやうな危險に陷るのである、酒量を過ごし顏色が靑ざめた時は朝鮮や滿洲のやうな近寒の深夜に外出することは極めて危

險であるから注意す可きである、適量に用ひた時顏色紅潮を呈して食慾進む時は酒は滋養になつて居るのである、適量の飲酒後頭腦の機能が活潑となつて、明晰を覺ゆるのは血液の循環を促進して滋養と老廢物との新陳代謝をよくする結果である、宿醉の不快を感ずるはフーゼル油、サルチル散等の人體に害をなすものが停滯して居るからである、恐る場合には平野水サイダー等の沸騰散を飲用すれば恢復に力がある、恐る場合には平野水サイダー等の沸騰散を飲用すれば恢復に力があるが主なる注意は休眠して安靜を計ることである。

◎餅は素人が考へて居るやうな不消化物ではなく存外消化よく且滋養に富んで居るものである、餅の成分は百瓦中脂肪二十四瓦蛋白質六七瓦含水炭素其他各種の成分を以つて殘りの九瓦を領有して居る、餅は固まであるから口腔內に於てよく咀嚼して唾液を混ずることが肝要だ、これが胃に下つて胃液に會ひ更によく消化され腸に下り腸の醱酵素によつて殆んど消化され血管に吸收されるのである、其消化される程度は飯よりも寧ろ善いやうである、只餅でも搗く時には兎角祝日で食ひ過ぎたり運動不足の結果途に消化不良に陷るのである、それ故惡る場合には一層適當な運動が必要である、數の子とか煮豆とかゴマメ類は消化器の機能を刺戟して活動を促進する上に效果がある、昔の人が永い間に工夫し改善した正月の飲食物だけわつて假令醫學理の結果ではないにしても、なか〳〵よく出來て居ることには今更ながら感服の割りである

（文責在記者）

正月の飲食物に就て

の祝ひによつて畜年の勞苦疲勞を醫し、且つ新年の活動を旺ならしむべき鋭氣を養ひ、幸運を希望するの情念熾烈なる餘り精神的にも肉體的にも勉めて慰安を得る方法を講じて居る、その結果として種々の娯樂に耽り暴飲暴食を敢てし酒興を賭りて狂態痴態を演じても自他共に格別耻詆しないのみか却つて是を新年の幸先を祝する心に適合して居るかの如き考が因襲的に渡つて居るやうだ。

◎正月の快感を思慕するの念慮が強いだけそれだけ正月の娯樂機關も種々工夫されカルタを拾ふとか、圍碁將棋を闘はすとか、謠曲踊跡等をやるとか子供は羽子板遊とか凧を揚げて行樂に耽つて居る、又飲食物に於ても酒、餅、飴の子、ゴマメ、煮豆其他に消化を助ける副食物を撰定して食慾を蒔足さして居る、是等の配合等に就いても今日の進歩せる學理に照合して實際に喫驚に値するものがある、永き間の經驗と工夫とによつて撰ばれたゝけあつて其配合の妙なること眞に嘆賞の外はない。

◎正月の氣分を味はせる有力の飲食物は酒と餅であらう、正月から酒と餅とを取り除いたならば、慾しまで正月を樂しむることは出來ないからだと思はれる、酒と餅とは日本人の正月になくてならない甚重要の品であると同時に是れによつて身體を害することも亦甚しいのであるが、是は是等の質其ものゝ不良にも基くものではなくして量の過度に因るのである、餅は一般に消化不良のものと呼ばれて居るが、決して

そうではない、寧ろ消化はよくて滋養に富んで居るものである、酒(日本酒)に就いては專門家の醫師の中にも人體に害のものであると言はれて居るが、自分等の考は之と全く反して居つて非常に滋養になるものだと信じて居る。

◎歐米の醫學者中にも酒の嫌ひなものには酒の害毒の恐ろしき事を述べ絶對に飲用するものではないと論じて居るものもあるが、他の一面には之と反對に酒の効用を說きて酒は人體てふストーブの燃料中最も善良の石炭であるまでに主張して居るが是等は双方共我田引水の嫌はあるが自分等の研究と實驗との結果から見るならば度を節することを避けて効用を得ることが出來るものであると斷言して憚らない。

◎抑々人體構成の一成分即細胞たる蛋白質は生命の持續する限りは絶えず分解作用によつて筋肉中から減退されるのである、飲食物の攝取は之れが補給の爲めである、酒はこの分解機能に作用して之を節約する働きを有して居る、換言すれば蛋白質の分解作用を防止し緩和する働があるのである、又合水炭素が多量に合まれて居るが之が脂肪に轉化して養分となるのである、人體構成の三要素たる窒素質蛋白質脂肪の一要素は酒の成分となつて居る以上は酒に滋養分がないと云ふことは言へない筈である、豚が粗食に甘んじて野菜類の屑を漁つて居るにも拘はらず肥滿して居るのは野菜中に合水炭素が多量に含まれてゐれが脂肪に轉化するからである。

◎殊に日本酒はアルコール成分は十二乃至十六プロセントに

佐藤剛蔵, 「正月の飲食物に就て」, 『조선급만주』139호 (1919.01.01), 95쪽

正月の飲食物に就て

酒は果して害のみであるか、
餅は消化のよい滋養に富んだものであ

京城醫學專門學校教授醫學士　佐藤　剛藏

◎正月元旦に對する我々日本人の氣分は先祖傳來の慣習によるものではあらうが言ふに言はれぬ快感と希望とによつて精

神の全部を支配される、正月のお祝を日本程大騷ぎして祝ふ

國民は世界廣しと雖も恐らく罕であらう。日本人は此の正月

視察の目的により各自其の立脚地を異にするは論なきも、自然と人事とを威壓する大なる沈默の詩趣を返み、官覺と瞑想との間にデープサイレンスに掩はれたる大自然の中に小なる自己を投げ出し、地上の塵埃に七寸の草鞋を印し、太古の如き淸かなる山水の入るを恣々放浪せば、禿山亂水の鮮土亦美神の舞ひ遊ぶ花園を見出すに誰からざるべし。

吾儕は此の意味に於て冬期の旅行を勸むるものなり、温突に閑居して不善を爲す暇あらば、よろしく純潔なる自己を省愛し得易からざるものを體得するに努めよ。

阿呆鳥，「印象深き朝鮮の冬」，『조선급만주』90호 (1915.01.01), 123쪽

印象深き朝鮮の冬

す、獨立門を出で義州街道を急ぐ、白雪皚々天日之に反映し
て眼を射る事强し、「路上を行くは趣味尠し野山を横斷して一
擧碧蹄館を突かん」と宛然文祿年間に於ける小早川軍の猛襲
にあやかるに似たり、六里の雪上を突破して高陽に入りたる
は同日の元旦、鮮人宿に入り漸時体息し、夜行して京城に引き
返さんと思ひたるも、鮮人村の元旦を見る赤一興なるべしと
一泊する事に決す、步行客主に投宿したるは二人とも始めて
の經驗なり、汚き温突に外套を布きて座布團となし、ダルマ
に火を點じて四邊を見廻はす、燒けたる部屋、暗き燈火、糞
を盛ふ異臭、二人相顧みて苦笑す、運ばれたる食膳を見れば
サバリの山盛、大丼に柴葉の臭き味噌汁、唐辛豐富なる漬物
ネバ〜する箸、流石の丸山も顏を反けて喵然たり「年越の
馳走に何か注文せん」とて主人を呼ぶ、吾等鮮語を解せず主
人また日語を知らず、要領を得ざる事甚し、百計盡き如何と
もする能はざる時、黑周長に學生帽を冠ぶりたる普通學校生
徒の來るあり、彼を通譯とし漸く牛肉と藥酒とを得たり。
朝鮮醬油にて煮たる牛肉の不味なるは勿論、馴れぬ口には
朝鮮藥酒は藥を飲むか如し、主人を呼び馳走してやれば、彼
滿を引いて酒を飲み、舌鼓打つて肉を食ふ・山村に育ち皮相
の文明に囚はれざる鮮人は罪なくて可愛いらしきものなり、
恰も太く肥沿たる若犬の物與ふ主人を見て尾を振るにも似た
り。

此の夜、このいぶせき温突に臥す、神來蠱の襲擊に夢結ば
す、未だ曉ならざるに丸山先づ蹶起して余を搖り起し「温突
は冷に切りたり、イザ碧蹄館を見て歸らん」と云ふ「未だ夜

は深し急ぐに及ばず、然し熱氣失せたる温突の寒さは到底耐
ひ難し、何んとか良策あらん」など問答しつゝ掻き用意せる
蠟燭に火を點じ土間に火を燃やす、燒き口に押し込
めて火を燃やす、兩者燃火に手をかざしつゝ私經濟より見た
る温突論、公經濟より見たる山林及び温突燃料論などに激論
を交はしつゝゐる間に、初日の影說に温突を洩れ込めぬ。
雪を踏みしつ後丘に登り、遙に東を望んで初日を拜
す、默禱すれば農公の雄姿も現はれ續いて老西郷の英姿も眼
此の一刹那の感想こそ雪上突破の苦を償ふに餘りある高價
なるものなれ。

江原道の冬景色

萬二千峯金剛山の雪景は壯絶奇絶到底筆舌の能くする處に
あらず、然かも日鮮人中未だ雪の金剛を探ぐりたるる者少し、
余の知れる齋藤憲兵中尉(淮陽憲兵分隊長)は金剛山通なり、
或る年冬雪の金剛を突破し冒險旅行を試みたる事あり
其他日人にして金剛の雪景に接したるものあるを聞かず、由
來江原道は朝鮮十三道中に於て最も風色に富む地たり、偉大
なる金剛の神色を首め關東八景あり、山光水色簾備の漢江流
域あり麟蹄の森林あり其他無數に來れば枚擧に遑あらず、嚴冬
て金剛の秋色、漢江沿岸の春色の佳絕なるは論なきも、嚴冬
の曠高原的の色彩に富む雪の江原道を踏破する時、其處に無限
の詩趣あるを忘るべからず。

冬期の朝鮮旅行

來復に伸展したる面影なく、戰々たり又恂々たるものあり、寧ろ鮮人町に於ける白衣黒帽の悠揚迫るなき風姿の優るものあるを感得せり、民間側の年頭容如何と見れば、フロックに襟巻したるあり、捐帽ならでは間に合はざるに鳥打を頭に戴せて平然たるものあり、捐帽を知らざる殖民地の醜態は遺憾なく發揮されたるものみか、猫も杓子もフロックならでは洋式の禮裝ならずと思惟したるものか、恰もフロックの御化けの如き風體にて町を練り步く樣子には、流石の吾輩も噴飯禁する能はざりき。

壯快なる國境の雪景

同じ年の正月初旬、冬の滿洲を見るべく南大門を出發し、安東縣に到る、時の領事代理熊崎君と久濶を敍し、日の出旅館に旅裝を解き、死したるが如き安東の冬を探ぐり、寒氣凜烈、寒暖計は氷點下何十度を示し、元來襟卷を遂される事なき吾は、薄地の外套に山高を冠ぶり、太き洋杖を握つて旅館を出づ、國境を劃する鴨綠の水、一面に氷結して銀砂の如き白雪其の上を掩ふ、大なる沈默の山河を罩め、四隣寂として聲なし、江岸に起ちて支那苦力を呼び、襄州まで撓を行れと命ず、支那式防寒具に身を固めたる山賊の如き苦力を凝視しつ、俄に應諾せず、「日本人寒いポンペン」と吾輩の旅裝を疑視しつ、「凍死するから思ひ止まれ」と云はんばかりの態度を示す、無禮なる苦力よ、鍛ゐに鍛へたる日本人の身體は企鐵の如し、貧金の增しが欲しくれば倍額にして渡さんと、規定の貧金を倍にして手渡しすれば彼れ渋々ながら撓を行る、道程四里・右手に送迎するは朝鮮の山々、左に遠見するは日淸日露の古戰場、身は撓の上に安座して山河自然の狀態を目睹しつつ過去を想ひ將來を思ふ。

四里の橇旅行を經へて襄州に入り凍ゐたる身を溫突に橫へ再生の思ひを爲したるは同じ日の數なりき、村上道長官、秋山氏等の溫き歡待を受け、松葉館樓上に長官の作爲論を聞きたるは未だに忘れず、頃日寶業大會の席上に於て茉氏より襄州に於ける作爲の偉大なる發達を爲したる由を聞き長官の督勵始めて其の果を結びたるを知り今昔の風に堪へざるものあり。

蹄館の日出

大正元年の大晦日、行人の足天に劃ふ京城の地を後に友人丸山輝理君と共に雪上突破を試む可く旭町の寓を出づ、丸山は金澤高等學校時代より劍道を以て雄名を遠かし、人の意表に出づる勇悍なる行為を敢行し、體を鍛ゐるに銳意したる痛快男子なり、此の行元より學生時代の元氣を復活せしめ且つは朝鮮の寒氣に對する抵抗力を養成せんが爲なり。

大晦日の正午、彼は突如として吾輩の寓を訪ひ「おい足試めしをせんか」と云ふ、「又雪上の驅足か」と訊ぬれば「少しく長距離競爭を爲よう、僕は未だ碧蹄館を知らぬ、これから出掛けやうと矢の催促なり」是れは何等の防寒具を用意せず役所通ひの儘なり、「善行かう」と快諾し、靴の儘寓を飛び出

阿呆鳥、「印象深き朝鮮の冬」、『조선급만주』90호 (1915.01.01), 121쪽

印象深き朝鮮の冬

東京支局　阿　呆　鳥

今往き冬還へる

阿呆鳥の鮮満生活は足掛四年、明治四十四年十二月二十九日東京出發同三十一日京城の地に入り、大正三年一月二十日

京城を退き同二十四日東京に還へる、此の間短かしと云ふ可からず、然かも旅より旅に放浪の苦味甘味を舐め盡くし席暖るに暇なく、或る時は都大路の旅亭に屬蘇を酌み、或る時は名も知らぬ鮮人宿に汚き木枕に赴年の夢を結ぶ等、通り一遍の視察者と事變り、上は總督の施政振より下は鮮人乞食の心理狀態までも透視し、聊か以て朝鮮通の綽號を辱うするに足る丈の苦勞はしたるものなり、茲に年新たにして靜に想ひを朝鮮にはする時、萬感の自ら湧くものなからず。

愛好すべき朝鮮の冬

汚き夏の朝鮮は吾之を好まず、春の花秋の紅葉亦賞するに足るなし、只禿山薄雪を冠ぶり河川氷結して行人の跂に水柱生じ、天地靜寂にして神氣自ら澄むを覺ゆる朝鮮の冬のみ吾之を愛す。溫突に起臥し、嚴冬の樸威に打たれて萎縮鱉居するの徒は冬の愛好すべき所以を知らざるべし、旗亭に美妓を擁して南山の雪を賞する似而非詩人は、省覽三昧に入りたる大自然とは沒交涉なるべし。

滑稽なる京城の元旦

初めて京城の天地に入り、疲れたる旅の身を蕎町なる浦尾旅館の樓上に橫へたるは明治四十四年の末なり、明くれば元旦、自然と人事との配合を見る可く京城全市を車にて乘り廻はしたる事あり、盛裝せる文武百官、厳めしき佩劒と慄たる金筋、全市は殆ど武裝したる人間の去來繁き巷なりき、然かも彼等の多くは何者にか驅ばれたるか如く、其の態度は一陽

阿呆鳥, 「印象深き朝鮮の冬」, 『조선급만주』 90호 (1915.01.01), 120쪽

上 海 所 感

もよからん、道程近しとは云へ、正月の一興、田舎の紀念、
交る〳〵乗り行くも面白からずやなど囁き立つれど、御意に
應ずべしと答ふる機關もあらず、白衣黑帽、ワィ〳〵と身邊
に集り來りて、珍しげに我等の顏を見る。

如かず、思ふま〳〵に昔の儘なる風景を貧でつゝ黃塵稀れな
る田舎の春風を浴びて進まんにはとて、錦帶橋めきたる、歷史
ありげの橋を渡れば、道いよ〳〵廣く、眺め盆々開けて、中
仙道にありさうなる小松原の坂路を登る、掛茶屋ころあらね
力餅こゝ無けれ、寶に見晴しよき丘つゞきなり。

高麗の山新羅の峯もむかしなから

　　　從り立ちけりゆきの夕くれ

一筋の電線見ゆにてゆくさきの

　　　よすかさなしぬこのはなれしま

同行者中、二年前より城内にすめる大和婦人あり、あさに
なり先になりつゝ、土地の事情など話しくれらる、彼所に尖
りて聳ゆるが有名なる高麗山にして、うこに小松の茂りて立
てるが南山なり、春花秋月とり〴〵眺めよさのみならず、母
國の同胞八十餘人、睦まじく頼母敷此地に暮らして、清新な
る田園生活を味ひつゝ居る奧味、蓋し都人の羨み給ふ所なら
ん等、話は盆々活氣を呈し來れる刹那、砲聲一發水田の中よ
り起り響く、何ぞ知らん、數百の赤鳴聲を限りに亂れ飛ぶ所
なるを、かくて再び一發の砲聲間ゆ

　　　かさくもる吹雪の中に聞ゆなり

　　　みだれし雁のよひかはす聲

とは誰か歌ひたりけん、東西南北、唯聲を限りに亂れ消なゆ

くのあはれさ、實に進々しさと活齣にこそ。
やがて一羽を提げて歸り來れる獵師は、意氣揚々、我等と
共に南大門を潜る。

日は暮れんとす。溫突の煙り太く上れる中よりは「三十五
たんの帆を捲き上げて……」など、正月の聲の漏れ間ゆる
ありたり、九曲の奧さん、我を忘れて主人と追羽子を追ふ、
世はいよ〳〵春めきたり、我等は今宵いづこに宿りて、江華
島の新年を迎へ謠はんかな。

網村, 「江華島の新年(上)」, 『조선급만주』 90호 (1915.01.01), 118쪽

江華島の新年 (上)

網　村

江華島の春風に浴さばやと思ひ立ちたるは、一月二日の朝なりき、手提の中には徒然なる船中の慰みにと、家人の贈れる蜜柑の外に、昨夜求めし一冊のノートブックあるのみ、想像の書題、想像の詩料、早や眼の前にちらつく。

午後一時頃なりけん、船は仁川埠頭を離れて、月尾島を左に指さしつゝ進む、名に聞きさし月尾橋今はあらずと雖も、痩骨空しく残されし岩の下には、貝殻海草などの名残り惜し氣に噛みつき居るもありたり。島上の無線電柱、白く細く立ちて風に嘯く。

顧みれば松竹飾れる百船千船の、何れも美しき日の丸を編すわり、マスト漸くうすれて、箸を立て並べたる如き港内、

霞は檜の機にたなびく。

仁川は早や見にずなりぬ、奇しき岩山左に迎へ、面白き島山右に巡ゆ、氷山を逃び雪塊を送る漠江の下流、海か河か、岩か浪か、さながら南極を探ぐる開南丸の如しなど一人が云へば、我こうは白瀬中尉なりとど氣取る友もありたり、海上浪稔かなれども、風切るが如く刺すが如し。

聞きなれぬ浪の音して汝はみちぬ

かぜなまくらさし甲板の上

船は草芝と呼べるヨギ村に着く、丘の上に立てる二三の白衣は、誰を迎へんとして来れるものにや、下りたるは長煙管もてる翁一人あるのみ、何等の挨拶も為さでノーーと行き過ぎ去る、此邊り瀟山荒れ盡して、枯れたる柳の一本も見ぬ。

砲臺のあとも残りて江華島

　　しは風さむし日は落ちんとす

徳津鎮は、藥水軍偎使を置きし所、鎮堡徒らに崩れて、松颜昔を語るあれど、今日は立ちよりて吊ふ眼もあらず、艇漫に押し寄せ来りて、我船矢の如く廣城龍津の沖を急ぐ。

我船のゆくてさへぎる荒浪の

　　　ころにくたけて飛ぶ氷かな

「碰石鼹鶩　瀧湍迅速　以天險名」と聞きたりしは此所か、浪に腐あり、岩に音ある所、難無く流れ走りて、今や濟物鎮下なる甲串港に着けば、風いつしか和ぎて、日影春よりも麗らかなり、此所より城内までは、朝鮮里數の十里なりと云へば彼是一里はあるべし、轎輿あらば探し来れ、胡馬ならばたれ

盃さしよつて、屠蘇の銚子を屑にかけ、大判小判グヮ〳〵、福はこなたへ〴〵つ〳〵。

と唱へ來りて物を貰ふ風習ありと云へり。是等は身分が身分なれば是非なきも、其云ふ處は又正月を祝ふ意に叶へり。

又流路にては正月元日より十五日まで、家々に門を設けてオト様と云へるものを祭る風あり、其最終の口に至れば關き木を一尺餘の杭に作りて、其上を門に插み、種類の時に及んで之を插代に立てゝ、シトキを田の畔に供へて祭る風ありと聞けり、其オトと稱するは彼の伊勢の豊受大神宮にて御歳木とて鐵の柄と共に當年の藏徳神所在の方位に當る山に入りて切り來れるものを意味するに相違なく其右儀式を傳ふるは又正月白しと可し、蓋し大神宮の御歳木を取るは、藏徳神即ち歳の神が一年い耕作始に神靈の宿る所する爲めに立るものにて光も神靈の意味を逸せり

又支那にては正月の初めに春聯とて佳句、鄙語を家門の兩柱に張る風習あり、其意風習にし甚真に面白しと謂ふ可し、然れども右は惡鬼疫病の捿侵より來りと云へば聊か與康の索然たるを覺ゆるなり、左れとも小慶こて新正祝禱い意より門楣の下に篇字の紙を張るものあり、其紙色は紅金黃銀青の五彩にして其だ美なり、又を鄙民族は正月屋門の正面に祭れる神佛に對して容態を裝ひ、之に一對の金花こて金紙彩色を用ひて鮮麗なる形形を造り、其主宿には孔雀の尾を插せるものを裝飾し、且つ香を焚てこれを祭る處あり、其裝飾は佳麗裏ふ可く、其儀式は敬虔にありて大に賞するに足れり。

又朝鮮に至りては三南地方にて竹を建て蓮注繩を飾ること

日本に似たる風ありて面白し、殊に吾人は之を南洋方面に縁故あるものと見て深く喜ぶものなり、又老耄は之を讀むに物憂し、然れども正月早々に議論を試むるは大禁物なり、故に神事の消えと禍分の多きを厭ふ風習を記して讀者と共に其慶に與りんことを祈るものなり。

屠蘇の話

瑞穂生，「年始風俗」，『조선급만주』78호 (1914.01.01), 81쪽

年 始 風 俗

瑞 穂 生

新春の嘉例は其數甚だ多し、殊に朝鮮の儀式は複雑にして之を綜合せば寫めに厖大なる一大册子をなす可し、而も門松や追羽子の風習は事新らしく記述するの要なく、又連注飾りや屠蘇の思源は之を語るも與陳に乏し、故に少しく民間の土俗に就て其妙味あるもの二三を舉ぐ可し

伊原西鶴の胸算用と題する書を見るに、其中奈良の正月風習を記して曰く。

毘沙門かへと資ける、每朝三日が間福の神を賣る方かし、正月の三ケ日に日々福の神を賣ることは緣喜よくて面白し、殊に和漢天竺の三神を取りて除さうちしはチト貪慈に過ぎたるも亦受奥ありて面白し。

又阿波の木頭山にては正月元旦より十五日まで、神靈の供

物を追退する役目の者あり、之を年男と稱す、此者元旦の早天に起き出て、知友の門前に到り、わきの方から年男"年玉のよいやつを持て參りました。"と呼べば、主人家の内より之に答へて"いいく、早うお入りなさりませ、"親ひませう。と互ひに挨拶して膳につくと云へり。

ざと云は奴骨に福の神たへて面白し、蒸し前掲の福の神を買ひ始めしは恐らく德川時代ならんが、阿波の風俗は更に夫よりも古からんか、併し時勢の下るに從つて世俗の人々は上品一點張りを喜ばぬものにて、寧ろ露骨なる風を歡迎する傾向あり、就中民百姓に至りては其尤もあらはなるを愛するより、遂に次の如き下卑なる例も世に行はるるに至れり。

加賀の金澤にては明治の初年まで正月に至れば蓑笠に笠を着し、年男に似たるものを蓄けたる非人の面に似たるく、福の神が御座つた、福の神と云ふ人は此世界の人にあらず、上は三十三天で、あしはら玉の一の子なり、一に俵をふんまへたり、二にニコニコと笑はれて、三に御座つた、福の神が御座つた、福の神と云ふ人は此世界の人にあらず、右頰の横に女體の能裝

瑞穂生, 「年始風俗」, 『조선급만주』 78호 (1914.01.01), 80쪽

ときは、天子新を嘗するに先づ寢廟に薦むと。因制亦然り—
東國—

鷹新。月令。六月。粟米。黍米。稷米。稻米。林檎。李實。
茄子。其瓜。冬瓜。銀口魚（鮎）—五禮儀—

◎進玉樞丹。賜玉樞丹。
内醫院、季夏の土旺日を以て黄帝を祀り毛樞丹を製して進御
し、閣臣の人に三枚を内賜せらる—例國—

◎頒冰。賜冰。
陰暦六月中。李朝。各官廳に冰を頒たれた。是は我日本朝廷
にも行はれてゐた。紀事に在る處を見れば「冰ヲ賜フ節昔日
今日。丹波成ハ慶々ノ冰室ヨリ、冰ヲ禁裏ニ獻ズヘ或ハ群臣
ニ賜フ」とあり。公事根源に「主水ノ司四月一日ヨリ九月遠
マデ是ヲタテマツル」とある。

氷を各司に頒たる、木牌を造り、凌室（氷室）より受すゝらし
む—東國—

◎進瓜。賜瓜。
甜瓜（まくわ）の熟するを俟つて、ゝろの初穂を柱臣の家より李
王の宮中に獻するものである。ゝして復た宮中からは、宗親家、
戚里といふ親類にあらせらるゝ家や諸官人や、宮中の守衛兵、
被庭の寢にまでも頒ち賜はるこことになつてゐる、これに用の
る甜瓜は主に廣州郡產の哥今斗といふ一種に限つて居るこ
の種は古來有名な者で、美味さいふ點で甜瓜中の最良種さし
て居る。

◎濯足（ㅋ가ㅋ）
陰暦六月。この月が最も暑いので婦女や男子が合一圖となつ

朝鮮虎ものがたり

て、酒食などを携へ、城の內外の清い水の流るゝ溪遊の水石
に集つて、足を洗ひなどして終日水に浸けながら男子は詩な
ど作つて終日遊び暮らすのである。

天然亭の荷花　三淸洞の蕩春臺、貞陵の水石に、騰詠者多く
此に集まり、以て河朔の欲に倣ふ。都俗又南北の深洞に於て
濯足の遊びを爲す—東國—

天然亭は京城西大門外獨立舘の手前で元日本公使館があつた
明治十五年の騒亂に暴徒の爲め燒打を受け花房公使以下、仁
川に引揚げられた遺蹟である。三淸洞は北部の山麓にあつて
今も文人墨客が好んで往く處である、貞陵は東小山外で華溪
寺といふ寺などがある。南北の深洞とは前山の十二溪や北部
の谷々である。今は足溜ぐべき淸流城も餘り無いやうで
ある。

◎陷城ㅣ祓除
晉州の俗、是月晦日。士女江邊に出で陷城の祓除を爲す、遠
近より來り會觀する者市の如し、昔倭亂に是日を以て、城陷
らし故也、歲を以て帘とす。

松尾目池,「夏の朝鮮行事」,『조선급만주』73호 (1913.08.01), 65쪽

◎流頭麵（ユドウミヨン）

小麥の麵を用ゐて造ること珠形の如くし、流頭麵と曰ふ、五色に染めて三枚（三個）を聯ね、色糸を以て穿く、而して之を佩び或は門楣に掛けて以て之を禳ふ

—東國歲時記—

◎狗醬（キジヤン）犬汁。

三伏（土用）即ち初伏、中伏、末伏に暑氣掃の爲めて、犬肉の汁を食ふのである。抑も朝鮮は犬肉を食する處であるけれども、下級社會に多く食用せられて中流上流には絶り用ゐ無い、用ゐることがあれば此の士用の内位のものである。又一般に食用に供するけれども、四季通じてゝは無い、最も京城では犬肉汁屋があつて四時絶ゆることが無いが、地方では春夏秋の三季で、冬季は絶對に賣ひ無い處がある、又地方では食膳の副食物としないで、乾度酒肴に限らるゝものだ、春川などは其例である。

狗肉に慾の白さを和して爛蒸す、鶏笋（雛鶏）を入るゝ更に佳、狗醬と號す、或は羹を作り調ふに蕃椒の屑を以てし白飯に遣けて之を食ふ、發汗以て暑を袪る

朝鮮の人の洗濯

夕廬を補ふ可し。史記を按するに、秦德公二年初めて伏祠を作り、狗を四門に磔して以て蠱災を禦ち伏日の故事にして、今俗遂に之を食す—京都雜志—

狗を烹し葵と曰し、以て陽を助く—洌陽歲時記—

京都雜志を少しく發改し—市上亦多く之を賣る。今俗因りて三伏の佳饌と爲す—東國歲時記—

◎伏粥（ポクチユク）

犬汁と同じく三伏の日。赤豆粥を焚いて食つたり、『門扉や壁に彈かした』りする。、豆粥を煮て以て病を禳ふ—洌陽歲時記—

◎薦穀（チヤク）六月薦新。

陰曆六月朝奠（ついたちと十五日）每月朔望に、古來李王家で太廟に新物を薦むる儀殿である。殷記に依つて行はるゝもので、口我が新嘗祭と同じ意義を有つて居るものと思ふ、

伏皆この如くす—東國—

赤小豆を煮て粥とし以て食とす、三

を按するに、月令仲夏の月、農乃ち黍を登すときは、天子黍を嘗するに先づ雛廟に薦む。孟秋の月、黍すなはち穀を登す

稷、黍、粟、稻を登す、飼龘、稷を嘗むるときは、天子稷を登す

松尾目池,「夏の朝鮮行事」,『조선급만주』 73호 (1913.08.01), 64쪽

夏の朝鮮行事

高麗官花官羅、熱を東川に遊じ、髪を東川に散じ、浮沈して酒を飲む、流頭と曰ふ、因りて俗節とす—文獻撮録—

◎水團（슐단）

粉團。白團。乾團。霜花餅。連餅。

流頭の日。この内乾團は内地で端午の日に行はれてゐる「粉團を射る」遊びである、支那で端午の日に行はれてゐたのを朝鮮に移して此日に設けた者であるらしい。

水團は元日の拳棋の如くして、體やゝ細く、切るにやゝ厚くす、米粉を塗りて長とし、略烹して濾取し、蜜水中に入れ、氷を調へて之を啜る呂榮公歳時記に曰く、端午水團を作る、又白團と名く、最も精なる者を名けて滴粉團と曰く、張末文潜の詩に云く「水團冰浸砂糖裏」天寶遺事に云く、宮中、毎に端陽に至れば粉團角黍を造り、金盤中に貯へ、小角弓架前を以て粉團を射る、中つる者得食す、蓋し粉團は滑膩にして射難し（此れ則ち乾團にして水に入れざる者）と。此に據れば則ち水團は是れ中國端午の日設くる所にして吾が東移して流頭に設くる也—洌陽歳時記—

又麵を磨ぎ油に煮て、荳の餡を包み或は豆荏の蜜を和して用ひ之を為したるを包み丸き摺（夕ンべ）みて形を異にす、之を連餅と曰ふ、又盤めて葉形を作り、荳の餡を包みて饀蒸と曰ふ、竝に時食を以て亦記に供ふ、饀蒸（饀饅卽醬油）に浸し以て之を食ふ、竝に時食を以て亦記に供ふ。放翁の詩に云はく「拭盤堆連展」註に淮人麥餅を以て連展と謂ふと、此類の似し—東國歳時記と—

水團は粉團なり、粉屑を餅とし小なること擲子の如し「本、筋條の如く、切りて之を短うす」蜜水に氷を置き浸して之を食ふ—瑣言電非—

◎麥水團（보리슐단）

麥糖水。

前項に掲げた水團は今一般に行はれて居無いやうである、然し是は端午に行はれるといふことであれば何時の世からか支那の粉團の時期と同じうするやうになつたと見らる。

扱てこの麥水團の作り方は、大麥を一旦茹でゝ、これを緑抹—九洲などでマサラといふ緑色の小豆の晒粉にまみらして、更に水炊きをして取り上げ、蜂蜜を解かした水に入れて、祀に供へたり、或は氷を加へたりして食ふのである。今はこれに類した作り方のものが一般に行はれてゐる。

◎水角兒（믈각슈）

流頭の日。

水角兒は小麥を磨り細籬にて麩を去り、捧作して小片と作し、猪牛鷄肉を用ねて磨匀して手寮大の如くし、老蕪葹を細切し、油醬の諸味を加へ、爛炒して餡を作り、雨頭を捲合し當つ中、略ほ饅頭の形の恨くし、蒸熱して醋醬に蘸けて之を喫ふ—洌陽歳時記—

小麥を以て麵渡とし（小麥粉を水に解くこと）而して豆荏に蜜を和したるを包み之を蒸す、霜花餅と曰ふ。

夏の朝鮮行事

松　尾　目　池

◎流頭（ユドゥ）　流頭節。　流頭飲。　流頭宴。

陰暦六月十五日。流頭（ユドゥ）といふて朝鮮特有の節句で起原を遠く新羅時代に發して居る、この日士女が城中城外の水石の佳き處を探んで、酒食を携へ往き、後に揭ぐる「濯足」の遊び―清冽な溪水に足を浸して遊ぶのである。又戶々に水團などを作つて喫すれば、後に出す。古昔に稽すれば、

「東流の水に浴す」金克楽に、東都（慶州）の遺俗、六月望（十五日）を以て東流の水に浴し、因りて禊飲を爲す之を流頭宴と謂ふ、蓋し河湖遊署の飲を以て誤りて禊飲と爲すのみとあり―東京雑記―

俗に流頭節と稱す、粉團を作り漿すに蜜水を以てして之を食ふ、水團と稱す。高麗史を按するに、熙宗卽位六月丙寅、侍御史二人あり、宦官崔東秀と廣眞寺に會し流頭の飲を爲す、國俗是の月十五日を以て、髪を東流の水に浴し不祥を秡除す、因りて曾飲を流頭飲と號ふ―京都雑記―

羅麗の時、國人士女、酒食を具して東流の水に就り、沐浴宴樂す、不祥を秡除すること古昔溁洧の俗の如くす、故に其日を名けて流頭と曰ふ、後來此俗無しと雖も沿つて名節と爲し今に至るも改めず。水團、水角兒をもつて時食の饌饈とす―洌陽歲時記―

慶州に尙ほ此風ありー東國歲時記-

松尾目池, 「夏の朝鮮行事」, 『조선급만주』 73호 (1913.08.01), 62쪽

何歳の地でも余り人に好かれ無い、人相の悪い者は損である

△亥は日本ではイノシシ、てあるか、支那でも朝鮮でも、猪の字は家のごとく、イノシシは山猪と普かねは通用しない、即ち朝鮮では今年はブタの年である、ブタの歳抔と言ふと餘り有り難く無いか、朝鮮人はブタには日本人より余程敬意を表して居る二者のブタ観は大分違ふ、此日商賈初めて市を開く。

立春

△此日都郡何れの家を問はす、大なる、短册形の白紙に手續見事に、墨黒々と、種々の目出度き聯句を記し門のとびら又は兩側の柱に貼付して陋屋を詩化する、此聯句は少し學問のあるものは、年毎に自製すれども、大抵は毎年一定の極り文句になつて居る、其例を擧くれは、

龍躍　　　〔森如山〕　　〔立春大吉〕　〔堯之日月〕
鳳舞　　　〔富如海〕　　〔建陽大慶〕　〔舜之乾坤〕
箕疇五福　〔開運鴻禧〕　〔立春大吉〕　〔家給人足〕　〔岡泰民安〕
華封三祝　〔國恩家庭〕　〔化彼草木〕　〔羣之乾坤〕
愛君希道泰〔國有風雲慶〕〔惠迪錫胤〕　〔不往泰來〕
憂阿顧年豐〔家無桂玉愁〕〔鳳鳴南山月〕〔天下太平春〕
吳從春雪消〔柳色黃金嫩〕〔麟遊北岳風〕〔四方無一事〕
福逐夏雲興〔梨花白雪香〕〔新意春初草〕〔掃地黃金出〕
天上三陽近〔鷄呼新歳德〕〔生色雨後花〕〔北堂萱草綠〕〔開門萬福來〕
人間五福來〔犬吠苍年災〕〔門迎春夏秋冬福〕〔南極壽星明〕
六鰲拜献南山壽〔應天上之三光〕〔戶納東西南北財〕
九龍載纜四海珍〔備人間之五福〕〔財連銀漢三千丈〕
〔洪範五福先言富〕〔魯國大夫曾貿易〕〔福貫金城萬人家〕〔春王正月吾君萬年〕

〔大學十章半利財〕〔孔門弟子亦生涯〕〔門神戶霊阿禁不祥〕
奏到門前增富貴　　春光先到吉人家　　上有好鳥相和鳴
一森和氣滿門楣　　一森和氣滿帝都

等である又門の上部に横に紙を貼付し等の單句を記すのである。

此れは無論支那から傳はつた風てあるが現今支那人のするものと比較して見ると、支那人程誇張つた、シツコイ文句か少ない、茲にも兩者の利財の念の厚薄か見はれて居る。（未完）

五二

今村鞆、「正月に於ける朝鮮人の風習」、『조선급만주』35호 (1911.01.01), 52쪽

コツンと入れて置くのてある、ソーして目出度〳〵と祝ふの
てある。

△遊戯としては種々の事をやる。

カマボコ形のものを一寸位に切り、之を投ける、丁度
に二十九の點を付した圓形のものを四個作り、之を投ける、馬田と云ふて紙
投けた栖の表向いた數により、馬か巡ると稀し一巡す、近道
かあり遠近かかる、數の出方により早く早く巡つたものか腔
てある。

又此栖を三回投けて、六十四卦に配しトひをやる、此には
書籍かかる其書籍に照し合して其年の運命を卜する。

ヒ―ソ―と云ふて横長き板を、蕋のかますに土を包んたも
ン上に置き、其板の雨端に立つて交互跳ね揚かる、それは婦女
子の盛てある、平素温突に籠居して困循なる朝鮮の女子も、
此遊振のみは甚た活没てある、それは琉球からの傳來だとも
云ふ。

△男女一年中に剃つた頭の髪の毛を、油紙の袋に貯へて盛いて、
此日夕方、門前て焼き棄てる、それは邪鬼を退散せしめるの
意てある、元日の夕方朝鮮町を通ると、隨分穢手古な臭ひか
する邪鬼てなくても大抵の者は閉口する。

△夜光と云ふ鬼かかる、此鬼は元日の夜、人家に忍ひ入つて
朝鮮人大部分の履物なる、鞋を盗てある若萬一鞋を盗ま
るると、其年中、不幸の事かかるとしてあるから、此夜は早
く殷火を消して、鞋を大事に仕舞つて、早く寝る、又篩を壁
の釘に懸けて置く、こふすれは、若夜光か迷入つて來ても、

篩の目の敷を算へて居る中に、算へそこなつては又算へ、遂
に夜明近くなり逃け去ると信して居る、恐く元日は朝か早い
から、小供を早く寝かせる、方便てあらふ。

上子日

△正月の一番初めの子の日、農民爭つて田野に出て、野原を
燃やす之れを鼠火戯と云ふ如此れは、此歳野草繁茂すると
云ふ、此れは昔宮中で小官吏か炬に、火を付けて大夥に、鼠煙
し鼠煙しと呼んて庭内を曳摺り翳した後、王様から穀物の崽
つたものゝ入りし袋を下賜せられた事か、民間に傳はつた
のてある。

人日

△寅の日てある、此日は互に人を訪問しない、若他人か來て、
門内て大小便の用を逹した時には、其内の人か誰れか虎に咬
まれると云ふ、猶此日は主人か先に起き出てゝ、障
子を開けた後てなけれは、其家の女子は室の外に出ることか
出來ない。

卯日

△此日は命絲又は上元絲と云ふて、青色の絹糸を一尺計り男
女共胸に懸け、又は戸のさひらの鐵環の所に括り付ける、之
れは、此糸の長さか如く壽命の長からんことを寄くのてある。

巳日

△此日は男女共理髪しない、若理髪すれは、蛇か家の中に入
ると傳へられて居る、朝鮮人は蛇を非常に忌む、蛇は最執念
深く、たゝるものさせられて居る故に蛇を救した時には必燒き
て灰燼にする風かある、蛇を好く者は日向夫人似いて瑠球上

抔と近く、蘇才は蘇東坡の才、郭福は郭子儀の富、姫子は王姫の子福、彭壽は彭祖の如く三千年も長命すること、周德は周公の德、伊功は伊尹の槻してある、中々に御世辭の大安賣だ。

△年首は主人は大抵年賀𢌞りに出歩くから、自宅には、入口に帳面と筆硯を備へ置く、客は其帳面に姓名を記すのみで迯迎を仕ない、近來は日本の如く名刺を投り込む、此名刺を歳暮と云ふ、昔は此御𢌞は肉喰て舊すると官吏のみ用ゐられた。

元日の御馳走は貧富により色々等差があれと、日本の御雜煮の樣なものは上下皆一樣に調へる即𩚄米を蒸かして此を搗き尾張大根の樣に長く延はし、斜かひに橫に𢧐り、糯米の粉を振りかけ、蜂蜜を付け、蠅の肉や野菜抔を入れて黃な粉を振り溫せる、此を年取りの餅と云ふ。右の外に、元日此餅を食ふ時は去年中の頭痛を除き去り、其年頭痛せすと云ふ、之れ

一圓紙幣大の長方形に切つて門扉に貼り付ける、此れは日本の朝廷の追儺の式か民間に習ひ傳へたのである、日本の朝廷中で行ひしものを民間の豆蒔となつたと同一である、此二將軍に付ては一の傳說かある、何時の時代か知らす昔支那の世民皇帝と云ふ天子の時宰相に魏徵と云ふ人かあつた、南海の龍王と約束を仕て雨を降らす事になつて居つた、時に龍王か約束を違へた、爲めに魏徵が眠になって雨を降らす事束を違へた、爲めに魏徵が眠になつて龍王を刺し愛するのてある、そこて龍王か世民皇帝の夢枕に現はれ、明日

△金の甲を被つた二將軍の畫像を門扉に貼り付ける、此れは高麗時代から傳來の風てある。

ドーカ魏徵を眠らぬ懷に仕て給はれと頼んた、帝之を諾ひ、翌日魏を呼ひ、碁を圍んて居つた、魏は碁の手を考へる風をして瞬間に眠った、暫くにして門番の者か慌しく、今大雨か降つて來たそれと同時に誰か斬つたか生々しき龍の頭が天より落來つたと奏上した、其後帝か眠るさ共に龍の死靈か帝の頭元に現はれ違約を責める、帝も之れにはほと々々困つた、

後勇士の尉運敬德、秦叔寶と云ふ、二人の將軍を晝前に侍らしふと此怪異かパツタリ無くなつたと云ふ故事にもとつき、日本の御馳走にもする、元日此餅を食ふ呪文を唱へる曰く。

天何言哉地何言哉告之則應勿祕昭示賞弟子之今年連散吉兒
禍福以此五行占斗判驗眎示云々。

△五行錢と云ふものかある、其錢の表裏により吉兒を卜ふのてある、惡か出るさ何遍もやり直して吉か出て初めて止める、此れは日本の大雜書の如き本かあるから、夫れを見てやるのてある。

葉錢常平通寶の裏に金、木、水、火、土の五行の文字か一つづつある錢かある之れを五つ揃へ男女禮衣に着替へ手を洗ひ浄め跪座して板の間に投けて口に呪文を唱へるのてある。

△箕を庭前の淸淨な所に置き、翌日早朝起き出て倓める、若し米か箕の中に落ちて居れは、其年は米の豐作である、粟か落ちてをれは、粟の豐年てあると云ふ風に、卜をする、獨り天から米だの粟だのか降る道理か無いから、寛は門の者か

今村鞆、「正月に於ける朝鮮人の風習」、『조선급만주』35호 (1911.01.01), 50쪽

正月に於ける朝鮮人の風習

朝鮮総督府醫視　今村　鞆

新陽回復、萬里同風、貴賤貧富押しなへ
て、年音を壽くことは大體に於て日本も
朝鮮も異りは無いか、處慣れは品殼る、第
一日本ては今は多く陽暦を用ひて居るか、
朝鮮ては全部陰暦を用いて居る其風習に
於て多大の相異かある、或は中には類似
の點かあつて、起原か同一なりと考へら
るゝ事項もある、以下具體的に列擧して、
讀者各位か、新春の讀物に供せんとす、
正月に於ける風習に於ては古來より幾遍
かあつて時代により多少變化し來つた
か、舊を向ひ古式を重んする國風てある
から、大體に於て數百年來變化か少ない、
而して其大多分は
支那から傳來したものか多く、又宮室の式か民間に傳つたも

雜纂

のか甚多い。

元　日

△男女朝早く起き悉く新らしき衣服を着く、之れを歳粧と云
ふ、早朝歳酒歳饌を調へ、家々祖先
の祭祀を行ひ、畢て後、年始拜を行
ふ、歳酒は多くは藥酒にして、此日
の酒のみは冷てある、客と相設する
時は、先づ昨「年中色々御世話樣に
成りまして」と云ふ所近は母國と同
一てあるか、夫れから先きか違ふ本
年も不相變と」云ふ簡單なものでは
無い「日く「今」はた子供か生れるで
しよふ」或は又「澤山御金か殖へるて
しよふ」と相手方の身分に依て色々と
ふ」と相手方の身分に依て色々と、
例の鮮人一流の巧妙なる御世辞のス
り初めをやる、中流以上の婦人は、
仲僑の女中に盛粧せしめ、先方へ遣
はして、如上の言語を述へさせる、
向ふからも來る、之れを問安婢と云
ふ、書面を以て年賀をやる時も、母
園の樣に淺さりと「恭賀新年」ては
済まぬ、色々と目出度い文句を駢へ

立てる一例を擧くれは、
新年新頭、蘇才、郭疆、姬子、彭壽、周德、伊功

四九

今村鞆,「正月に於ける朝鮮人の風習」,『조선급만주』35호 (1911.01.01), 49쪽

着物を大切に藏ひ置きて、人形のみを燒棄つ、又踏橋とて老幼男女の別なく橋を渡る風習あり。之は其年中必ず福運を享くるとの迷信に基づき、男子は宵の中に初め、女子は男子の歸りて後深更より渡橋に赴くを例とす。

石　合　戰

尤に有名なのは彼の石合戰で、十二月末から一月にかけて童に東大門外及び南大門外で行はれる。別に孜め日を定むる譯でもなく、偶然に甲の村の小兒が出て來て乙の村の小供を惡口すれば、次第に双方の村の小供が一人加はり二人加はりて遂には大人も集り各手に棒を携へて相毆ち、見物も盛に聲を立て〜石を投ずるに至る。其合戰、時には數日に亘りて尙決せざることもある。劇鬪の結果、負傷者は勿論、死者數人を出す等は敢て珍しくない。近年之を嚴禁せし故、大なる合戰は稀になつたけれども、少々〜は之をやることがある。

白衣市人，「朝鮮の正月」，『조선급만주』11호 (1909.01.01), 67쪽

……様のものを安置し、其の上には酒、餅、蒸麥、牛肉、魚、野菜、菓物などを供へ、主人を首じめ家内の男子は其前に跪き焚香とて我邦の云ふ燒香を爲し終つて再拜を三度する禮がある。男子が拜禮を行ふ間女子は寝室内に安座して居る

佛壇の無き家では假立(位牌様の板)とて深塗りの板に

顯妣儒人某貫某氏神主(妻)右
顯考學生府君神主(夫)左

と記したるものに對ひ一同茶盞を丁つた後、供物を擧げて會食し元旦の儀式を終はる。

廻禮

元旦の儀式を終はれば男子はそれ〲年始の廻禮に出づ。それは元日より五日までにして互ひに親しき間柄なれば酒肴を饗する事我邦と同様にて、年長者又は長官の處へ下の者より伺ふは之れも我邦と大差なく、故に老人には出ない。又喪のある家に到れば哭拜をする。兩班は親戚の喪中に年賀に行きても、唯門に來意を下人に告げて去る例である。又其妻女は正月は里に歸ることがあつても直に歸宅する。

飲食

元旦には米飯を止めて白餅のみを喰ふ。上元の前日即ち十四日の夕には米、麥、粟、大豆、小豆等を混じたる飯を作る。之を雜穀飯と云ふ。又副食物としては魚肉、蔬菜等を用ゐず。此時若し魚肉は無くとも蔬菜は必ず之を用ゐます。之は雜穀及蔬菜もの〱豊年を祈るより來れる風俗である。翌十五日即ち上元に、小兒は栗、胡桃等の外皮の堅き果物を齒にて

噛み破る。斯くすれば一年中の齒病を除くと云ふ。其他老少共に酒を少しづゝ飲み、又元朝の餅を炙て喰ふ。之も同じく病氣除けの兒にて藥酒及び藥餅と稱す。

遊戲

正月の遊戲は小兒は凧を揚げるのが第一の樂しみで、女は庭で我國の所謂「米搗きバッタ」の遊びをする。之は女兒のみで我兩端に各一人宛跨り互に力を入れ其重みにて地に付け或は下し或は上げるのである。男子は重に羹と板の中央に臺を据え、其出でたる目の數の多いのが勝ちとして其貼け錢を收得する又父と稱する遊びがある。それは圓くして細き木を長一寸計りに切り、其一面だけ平たく削りたる者四箇をころがし、若し甲の如く仰向きたる時は其一本を零とし、乙の如く仰向きたる時は其二本を三點とし、丙の如く伏したる時は其一本を零とし、乙の如く仰向きたる者三本ある時は三點として上る者一本、乙の如く仰向きたる時は零とし又四本共に伏したる時も零とせずして之を特に五點に算へて五の處に進む。斯の如く甲又は乙人にて互に一同として十六の處に收得する。

人形と渡橋の迷信

十四、五兩日の夜は頗る滑稽にして又面白き迷信あり、即ち草にて人形を作り又其中に衣類を著せ且つ其中に錢を入れて互に向きたる藥物又は錢を收得する。貧困者の小兒に與ふる。子供等は之れを貰ひたる後錢と

慮に打たれ、其後從た婚する
の意が起きない。これ僕の今
に至りて倘家なき所以である
と。乙之を聽きて深く慰め且
つ謂へるには、僕の家極めて
貧、妻子の飢餓なき所とて
幾十回されど僕之が為に心を
屈せず。出でて態度か貧進の
試験に應じました。其試験よ
り家に還る時いつも妻は笑顔
を以て之を迎へ、自身で働き
て得たる所の一椀の粥と一杯
の薬とを薦めて僕をいたはり
て吳れました。僕は逢に難關
を排して登第の榮を負ひ、雀
躍して郷里に着けば、何ぞ圖
らん、妻は急病に冷かなるこ
と氷の如ニ。ならんとは。僕大
に感ずる所あり、遂に再び家
をなさずと。王、外より病に
此物語を聽きて坐ろに心を動
かし、遠宮の後近臣をして兩
人を宮中に召させました。兩
人は何事ならんと恐るゝゝゝ

六五

りましたるに、王は問へる幾
養生省新年を迎ふる為に歸省
せるに汝等雨人獨り留まるは
何故ぞと。雨人、歸るに家な
きことを答へましたれば、王
深くの之を憐みて兩人に厚く物
を賜ひて目出度く年を迎へし
めましたと云ふことです。

元旦に於ける茶禮

朝鮮の重なる名節は元朝(正
月一日)上元(正月十五日)端
午(五月五日)流頭(六月十五
日)七夕(七月七日)秋夕(八月
十五日)等である。而して云
ふ迄もなく正月一日即ち元朝
は尤も大切なる名節で、二週
間程、我國の業を休みて之を祝
す、近年は國旗だけは之を
揚げる。元旦には人々疾く起
き出て晴着に身を飾り、家内
の者共打ち集ひて茶禮を行ふ
茶禮とは祖先代々の祭祀にし
て・佛壇の前には祭床とてテ

いからして全体に滲しいけれ
ども、近年は國旗の如く松飾師等はしな

白衣市人, 「朝鮮の正月」, 『조선급만주』11호 (1909.01.01), 65쪽

朝鮮の正月

白衣市人

面白き歳末朝鮮に於ける大晦日、年越しには頗る面白い風習がある。由來此の大晦日は何れの國を問はず、一年中の働き此の日に集り、金に翼が生へて鶏の林を翔け廻はる、と云へば奈何にも大仰に聞へるが商家では掛金集めに奔走し苦く、又家では婦女が晴着の仕度に忙

り少なの一日を惜しみ、一夜明くれば正月の料理などで平日よりはまめ/\しく立働き、主人は歳末の挨拶に諸方を廻はる。其の歳暮品撰は煙草、海苔、串柿、牛肉、雉子、米、餅、明太魚などで品數や分量は固より身分の高下に依つて違ふ。此の歳暮に就いての面白き風習とは、貧困者が親戚友達などに過歳茶禮年越しに際し（祖先の祀りをせんにも金に困つて居るからどの意味で金を貰ふ）と云ひ金錢を貰ふ（寄しろ強請る）ので富める人は十圓位ひは彼れ客に呉れて遣る。歳末には修業又は用事の為めに遠方に赴いて居る者も皆郷里に歸りて一家團欒の下に新年を迎へます。之に就きて下の如き話がある。李朝の中頃に正祖と申す賢明の王があつた。或晩市中を微行して一學舎の前を過ぎたるに、丁度年末でしたから養生は皆新年を迎へようとして夫れ/\歸省し舎內に留りしは僅に二人のみでした。而して此の二人は膝を交へて身の上話しをする所である。王は聽くともなしに耳を傾けたるに甲の書生は悄然として語る樣、今や學友悉く歸省し、殘るは君と僕との二人のみ。新年が目の前に在るも歸るにも家なし、と。乙之を聽るに甲の兩親先きに僕の為めに一女を娶らうとて婚姻をも延ばしました故、僕も三年の喪を勤むることとなつた。其年の末に女の母が沒し、而て三年の後また僕の母も死にました。此の如くして婚期を逸したること十二年目に其女も遂に病に罹りて此世を去りました。僕痛く無常の

白衣市人,「朝鮮の正月」,『조선급만주』11호 (1909.01.01), 64쪽

『조선급만주』

· 『조선급만주』의 연중행사에 관한 자료들을 발췌하여 수록한 것이다.

· 일본어 잡지 『조선급만주』는 1914년까지 『조선』이라는 이름으로 발간되었으나,
일괄적으로 『조선급만주』로 표기하였음을 밝힌다. 이는 조선총독부에서 간행한
『조선』과 명칭이 중복됨에 따라 혼동을 피하기 위한 것이다.

· 참고로 조선총독부의 『조선』은 1924년부터 1944년까지 발간되었으며, 『조선급
만주』의 전신으로서의 『조선』은 1908년부터 1914년까지 발간되어 동일한 명칭의
두 잡지는 발간된 시기가 겹치지 않는다.

てゐました。

村山　滿洲遊の正月の遊びで、一番熱狂するものは何ですか。

稲葉　面をつけて踊るやつがあります。

島山　高脚などはさうでせう。

村山　現在ですな。

島山　それから博奕ですよ。

秋葉　朝鮮の正月と比較すると、色彩、音響は、滿洲の方が賑やかです。人間の動きも賑やかです。

島山　時代に依つて逢ひますが、今は麻雀が多いやうです。

村山　博奕で、その年の運命を占ふといふことはありませんか。

島山　そんなものはないでせう。全くの遊びでせう。

吳　今村さん、朝鮮の擲柶ですね。あれはどういふ意味のものですかね。

今村　あれは老子が作つた骰子（チョボイチ）これがどうも擲柶らしい。チョボイチといふ字から來てゐますね。

吳　擲柶も一つの豐年の祈りぢゃないでせうか。

村山　どうもありがたうございました。大分時間も經ちましたから、これで終りと致したいと存じます。お寒いところを、おそくまでありがたうございました洵に感謝に堪えません。

（倉元都輯部員速記）

「朝満正月民俗を語る」、『조선』272호(1938.01.01), 88쪽

は何ですかね。

秋葉　最近見たんですが、堂子には狐を祀つてゐる。狐の神榛は狐神といひます。これは満蒙人にも、オロチョン族にも多く、専門に祭つてゐる婆さんがある。何といふかと聞いたら、狐神堂子と云ひました。（笑聲）

稲葉　それは山東人でもやる。狐崇拜から來たんですね。

正月遊びのいろ〳〵

村山　呉さんに、正月に最も喜び合つて行はれる遊び、娯樂で正月氣分を濃厚に織込んだものを一つ……

呉　朝鮮では、先づ擲柶でせうね。これは男女老幼を問はずやります。全羅南道では小さいものをやりますが、あれが一番です。先程朱さんがいはれましたが、咸北でも、普通の時は大きい長いものをやります。これは平安道地方でも同じであります。南の方の――

村山　室內の遊びとしては？……

呉　擲柶、雙六、陞卿圖遊びといふものが、多く行はれ

安東地方の娘のお正月の娯樂として特にあるものは、踏橋遊びといふものであります。安東ではこれをのつたりと云つてゐますが、忠清道・慶北道方面では河原遊びと云ひて居ります。やり方はどこも全く同じです。安東では又車戰がとても盛でした。

孫　その車戰と云ふのはどういふ風にしてやるのですか。

呉　今の牛車のやうな車を使つて、その上に人が乘つてやるのです。安東の車戰は、一郡が二つに分れてやりますから、それは大變なものです。朝鮮のお正月遊びは、まあこんなものですね。

孫　凧遊びも多いのですね。

呉　それも多いですね、凧遊びにもいろ〳〵なやり方があります。お互に糸をかけあつて、切れた方が負けとか、又、火をつけて燒かせるものもあるさうですね。

「朝満正月民俗を語る」、『조선』272호 (1938.01.01)、87쪽

216

稲葉　捕の木……

秋葉：（稲葉氏の言葉を受取って）それが一番いゝのでせう。満の太祖が、人蔘掘りに使つてゐた杖とか、棒とが

三人蔘が目つからないから、その杖を立てゝ神に祈つた。これがこのことの起源だと聞いてゐます。又、太祖が敵に追はれて、逃げかくれた時に、烏が澤山來て、その烏のために敵兵の目を晦ますことが出來て助つた。それで烏に奉齎する祭りがくゝついてゐる。神杆に藥で作つた斗をつけて中に高粱を入れて置くと、烏が朝來て食べてしまふ。と非常に喜ぶ。お正月にさういふ祭りをします

が、祭り方は神杆の前に行つて、香を焚くだけです。神横を堂子から煙突に下して、シャーマンが八人がかりで祭るのは、每年十月やります。だから、やかましくいへば、満洲の家は、北の方に家が建てゝあると、正面には祖先の靈はなくて、西側の上の方に棚があつて、若し堂子がこつちの方に建つてゐると、西南とか、東北といふやうに對角線をなしてゐる。蒙古の殿堂は南東に多く建

てる。少し眞北より西の方に寄つてゐる。さうして正面には主人公が座る。こつちにお客さんがかける。偉い人が來ると、主人公は正面をのいてお客さんがそこに座る。支那に行くと佛樣があると云へば北でなくて、西北になるのです。東西南北と違つて、もう一つのシステムがあるのですが……

村山：神杆には柳の木は使はんですか。

孫　神杆なんか原則として柳を使ふけれども、それが得られなければ、綺麗な木を使へばいゝといふことになつてゐる。

秋葉　さうですかね。　蒙古は白樺で、二本立てゝ見たいにして殿堂の入口に立てる。殿堂の入口にはシャーマンがゐて、鳥居の方に向いて、踊つたり、太鼓を叩いたりする。鳥居の横に、血の滴るやうな臓腑なんかをかけてやるんです。満洲人が骨を捧げろのと、よく似てゐますよ。

吳　元旦の朝、朝日の上る時に、春を迎へて歸る。あれ

「朝満正月民俗を語る」、『조선』272호 (1938.01.01), 86쪽

です。それが著しい現象です。

満洲國は、漢民族の風を年中行事に取込んでゐますの
で、漢民族のものが多分に影響して居りますが、併し神
事は妙なもんで、非常に違ふ所があります。今稲葉先生
のお話にあつたやうに、堂子が行はれてゐる。文字も何
も知らない婆さんまでが、堂子といふ、家の中でもです
ね。（笑聲）大昔の満洲人の家は、どんな家か知らんけれ
ども、今は漢人風な家を作つてゐるが、家の中央に神様
はゐない。中央の正面には先祖を祭つてゐるが、西の方
を入つて、西の方に下つた部屋の西側に祀つてある。家
の中に壁があつて、いろ〳〵祀り方はあるが、棚が上の
方にあるが、支那人は祖先の靈でも佛様の靈でも小高い
所に祀るが、満洲の祀り方は、日本人に似て、非常に高
い所に一つか二つ位棚を吊つて、そこに神様が祀つてあ
ります。家に依つて名前が違ひますが、最近見て來たの
は片方に一つ、片方に二つといふ風にしてありました。
こちらの方に下ろして見せてくれないかと、いひました

満洲人の家は、どんな家か知らんけれ

らこれは見せられないといふ。（笑聲）何が入つてゐるか
といふと、帛が入つてゐる。これは朝鮮でも、箱に幣帛
を入れて祀る、といふことは澤山あるが、こちらには人
間の形したものが入つてゐる。馬に乗つて‥‥（笑聲）
何だか分りません。第一日の朝の祭りの時に、溫突部屋
に下して、シャーマンが來て祭る。帛の形で入つてゐる
のは夜やる。それはとても神秘的な祭りです。
　その明くる日は天を祭る。それは外でやつて、家の中
ではやらない。奉天邊りの満洲人の家に行くと、門を入
つて右側ですから、そこに神杆が立つ
てゐるのであります。私の見たのでは數の多いのは庭の正面に立つ
てゐる。そしてこのまつりには女は参加しない。男達がやつ
て手を打つ。さういふ杆の立つてゐる家と、立つてゐな
い家がある。祭り毎に立てる家もあれば、立てつ放しの
ものもあります。

村山　今の杆ですが、それはどういふ木ですか。

「朝満正月民俗を語る」, 『조선』 272호 (1938.01.01), 85쪽

黃秋

私はお正月の行事と、その行事
ないたします場所の説明位をさ
せて頂きませう。

支那の建物は一番簡單なもの
でも、大むね三つのへやから成つてゐます。通例これを
三間房子と云つて居りますが、それは中央が土間で、兩
方の二つが溫突になつてゐる。墓所は入つて正面か、一
番まん中の入口かにある。そこに竈がある。竈の上に、
壁になる位に斯うして張るのですが、これを暮になると
燒いて昇天させてしまひ、更に新しいのを拵へて貼る。
古いのが燒かれて昇天する時に、その家族の一年中の功
過表を持参して昇天し、そして天神に告げろといふので
それを非常に怖がつてゐる。

それから、竈の土間の正面に祖先の靈がある。家屋の
中央に入つて正面ですから、家は南向に建つてゐるから
南面して祖先の靈がある譯です。そこに長い紙を貼つて
祖先のお祭りをします。ところが、大晦日から正月にか

けての行事は見られません。我々が家に入らうとすれば
大戸をピンと締めてしまふから、話を聞くより仕方がな
い。そこで私は奉天の或知人の紹介に依つて特に許を得
て見せて貰ひましたが、灯りを澤山つけまして、音楽を
やつたり、爆竹を鳴らしたり、非常に賑かなものです。

大晦日の行事では、眞夜中に大戸を降して、土間の四隅
所に出て來て、爆竹を鳴らして、線香を立て、火を焚
いて地面に御酒を注いで、神様を迎へて、非常に緊張し
て、線香を持つて入つてしまふ。中に入ると分らないが
兎に角正月中、いや一年中その神を大事にしてゐる譯で
す。

それから、十五日まで過ぎまして、上元になると、杆
を正月一ぱい立て、之に提灯を吊して、毎日燈明をつ
け、網を張つて、その上に松をさしてゐる。これは田
舎に行くほど多く見られます。毗子窩の方に行つた時に
は、自動車沿道至る所に立つてゐた。或る一つの村なん
か、全村戸毎に立つて居つた。それは「燈杆」といふの

「朝滿正月民俗を語る」, 『조선』272호 (1938.01.01), 84쪽

てゐる鎧を着てゐる姿は、西遊記に書いてある、その日の紛装であります。

今村　今の話の中に雨が降りはしませんか。

島山　あるかも知れません。さういふ二つのもので邪氣を挑ふといふのです。

今村　その門神ですね。これは私の歩いたところでは、大概綺麗な門神を貼つてゐるやうです。極く田舎に行くと、福とか、何とかいふ字を赤い紙に書いて貼つてゐる。朝鮮の白い紙はさつぱりしてゐる。簡粗だとか、いふやうなことはありますけれども、滿洲を歩いてみますと、汚い家の戸口に紅唐紙が貼つてある。門扉に貼つたりなんかしたのは、何だか賑かな、一陽來福といふやうな氣持を、よく出して居りますね。

どちらにしましても、道教の影響が大分ありますね。

孫　道教は民間信仰だからでせう。

玄　内地の方にも、大分いろ〴〵なものがあるですね。

今支那のお話を承るといふと、朝鮮のものと、非常に共通したものがあります。今の竈の神といふのも共通したもので、朝鮮では、お正月の初夜に竈の神に對して灯りをつけて御馳走を供へます。竈の神の名前は竈王といふのです。それから、元日の朝、天井のまん中に、赤い紙に書く習慣もあります。元日の朝、天井のまん中に「新歳、萬事如意」といふやうな文句を書いて貼ります。處に依つては「歳在甲子、諧顧成就」といふやうな文句を書きます。これは門扉に貼るのとは一種違ふが、そこが共通でございます。竈所の神様も共通でございます。暦には「三殺法」といふやうな方角がついて居りまして、その年には、その方角には引越が出來ないといはれて居ります。

村山　今、道教の話が出ましたが、信仰的な、宗教的な、或はシャーマン的なもので鮮滿に共通なものについて、秋葉さんにお願ひ致したいと思ひます。滿洲或は蒙古方面に及んで結構でございますから、今、鳥山さんのお話にあり

秋葉　滿洲でも、漢民族でも、今、鳥山さんのお話にありしまたやうに、道教的なものが澤山あるやうであります。

「朝満正月民俗を語る」、『조선』272호 (1938.01.01), 83쪽

を定めた、とかいふのが起りといふのですが、こういふやり方は漢時代からもあつたらしいですね。

それから、椽珧と敬德の一對は、これは唐の初めで、西遊記に戴つてゐるのが初めてです。椽珧といふのは、椽が苗字で、珧が名なんですね。併し、本名は叔寶といふのであつて、珧は字名なんです。敬德は尉遲といふのが苗字で、敬德といふのは字名なんです。話はこんな風です。

唐の太宗の時に、龍王が天の掟を破つたので、天帝が非常に怒つて、魏徵に、「龍王を、明日の午の三剋に斬れ」といふ命令下した。明日の午の三剋に、惡鬼を斬れといふ譯ですね、それを龍王が知つて、非常に悲しんだ。さうして、太宗に命乞ひして「その時分に魏徵を眠らせて頂くやうに……」と頼んだ。太宗はよろしいといつてこれを許してやつた。さうして龍王を外に出してしまひ、何とかして魏徵を引止めようとして、碁を圍んでゐた。そのうちに午の三剋になつた。ところが魏徵が、盤に俯して寢てしまつた。これは正史にも出てゐますが、兎に角魏徵が寢てしまつたので、自分の龍王に約束したことは、巧く行くだらう。果すことが出來るだらう、と安心して居つた。ところが、その晩の太宗の見た夢の中に、首を落された龍王が現はれて、何で約束を破つたといつて非常に怒つた。だんだん聞いて見ると、魏徵は、自分の眠つてしまつた時に、魏徵の魂が飛んで行つて、龍王を斬つてしまつた、といふのである。(笑聲) そこで龍王は怒つてしまつて、夜な夜な太宗の許に來て苦しめる。太宗は非常に弱つてしまつて、このことを臣下に漏した。これを聽いた椽珧、尉遲敬德とが「それなら私共で陛下の御身を護りませう」といつて、それから、宮内の外に出て、龍王のやつて來るのを俟つて龍王を斬つてしまひ、太宗の悩みを解いた。太宗は非常に喜んで、お前達の功勞を、繪の上手な者に命じて描せて、さうして、宮門に貼つてその印しにする、といふのがあつて、その習慣があああなつたといつて居ります。それで、今描かれ

「朝満正月民俗を語る」、『조선』 272호 (1938.01.01), 82쪽

ところに貼つたやうでありますが、それと同じやうに聞いて居ります。實際は、私、家に入つて見ませんが‥‥‥これはいろ〳〵細工をしてゐるのですがね。斯う云ふやうなものが各家々にあります。この繪紙そのものには信仰しないが、竃の神は、家のことをすつかり支配すると云ふので、非常に強き信仰がある。（笑聲）竃の神は、又同時に、竃所ばかりでなく、家中の家族の日常の動作などを見てゐて、さうして例の天の神のところに行く。これは道教の方の考へ方ですね。

それから、いろんな行事がありますね。暦に八つ區切りが出來てる。喜ぶ神の喜神とか、財神とか、七龍とかいふ風にですね。それから、内地でいふと惠方に當るのですが、今年はそつちにいろ〳〵な幸福を授けるといふ方角があつて、その方を拜む。所に依つてはその方へお詣りに行く所がある。つまり惠方詣りに當ります。又その方に向つて拜禮をする、といふやうなことが、新年の一つの行事になつて居ります。

朝鮮の方と關聯した行事の中では、門の扉に繪紙を書いて貼ることでせう。その文句には神荼鬱壘とか、蓁蓬(シンタ)とか、もう一つは敬德とかいふやうに二組あります。

吳　「春祝」として、支那では立春にやるのですか、大晦日の晩にやるのですか。

鳥山　大晦日の晩です。――門神を貼らないで、紅唐紙ですね。それを門とか竃所に斯ういふ風にして貼る（菱形に）。これには「福」とか、「壽」とかいふ、簡單な目出度い文句を書く。

神荼鬱壘といふのは、歷史からいへば、ずつと古くからやつてゐるやうです。さういふ名前は山海經あたりに出て、黃帝までくつゝけてゐる。これは度朔山といふ惡鬼を、神荼鬱壘といふ者が捕へて封じてしまつた、といふことから來てゐるのです。桃の木があつて、そこに惡鬼が出るのを、神荼鬱壘の二臣が張り込んで、葦の柵を以て縛して封じた、といふ話がある。そこで、黃帝と桃符と、それに神荼鬱壘の二臣を描いて、邪鬼を拂ふこと

島山　さう云ふ話は、前以てお斷り
してをきましたが……ハハ……こ
れは非常に難しいのでありますが
支那の風俗習慣のうちで、今滿洲
本來の滿洲人の中には、佛敎方面から來て、菩薩を祭る
と云ふことともあるやうで
す。槪して、今の滿洲でも
支那でも、お正月と云ふも
のは道敎的なものが多いや
うです。
　この暦は（とて暦を出さ
れろ）昭和四年の暦ですが
これは、つまり、滿洲事變
で斯う云ふやうな（暦を見
せながら）形式のものが、
一番滿洲のうちで信仰の厚
いのは竈の神――それから、
道敎は人間的になりますか
ら、夫婦をおく。内地でも、
昔は暦は多く裏所のやうな
廣く行はれてゐた。これは、
滿洲の
お正月の中には、個人的のもの――自分の先祖を祭ふこ
今の稻葉さんのお話の中にありました通り……、滿洲の
と思ひます。
な意味で聞いて頂きたい
ますから、さう云ふやう
月と見てよろしうござい
の正月を、今の滿洲の正
ひさうなんですが、支那
と云ふことになつてしま
だからして、支那の正月
非常に多いのであります
で行はれてゐる事柄は、
に連れて拜禮をする、と云ふやうな信仰的なもの――こ
れは今でも、ずつと行はれてゐるやうな話ですね。これは
漢人の方も同樣です、それから、今もお話がありましたが
とが一番大事なことで、神位を家長が持つて、家族がそれ

「朝滿正月民俗を語る」, 『조선』 272호 (1938.01.01), 80쪽

神竈の暦民月正の淵滿

堂子の構内に運ばして、圖に見られる如き亭式殿と云ふ建物の前にうち立てられるので、之を堂子立杆大祭と申してゐるます。左右に立竝ぶところの小松は、諸王などの立杆である相です。

亭式殿には、前夕即ち除夜に於て、宮中の幾つかの神位が移安せられ、皇帝の親拜後、二三日後になつて、これらの儀注と申しますか、禮式の次第は、「滿洲祭神祭天典禮」と云ふ滿漢兩文で書かれた勅撰の書物に滿載されてあるから略すことに致しますが、これら祭天祭神に當り、今云つた松の木（杉も用ひる樣です）即ち潔淨の木を立てゝ杆とすると云ふことは、古い三國志の韓傳に、

三韓諸國邑、各立一人主天神、名立天君、諸國各有別邑、名立爲蘇塗、立大木、懸鈴鼓、事鬼神、其立蘇塗之義、有似浮屠

ともあり、滿洲源流考の著者は、この蘇塗は索摩（ツモ）に音が近い、滿洲では、神杆の杆を柴摩と云つてゐると

解してゐるのです。この解釋の正否は判りませんけれど、大木を立て、天神の降臨を祈請すると云ふ思想は、堂子立杆に於て認められるのであります。何れにせよ、祭天と云ふことは、それが、女眞滿洲にも轉々として傳はつたものでありませう。かやうに考へられます。是迄のお話は、舊皇室の堂子立杆大祭のことです。一般民間にても、同樣であつたらしいが、後に祭天は、皇室だけの行事で、民間には、祭神のみとなつたらしいのです。神杆も、奉天の淸亭宮に遺つてゐる樣な斗の附着したのもあります。この種の神杆のことは、後に秋葉敎授の御話もありませうから略します。

寵の神・惠方・春祝の門神

村山　只今、稲葉先生から文獻上から滿洲初期の民俗につ
いて承りましたので、こんどは、現在の滿洲に行はれるお正月の習俗などにつきまして、鳥山さんに一つお願ひしたいと思ひます。

224

始めに採用してゐるのです。例へば、契丹の太祖には、

「天贊」の年號あり、次の太宗には「天顯」の年號がある。又金卽ち女眞の太祖には「天輔」の年號あり、次の太宗に「天會」又その次の熙宗には「天眷」があります。さうして、このヌルカチが、愈々後金國（清國の前名）を創建すると、「天命」と建元し次の太宗は「天聰」と申しました。

斯様の例は、漢民族間に多く見られない傾向です。つまり、敬天は、東方諸民族の根本的傳統的信仰であり歳首即ち正月元旦には、先づ第一に天を祭る、その天を祭るところをば滿洲では堂子（タンツ）と申したのであります。

これは、清朝が北京に遷都してからのことでありますが、元旦の堂子の祭典には、豫め北京附近の山林から、大きな松の木を枝葉の附いた儘に

堂子(亭式殿ト神杆)之圖

「朝滿正月民俗を語る」、『조선』272호 (1938.01.01), 78쪽

ものがあり、それを材料として書かれたものに相違なく一方的ですから、どうも頼りがないのでありまして、これらの缺點は、今のところは半島文獻の出現に依つて判明され、或は證明されなければならないので、私共は、早くから此の點に氣を付けてゐたのでありまして、今聞きましたところの堂子(タンツ)に相當するものが、圖記より發見されたのです。私は、從來かなりに清初文獻を涉獵した積りですが、この堂子に相當する外民族の見聞に出會したことはなかつたのです。

この朝鮮の使者申忠一の行つた建州の城は、興京(ホトアラ)にはなく、その以前の城、今の興京の西南に當り二道河子と云ふ所がありますが、ヌルカチの最初に築かれた城は、そこであります。

さて、この申忠一の圖記には、堂子とは書いてありませんが、太祖の居城より遙か南方の山上らしい所に「祭天祠」と立派に書かれてあることに氣付かれるのです。祭天祠が卽ち堂子であることは、これからお話致しま

すれば、容易に御解りになることですが、唯、この祭天祠の位置です。どうも地誌などには會はぬ様に考へられます。卽ち、盛京通誌などで見ますと、堂子は城内に在り、住居とはかけ離れてはゐないものゝ様です。

尤も、この二道河子の城は、後に擴大させたらしいから、その擴大の時に、祭天祠は城中にとり圍まれたものかも知れません。何れにせよ、朝鮮の使者は、明らかに祭天祠の存在を記してゐるので、多分、彼申忠一は、この建物を瞥見し「あれは、何を祭つてゐるか」と聞きましたところ、女眞人は「祭天の祠である」と答へたに違ひなからう。祭天祠は名稱ではなく、內容です。そしてこの名稱がしつくりと堂子(タンツ)の內容に相當するのです。女眞人と祭天――これは大層興味あることです。年號と云ふものは、勿論漢民族に依り始められたものではありますが、「天」と云ふ文字を年號に充用することは、漢民族よりは寧ろ塞外民族の方に多く見られる様に思はれ

特に、開國の君主は、殆んど一様に「天」の字を年號の

族氏族の大部分は、殆んど北京方面に移住し、近代になつて入り代りに山東人や河北人が、どしく〜入り込んで現代の様な社會になつたのですから、昔の年中行事を、滿洲の殘存者、即ち女眞系のものより見出すといふことは、至難であり、文獻的の資料に依るの外はないといふ様な次第で、又其の文獻的資料と申しましても、滿民族の風俗習慣に合致する様なことを強調し、固有の風俗習慣に就いては、如何にも記述が缺けてゐることは、甚だ遺憾に思はれます。唯一つ堂子（タンツ）の祭といふものがありまして、北京へ行つても遂に衰へずにゐたのであります。

堂子（タンツ）の語原に就いては、まだ十分調べてゐませんが、清朝實錄でみると、太祖（ヌルカチ）が未だ建州左衞の酋長と云はれた頃からこの祭がありまして、戰爭に出かける時など、必ず堂子の祭を濟ませてから出陣したものゝ如くでありまして、どうも、古い傳統的存在であるやうに思はれます。それが後になると、堂子の祭は

正月元旦にも皇帝は必ず親行することになつたのです。

清實錄には、滿洲文字で書かれた老檔と云ふものが一番古く、今も殘つてゐるのでありますが、滿洲文字の創造は、萬曆二十七年以後のことであり、愈々それが記錄に充當され出したのは、大分後のことであらうから、老檔だと云つても、さして古いものでもなく、古い部分の史實は、却つて朝鮮の方に傳つてゐると思ひます。最近の建州に遣して、ヌルカチの實情を探らせたことがありますが、私は、宣祖時代に、朝廷から使者申忠一を建州に遣して、ヌルカチの實情を探らせたことがあります。萬曆二十四年春の記錄、即ち書啓（復命書）及び自らの手錄、圖記と云つた様なものを一覽する機會を得たのです。

大層面白いものでした。面白いと云ふことは、この時代は、今述べました様に、滿洲文字の出來てゐない頃なのです。

この時代の實錄の記事と云ふものは、恐らくは古老の記憶や、或は、蒙古字、或は女眞字で書き殘されてゐた

といふことと、もう一つは、若い者の一つの祝ひごと、

斯ういふ二つの意味からやるのださうです。

秋葉　農業的の意味ですね。

朱　これは盛にやつたやうです。あまり盛にやつたもの
ですから、負傷する者も大分出たさうです。私の方では、
二月一日までは新年氣分で行きます。

　もう一つは、正月に――これも全く農家の方のこと
ですが、彝にも繩の方のお話がありましたが、竿の長いの
を立て、それに繩を張つておいて、大抵藁で拵へますが
馬の形もあれば、栗の穗見たやうな形もある。それを提
灯と入混ぜて、丁度萬國旗見たやうにして、その繩にぶ
ら下げる。（笑聲）夜はその提灯に灯を入れて、その下で
村の若い者達が集つて、酒を飲んだり、歌を歌つたりし
て遊ぶ。最近はないだらうと思ひますが……

秋葉　それは何といひますか。

朱　別に名前はありません。

秋葉　翌年祝見たいにね。

朱　さうです。

今村　その繩は右綯ですか、左綯ですか。

朱　右の方でせうかね。

今村　晦日に行季を立て、灯りをつけて、といふことは
ありませんか。

朱　私の方では、どんな家でも、灯りをつけて徹夜する
といふこともあります。

孫　それは大晦日のことでせう。

村山　今度は話を滿洲方面に移しまして、稻葉先生に一つ
お願ひ致します。現在の滿洲に到るまでの民俗行事につ
いてお話顧ひだいと思ひます。

滿洲の祭天思想と堂子（たんつ）

稻葉　只今司會者よりの指名に與か
り、滿洲初期、卽ち、清初の女眞
人の年中行事を話せとのことであ
りますが、御承知の如く、滿洲八

「朝満正月民俗を語る」，『조선』272호 (1938.01.01), 75쪽

228

りません。

秋葉　水を供へるのはどこですか。

朱　　庭です。

秋葉　月ぢやないですかね。

今村　さうでなくて、水を汲んで祈るのは天にですよ。

孫　　金持の家の土を盗んで來る、といふことはないかね。（笑聲）これは本當の話ですがね。京城にもこの話があると本にありました。平安道に行つたら、お正月の朝、十時が鳴つたら、一番早く、誰も知らないうちに、金持の家の土を盗んで來て、自分の家に置くと金持になる、とあります。（笑聲）

今村　それは、三、四年前まで開城でやつてゐた。一方では盗まれると福が減る、といふことですね。（笑聲）土の崇拜の一種ですね。

朱　　十五日の行事ですが、私の郷里は咸興で、そこに萬歳橋といふ大きな橋があります。十五日にその橋を足が疲れるまで踏むと、福が來るといふので、男女の區別も老幼の區別もなく、朝からみんな總動員して、その橋を踏みますが、それは非常に盛大なもので、一年であれば賑かなことはありません。（笑聲）これを所謂踏橋といふのです。

今村　そこの橋に着物の襟を結びつける、といふことはありませんかね。

朱　　そんなことはありません。唯、歩くだけなんです。

村山　往つたり來たりするのですね。

朱　　それから、もう一つ、矢張り十五日あたりの行事でありますが、所謂烽火といひませうか、澤山の人が野原に出て、鞋草や粟の殻なんかに火をつけて、さうして、村と村と對抗して勝負をやることがありますね。

孫　　炬火でね‥‥‥

朱　　野原の草にも火をつけてやかせるといふことがあります。そこで、聞いたところでは、これには二つの意味がある。その一つは野原をみな燒かせると怪鳥が來ない

「朝満正月民俗を語る」, 『조선』272호 (1938.01.01), 74쪽

なつた人は、別に廻りません。さうして、豊でない家は
別ですが、少し持つてゐる家は、酒も、煙草も出す。こ
れは、今でいふと午前中に廻つてしまつて、後或は飲むの
ですが、それがつまり年末、年始の廻禮です。又、これ
は、家々に依て違ふやうですが、そして、主に主婦達が
するのですが、お正月のうちに、いろ〳〵の祝福をやり
ます。その一例を擧げますれば、毎朝、井戸水を一番先
に汲んで來る。これを「夜生水」といひますが、一番早
くその日に出た水でせうね。それを爭つて、一分でも早
く汲んで來やうとする。さうして、その水で飯或は餅を
拵へたら、非常にいゝといふ次第です。祈禱する時にも
この夜生水を使ひます。

それから、遊び――娛樂の方ですが、女達は板飛び、
變六などの遊びをやります。若い方は栖といつて匙を投
げる。併し、北鮮の方は、こつちのやうな匙ではなく、
豆でやります。豆で、一の豆に穴を四つばかり穿ちます
が、その穴のあるのとないのとで點數が分る。大振二十

朱　さうです。こちらのやうな匙は何時使ふかといふと
十五日に使ひます。夜生水を汲んでおいて、先づ、初め
その水の上でお禮をして、それから、祝福の時分の言葉
があれば、その言葉を唱へておいて、その匙で、一番先
は眞上から、その次は兩肩から落す、といふ風にして三
囘やります。その三囘の點數に依て、どれ位の禍がある
か、或はどれ位の禍があるか、といふことを書いた本が
ありますから、その本を見て、吉か、凶かと分りますか
ら、占ふのであります。

今村　穴は四つですね。

朱　穴は四つですね。

村山　それは月に向つてするのですか。

朱　庭の方へ座を拵へておいて、その座のすぐ下の方へ
水を汲んで來ておいて、外から内に向つてやるのであり
ます。

島山　神樣は内にゐるのですね。どういふ神ですか。

朱　さうです。併し、神樣はどういふ神樣か、明がであ

一寸……

孫　北鮮は獅子舞が有名ですね。

朱　先づ祭りの方から初めます。祭りの中で自分の祖先の祭りは、大晦日の晩にやります。

孫　夜中ぢやないですか。

朱　さうです。時計からいふと、一時乃至二時頃ですね。それから一年に用ゐる服は正月にみな作る。それから、さつき邪神を除くため笊をかけるといふお話がありましたが、矢張りさういふものを門にかけておく。といふのは、悪い神が來て門でその笊の穴を數へてゐる中に、夜が明けて逃げてしまふといふことからです。それから陰暦の二十一日、この日は一番多く邪神が入る日だ、といふことで、その晩には履物を古いものも、新しいものも全部外においてはいかん。若し履物を外においておつて、それを邪神が穿いて行くと、その人は今年中には死ぬ、といふ迷信があつて、子供から大人まで、自分の履物は古いものも、新しいものも、みんなかくしてしまひます。それは一方、さつきどなたかおつしやいましたやうに、清潔の意味でみんな片づけるのではないかとも思はれますが……

吳　二十一日ですか。

朱　はつきり記憶しては居りませんが……

今村　下駄と笊とは關係ないですね。

朱　それから、祝の方でありますが、年始廻りのことを「歳拜」といひます。内地でもこれを歳拜といふのでせうか。

孫　京城でも同じですよ。

朱　年末大晦日にやるのと、元日にやるのと、二通りありますが、これは京城あたりにはないやうです。

朱　晦日の夜中ではありません。農村あたりは、大晦日から休んで、舊歳拜といふものをやります。これはその家を早くから廻るのです。それから、その翌日の元日には年始廻りをやります。年始廻りの時は、主に年の差別で行く――年取つた人の方へ、若い者が行く。六十以上に

「朝満正月民俗を語る」、『조선』272호 (1938.01.01), 72쪽

て、稲を植える競技をやる。中心は山の神で、非常に面白いことです。農業は始は山でやつたのですかね。山の神様は、牡牛に乗つて、體には道袍を着て、頭には冠を被つて、山の方から村の方へ降りて來る。併しその時には、神様の頭は逆に山の方に向いて居る。山の神様が降りて來ると、村の若い者が迎へに行つて、暫く歌を歌つたり、踊りを舞つたりして、山の神を慰める。さうして、村の若者達が田植の時の様な服装をして、さうして、紙だの、藁だの、さういふ物を持つて、顔る稔りの好い稲の穂をこしらへて、それを持つて、樂器に合せて、歌を歌つたり、踊りを踊つたりして、山の神様を中心にして、田植をする様子をする。その間に、山の神様は、牡牛に逆に乗つた儘一日中無言で――神様だから、ものをいつたら可笑しい（笑聲）一日中無言で。そのステーヂを、くる〱廻つて居る。さうして、神様は、村人から尊敬を受けます。

秋葉　何處ですか。

孫　長淵です。

秋葉　退牛といふ字を見たことがありますが・・・・

孫　あれは神様に上げて後に下げるのです。その場面には猿なども出て観衆を喜ばしたりすることもあります。

今村　生きた猿ですか。

孫　さうらしいです。

村山　猿は沙里院の郷土舞踊「鳳山タール」にも出ますね。

孫　さうして植付が濟んだら、今度は非常に盛大に、山の神様を中心にいろんな舞踊をやる。この日は村中の人は男女老幼を問はず殆ど集つて來て、これを見物して一日中樂しみます。

村山　何時の日ですか。

孫　上元の日です。

北鮮の行事、若水・踏橋・豊穣竿

村山　朱さん、北鮮の方で、正月の行事として何か面白いものはありませんかね。

朱　私は突然で・・・・・で、ざつくばらんに聞いたことを

「朝満正月民俗を語る」，『조선』272호 (1938.01.01), 71쪽

やつぱり社會的な影響を蒙つたからでありませう。もう一つは、これは世界共通な除災に關するもの、この三つに分けられます。そのうちでも、農業的なものが一番意味が深く、又一番重んぜられてゐたやうです。

今村　それが一番多いだらう。

孫　一番多い、さうして嚴霜に行はれる。社交的なものは、所謂社交的に行はれます。

今村　宮中で内農作といつて、いろんな事をやりましたね。

孫　豐年をイミテーション（模倣）したところのプレイ（行事）をやります。

村山　つまりは、その年の豐年を祝福することですね。

孫　さうです。

今村　内農作は、もと民間にあつたものを、宮中でとり上げたものでせう。

孫　これも、儀式には じやんけんをやつたとか。

今村　宮中の儀式にはじやんけんをやつて、左右に分れて勝負をやり勝たつ方には、色々な物をやるなどもありま

す。そして農夫には、宮中の人がなります。

今村　宮中の人といふのは雇人ですか、女官ですか。

村山　その宮中の人も入るし、又、下の方の人も入つたでせう。

今村　上の方の人も入るし、又、下の方の人も入つたでせう。

孫　慶州にあるのは、莫大な費用を費つてやるので、そんなことは止めた方が好からうといふことで、大臣連が王樣にそのことを建言した。すると、王樣は『それは不可ん。祖先傳來のことだから、やつた方がよからう』といつた。かういふやうなことが書いてあります。又このやうなことは民間でも、盛にやつたらしい。黃海道の長淵で、最近まであつたといふことだが、餘り詳しいことは解らない。一昨年調べたところでは、大體かうなので、正月十五日上元の朝から、村の若者達が集つて、山の方の者と、浦の方の者とに分けて、擲柶を行ふ。山の方が勝てば、今年は山の農作が好くなり、浦の方が勝てば、浦の農作が好くなる。一寸これも理屈はあるか、‥‥さうして、これが濟むと、彼等は、裏の廣い所に出

「朝満正月民俗を語る」、『조선』272호 (1938.01.01), 70쪽

表するのです。そこで面白いことは、兩班で、兩班と云

ふのは、勿論若い者で、遊びごとなんかの好きな者がや

るが、その者は一日中尊敬を受ける。自分の親爺であら

うが、村の老人であらうが、どんな偉い人であらうが、

昔斷はさうでなくても、兩班の帽子を被り、兩班の服を

着てゐる以上は、その人に對しては鄭寧な言葉を使ひ、

絶對に非禮なことはしない。（笑聲）併しながら、その者

はどうするかといふと、自分が目上になつて外の誰にで

も卑語をよく使ふ。奴とか、お前とかいふやうな言葉を

ですね。（笑聲）

秋葉　地神踏の踏むといふ、それは足で踏むのですか。

孫　　踏むといふのは遊ぶことをいふのです。

今村　地神踊ちやないですか。

孫　　さうだ／＼、地神踊です。

秋葉　どうして地神除きと間違つたのかね。

孫　　所に依ては地神踊といふけれども、他の所では――

慶州などではコールチンダといふ。これは地方の統治を

司つてゐるところの神様を、コールチンダと樂器を打ち

ながら唱へて慰めるといふ意味なんでありませう。

今村　今の水（淨化水）を汲むのはサバリ宛ですか。

孫　　勿論サバリですね。

今村　汲む時に棒を一本乗せんですか。

孫　　何も乗せません。大體さういふことですね。

秋葉　それをやるのは正月の何日頃ですか。

孫　　何日頃とも決つてをりませんが、二、三日頃で、小

さい村では二、三日で終り、大きい村は十五日頃終りま

す。

これは昔は宮中でもやつてゐたと書いたものがありま

す。私は黄海道のを見たことがある。一體お正月の行事

なんかは一番多い。これは大體三つに分類されると思ひ

ます。

一つは「女さんの先ずおしやつたやうに社交的のもの、

もう一つは農業的なもの、――朝鮮は農業の國で、商業

所に依ては――元來發達してゐない。商業の發達しなかつたことは、

「朝満正月民俗を語る」、『조선』272호（1938.01.01）、69쪽

つたりした者がついてゐる。さうして、朝から晩まで、
数十人列をなして歩く。そこの村は、一戸残らずその家
の中に入る。その列は、竈の神の前とか、家の神の前と
が、井戸や便所の神の前等に入つて行つて、さうして何
か祝詞「雜鬼、邪神を除かせ給へ」といふ様な言葉を云
ふ。かういふものなのです。

村山　そこをもう少し詳しく……

孫　さうですね。もう少し詳しいことをいつて見ますと
この一隊は先づ人の家の庭に入つて、樂器を鳴らしなが
ら、暫く踊つたり、舞つたりする。その間に主婦は、板
の間に莫座を敷いて、食卓を出す。併しその食卓には別
に何にも莫座を出さないで、淨化水（淸水）だけを出して供へ
る。そしてその側には、その家の家計に應じて、米だの
銭だのを供へる。一隊の者に對しては、酒を振舞つたり
する所もありますが、それは例外で、大抵米か、淨化水
を出す。これが主らしいです。さうして、暫く庭で遊ん
で行く。その有樣を女達は障子の穴から覗く。さうする

と、村の子供達がついて來て、一緒になつて見る。兩班
といふのと鐵砲打、この者達は、いろんな藝——どんな
藝を限つたことはないが、人を笑はしたりなんかする藝
をやる。併しこれは家々に依つて違ふのであつて、金を
餘計出すとか、米を餘計出すといふ家では長くやる。家
の神様のところに行つては、斯ういふことをいふ。例へ
ばイリオプショウ〳〵（御出で下さい）。これは音頭取りが
あつて、その音頭取が先に唱へると、外の者はそれと同
じことを、樂器に合はしてやる。その次の文句は雜鬼雜
神を拂ひ淸め給へ、といふやうな意味のものであります。
さうすると又外の者もそれと同じことを樂器に合はして
繰返す。斯うして、井戸の神の所に行つても、竈の神の
所に行つても、或は藏の神、或は便所の神の所に行つて
も、同じことをやります。

秋葉　地神踏の文句をどこでもやるのですか。

孫　さうです。もう一つ、水の神様あすこに行つてもそ
れをやる。さういふことをいつて、そこの神様に敬意を

呉　安東・満州・大邱方面です。

秋葉　農業とは關係がありませんか。

呉　豐年と關係があるから、農業に關係がありますよ。

玄　地方に依つて違ふ所もあります。

孫　勝つた綱は、高く賣れる。それでもつて、舟の綱にするど、魚がよく獲れるといふので、高く賣れる。

呉　地方に依つては、その綱を保管して置く處もあります。

鳥山　勝つた綱ですか、それを買ふのはどういふ意味なんですか。

孫　勝つた方の綱——例へば、男綱が勝てば、男綱が非常に高く賣れる。船を有つてゐる者は、もう引つ張り凧で買ふやうです。
　　この綱引は、支那の絜河遊び——それに似て居ります。

玄　絜河といふのは私共も子供の時に田舎の方でやつて居つた。こつちは堤防をこしらへて水を引いて居つて、向ふの方から水を注ぐ。その水に依つて堤防が切れゝば勝つのです。水が堤防を突破して、出るといふと、負けたといふことになるのです。それは一種の絜河です。

孫　綱引はこの位にして地神踏の話を續けて下さい。

村山　地神踏——あれは、あまり他の所では見せませんがね。お正月になりますと、二、三日過ぎると、そろ／＼始まります。どういふ風にやるか、はつきり覺えませんから極めて杜撰なことを申上げるかも知れませんが。若い者達が、頭に紙でこしらへたコッカルといふ樣なものをぶらさげて、さうしていろんな樂器を持つて、大勢隊を組んで——その數は、數十人位に達する所もあります。御史大夫、通政大夫、さいふものを書いた紙をコッカルにぶら下げて行く。或る者は道袍を着たり、扇子を持つたりなんかして居る。これを所謂兩班と稱する。その後には、狩に用ひるところの袋——鷹狩の時に雉子を渡つたり、鳩を渡つたりしたさういふ獲物を入れる袋、あれをぶらさげて、背中に鐵砲をかついで、頭に毛の帽子を被

「朝満正月民俗を語る」,『조선』272호 (1938.01.01), 67쪽

所になりますと、船が大事であるから、船に屁繩をつけてゐる。あの繩をみんな貰つて来る。それを斷るわけには行かん。今ではどうか知りませんが……それでもつて繩を綯つて、十五日の晩から、十六、七日の間に繩引をやる。勝負は先づ三尺引かれると負けとか、六尺引かれると負けといふ風に、限度を決めておいてやるのです。本繩はでかいもので、頭が一番大きく、尾に行くに從つてだんだん細くなる。それに叉穂繩といつて、枝繩を入れる。その枝繩に叉小繩を挾んで行く。女も參加するのですが、自分の方が怪しくなると、女達は、みんな裳の所に石を入れて頑張る（笑聲）女が繩を跨ぐことは許されない。さうして傳令見たやうな者が居つて、いろいろの文句を書き立べた旗を押立て、いろ〳〵な樂器を持つて、「引け」と大將が命令すると、その命令を傳へる……………

秋葉　繩を作るのは同じ村内でやるのですか。

孫　さうです。

秋葉　曳合ふのは村内で別れてやるのですか。

孫　村でも、小さい村では、あつちの村と、こつちの村と云ふ風に別れてやり、大きい處は、同じ村内で二つに別れてやります。

秋葉　他の村とやる時には、矢張り共同で對抗しますか。

孫　さうです。

秋葉　繩は二本ですか。

孫　男繩と女繩とあります。

吳　あれは何でせうか。同じ部落でやる時には、始めの時には、頭のない旗を澤山立てゝ、さうして東の方の一番老人で、重要な人物が祭りをする。明太魚二、三匹を置いて、酒を大きな甕に一つ持つて来て、祭りをします。その祭りが濟んで、先頭に立つ者が、皆組ませて試合をする。御互に三尺か一間位の間を置いてですね。さうして、その眞中に線を引いて、その線を少しでも越したら負けにする……

今村　さうするところは何處ですか。

する。大きい所はそれまでに少くとも二、三時間はかゝる。なかゝくどつちもやらうとしません。

孫　矢張り一種の儀式ですね。

秋葉　何時頃ですか、正月の‥‥‥

吳　初めにやる所もありますが、多くは十五日ですね。私は金海附近のものを實見しました。その時、案内してくれた人が斯んなことをいつた。非常に神聖視してゐるので、女が股ぐといけない。この前にこんなことがあつた。或る家の婦人が〝すつと股いだのが見付かつた。さうすると、その縄を持つて行つて、その婦人の家を取巻いて、兩方から引いて、とうゝく引き倒してしまつた（笑聲）。さういふ話がありました。

秋葉　女の如きは、絶對に股がせません。

吳　女と男とに分れて、綱引をすることはありませんか。

秋葉　正月でない時にですね。

吳　それはないですね‥‥‥女は通らせない。通らせろ

とその方が負けるといふので‥‥‥

秋葉　全北のどこですかね。女と男と分れて綱引をして、必ず男が負けることになつてゐるのは‥‥‥（笑聲）

今村　それは初めてですね。

秋葉　村の道端の石に綱を巻いておいて、來年の綱引の時にそれを解いて、又新しい綱を作つてそれに巻きつけておく。その巻いた石が、他の村から見えると、そこの村の女の風紀が惡くなる、といふので、その石をかくすといふことがあります。（笑聲）

今村　或るものを見たら、女の風紀が惡くなるといふのは各地にあります。（笑聲）

孫　元日から三、四日頃までの最初は、子供達が「藁をくれ」といつて集めて廻る。その藁を縄に絢つて、夜になると、東西に分れて引き合ひつこする。毎日さうしてゐるうちに、十二、三日も經つと、可なり大きくなる。さうなると子供では間に合はなくなるから、大人が出て、部落で試合をする。藁は農家ならいゝが、農家でない家は藁代として金を出しますね。それから又港——あゝいふ

「朝満正月民俗を語る」，『조선』272호 (1938.01.01), 65쪽

238

島山　一年間やつてゐるのをですか。

今村　さうです、さうして古い繩は、捨てないで置いておくですね。

島山　内地では「勿體ない」といつて、物をよく燒くが、朝鮮には、さういふ習慣はありませんか。

今村　祭文を燒くのがあります。

孫　南鮮の特殊なものは綱引と地神踏位ですが、その綱引といふものは、豐年を祈る――初めの意味は、矢張り農業的に、豐年を神樣に祈るといふ儀式らしい。南鮮方面では、さういふ意味よりも、一般的に考へてゐるのは、豐年を占ふ、斯ういふ意味のやうです。例へば、東と西とに分れて、東の方が勝てば豐年になり、西の方が勝てば作が惡くなり、とかいふ風にしてやつてゐるのですね。綱引の綱は、東萊や釜山でやるのは、とてもでかいものですよ。この位（兩手を大きく擴げて輪を作り）ありますね。或はもつ

とありますか。

島山　まんなかの所は、僕の脊より（氏は五尺二、三寸位です）ずつと高い。

村山　さしわたしですね。

島山　さうです。

孫　東の方の形は男、西の方の形は女にして、男の方に穴が開いてゐる。そこへ丸太を通す。隨分長いものですよ。さうして曳張りあひをやる。

村山　丸太を通して、女綱と男綱を嚙み合はせる時の行事はありませんか。

孫　行事は別にないでせう。けれども、非常に嚴肅に行ひます。

村山　どういふ風にしてやりますか。

吳　あれをやる時に、初めは先頭に樂隊をおいて、なか〳〵嚴めない。嚴めるまでに相當時間がかゝります。兩方から力の強い者が出て、先頭に立つその周圍を樂隊が樂器を鳴らしながら廻つて、それから旗を立てゝ試合を

「朝満正月民俗を語る」, 『조선』 272호 (1938.01.01), 64쪽

ない。内地でも昔は喰はなかつたものです。この餅を喰
ふといふことは、餅の種類は違ふが今では内鮮共通した
ものです。この餅を正月に喰ふことがどういふ理由かと
考へて見ると、大體正月出度い時には餅を配つてゐる。内
地でも、朝鮮でも……これは糯が初めて出來た時、喰
つて見て一番美味かいことから來てゐるのではないか
と思ひます。

豊年綱引と地神踊り

村山　餅に關聯して、正月の飾として用ゐます。お鏡は共
通ですか。

孫　違ひますね。お鏡といふのは……（笑聲）（以下速記
中止約五分間）

村山　ハハ……（と笑ひながら孫氏へ）南鮮の方で變つた
ものはありませんかね。

孫、南鮮といつても、別に變つたものはないが、今日行
はれてゐるのは、綱引位のものですかね。

村山　京城と變つたものでは？……

孫　あれは京城にはないか知れん。地神踏といふものは
ですね。

島山　綱引は北にはないですか。

今村　あまりやりませんね。

玄　東北地方までも入つて居り、江原道あたりにもあり
ます。

島山　去年、東萊でね……

今村　東萊は盛です。

島山　驚きましたよ、斯ういふやうなもので……（と兩
手を大きく擴げられる）

玄　舊のお正月を見たいと考へて、去年方々に行つて參
りましたが、大きな村の中で、古木を中心にして、それ
に全部〆縄を張つてゐる。さうして祈禱をしてゐる所が
ありました。

秋葉　部落祭ですね。あれと同じですよ。

今村　あれは縄を新しく張り替へる。正月に……

「朝満正月民俗を語る」,『조선』272호 (1938.01.01), 63쪽

玄　〆繩は、私は内地見たやうに、搗めるといふ意味に於て、お正月ばかりに使ふのではないと思ひます。京城あたりでも見られるやうに、左繩に絢つて、醬油甕にぐるんとでも巻きます。(笑聲)又南鮮地方ではお産のあつた時にも張ります。

お正月に搗めるといふのは、あれは清潔法から來てゐるのでありまして、先づ女は一年中貯めた髮の毛をその夕方に必ず燒く。それから、古い履物を全部纏めて隱しておく。これも一種の清潔法と思ひます。

今村　履物は、夜光といふ鬼が來て取つて行く。さうすると一年中不運にありますから、それを取られないやうにざるを出して置く。鬼がそのざるの穴を數へてゐるうちに鷄が歌つて逃げて行く、といふ傳說がありますが、それが又內地とも共通です。ざるをかける所は、內地の至る所にあります。

秋葉　正月にですか。

玄　元日の晚にやるのです。

今村　內地と共通です。それから、九十九まで數へて、百まで來ると、ひつくり返るといふ、あの九十九傳說と關係があります。鬼が鷄の聲に恐れて逃げる、といふその關係です。今、綺麗にするといふ女さんのお話もあるけれども、矢張りさういふ迷信もあります。夜光といふのは、どういふものか分りませんが……

玄　夜光といふのは實は朝鮮語で「ヤゥコゥ」なんです。それは、昔、お正月の晚に雨が降つた。それがために履物が流れてしまつた『それが「ヤゥコゥ」の起りなんです。「アングェンイ」といふのは、番をするといふことであります。さういふことから來た傳說でありますが、要するに、履物の仕末は、一年中ちらばつてゐるものを取締める——なほすものはなほす、いらないものは捨てる、といふ、一種の清潔法を、あゝいふものになぞらへてやらしたものだと考へます。

今村　朝鮮では正月には餅を喰べる。北京や滿洲では喰は

縄を使ふのがあつた。又南鮮で正月の時にやる奴は、ど
ういふ譯か、と聞くと、餅がよく煮えるといふことをいつ
て居りました。(笑聲)

　吳　南鮮では餅を揚く時に、飾りに〆縄を張ります。そ
の餅は祭りに用ゐるあの餅ですが‥‥‥

　今村　祭禮の時には、内地の氏子が皆〆縄を張るやうに、
南鮮では氏子が全部繩張る習慣がある。〆繩は清めて避
邪をする、といふ意味の下に出來たものと思はれます。
内地と朝鮮の共通な點は、南鮮で〆繩を張つて松を立て
るそれ位でせう。

正月に船に松を付けることは、内地各地にある。今でも
ある。それが又黒龍江附近にもあり、それから楊子江の近
所にもある。これは共通です。〆繩と松を立てるが青い松
葉などは付けません。それから朝鮮で正月にやるものは、
支那や滿洲では行ひません。が、支那と共通のものは歳
齒──あれは朝鮮では鳥を描くが、支那では神茶鬱壘の
繪を描く。これは滿洲でもやる。あれは共通してゐます。

　秋葉　向ふから來たのですね。

　今村　あれも矢つ張り辟邪の意味ですね。正月にあ〰いふ
ことをやるのは‥‥‥もう一つ、松と關聯して、内地で
はひいらぎを使ふ。ひいらぎは目を突く、といふ意味で
すが、あれに似た習慣が朝鮮にある。とべらといふ非常
に悪臭を放つ木がある。それからはりぎりといふ木があ
るそれを立てる習慣がある。これは内地と一致してゐる。
何故さういふことをやるかと聞いてみると、これは京城
にもあるが──その傳說を聞いて見ると、東方朔と鬼と
が問答した。

　〆繩ひだりぎりの木ととべらが嫌ひだ。
聞いたら、鬼ははりぎりの木ととべらが嫌ひだといつた。
そこで今度は鬼に東方朔が聞いた。お前は何か嫌ひかと
聞いたら東方朔は酒が一番嫌ひだといつた。で、鬼は盛
に酒を持ちこんだが、東方朔はりぎりととべらをとつ
さり立べたので鬼はとう〰その木を恐れて逃げ出し
た、といふのであります。(笑聲)朝鮮に錢の占ひがあり
ますが、あれは滿洲と朝鮮とは共通のものであります。

玄　個人の榮達を圖り、財物の多豐を祈り、家族の無病を祈る、さういふやうなものが多いのであります。

正月の松飾としめ繩

村山　次には、今村さんにお願ひしたいのですが、朝鮮の正月の飾付――〆繩とかさういつた方面のことを‥‥

今村　内地と共通のものはありますが、滿洲とは關係してゐない‥‥‥‥

村山　滿洲と關係なしで結構です。

今村　飾付は内地では松飾をするが朝鮮にはこれはない。私の考へでは、松飾は古い時代――足利時代からあり、元來民間で辟邪に松の針を使用したといふのが元で、それを目出度い方に取上げたのではないかと思ひます。朝鮮の習慣ではこの松葉はよく辟邪に使はれてゐる。これは元來節分にひいらぎを出す習慣と同じことで、つまり辟邪のものが目出度い方に轉換して來たものです。松で共通してゐるものは、墓に松の木を植ゑるといふやうな習慣が、内地にも、朝鮮にもある。ところで、たつた一つ朝鮮で正月に松飾をする所がある。それは、南鮮の慶尚道の一部分で、そこでは又松飾と合せて〆繩を張る。内地のやうに、〆繩を左繩にするかどうかは分らないが‥‥‥あれは南洋系統か、北の方の系統か分らない。蒙古にもあり、黒龍江の附近にもあつて、どつちか分らない。私共は南洋系統ではないかと思ふ。内地に殘つてゐる〆繩を左繩にする習慣は、死人を縛るといふ方面に使つた。それが目出度い方に轉換して來たのではないかと思ふ。そこで一番古いのは、古事記に、しめくり繩を引廻した、といふやうなことが、天の岩戸の所にあるから、極く神式のもので、さういふ方面にも關係があるやうに思はれるのでありま

す。内地と同じやうに、南鮮に新年に左繩の〆繩を使ふ習慣が少し殘つてゐる。それは例へて見ると、遠方で人が死んだ時にその運搬に罪人を使ふが、それに對して左

「朝満正月民俗を語る」,『조선』272호 (1938.01.01), 60쪽

吳　　召使と云つても下女ではないですね。氣品の高いも
　　のをやります。

村山　　生きた年賀狀といふところですね。「貴家の萬福を祈
　　る」とか‥‥‥

今村　　さうでせう。

秋葉　　昇進しない時にも「お目出度うございます」とやる
　　のですか。（笑聲）

孫　　昇進するやうに、儲かりますやうにと‥‥‥

玄　　いや決定的に云ひます。「したさうだ」「したさうだ」とですね。

秋葉　　そいつは面白い。「したさうだ」「したさうだ」と決つてゐると
　　ね。（一同哄笑）

吳　　玄さん、あれはどうですか。朝鮮の社交的な談話に
　　はお世辭は使ふが、正月の時に限つて、德談にはお
　　世辭を使ふが、あれは何ですか。

玄　　新年となつたといふ時に於ては、ウンといゝ氣分で
　　といふ譯でせう。

島山　　德談といふのは、支那では餘り使つてゐなかつたね。

今村　　勿論ありませんね。

秋葉　　朝鮮語辭典にはありますね。

玄　　その思想は支那にしても、朝鮮にじても、文字に現
　　はれるものでは同じではないかと思はれます。といふの
　　は、朝鮮では『新祝』といふ文句を書いて貼ることがあ
　　りますが、それは支那と同樣に考へられます。

秋葉　　それは支那から來たものです。

玄　　朝鮮では禮を表す文句を一から八まで集めて、葉書
　　なんかに刷り込んで出します。その文句は多方面に亙つ
　　て居りますが、主として、世の中が太平になるやうにと
　　か、皇恩帝力とか、又國を愛へて豐年を顧ふとか、私的
　　には自己の幸福を祈る、又かいふ風でありますが、總括
　　的には禍よりは福を齎らす、さういふものであります。
　　それから又、春は乾坤に滿ちて、福は家に滿つ──さう
　　いふものもあります。

村山　　德談の際、現すべき祝福の意味にはどういふものが
　　多いですか。

るのが大分存在してゐるやうに思はれるのであります。ですから、例へば服装に致しましても、新粧とか、新物とか、盛に「新」といふ字を使ふのであります。そして又「新」といふ字の代りには「歳」といふ字も多分に入つてゐるのであります。例へば文字に現すのにも「歳酒」、「歳拜」、「歳盤」、「歳祝」―斯ういふやうに、新の字の代りに歳といふ字を多く使つてゐるのであります。斯うしたものが綜合されまして、朝鮮に於けるお正月の民俗といふものになり、一年の間に行はれる行事よりも、可なりに目立つて行はれつゝあるものであります。今は廢れてゐるものもありますが、又現に盛に行はれつゝあるものもあるのであります。これで、總論になるかどうか存じませんが、大體總論見たやうなことに解したいと考へます。

も朝鮮の宣祖の時に、朝鮮の使者が滿洲に行きまして、あちらで元旦に御馳走になつた。その時に大へんお目出度いことをいろ〳〵述べられた。それを「我が國の德談の如し」と書いてある。どうも分らなかつたですな。

今村　東國歳事記に「遠親舊年少以登科進官生男獲財等語德談以相賀」と書いてあります。

玄　德談といふものに對して「問安婢」といふものがあります。問安婢といふものは、安否を問ふ女中といふことでありまして、態々召使ひをやつて、さうして「いゝお年を迎へられた、今年は非常にいゝ年であつて、あなたのお家のすべての仕合せを祈る、子供が生れたからお喜びでせう。老人が安らかに過されたからお喜びでせう。あなたのお家の人が昇進したからお喜びでせう」といふやうないろ〳〵なことをいふのであります。德談といふのは直接會つた時の話であります。比較的別嬢をやる……

稲葉　面白いですね。（笑聲）

稲葉　今の德談ですが、つい最近――四、五日前德談といふ字を、或る記事の中から見付け出したが、何の意味だか分らなかつた。今承つて大へんよく分りました。何で

「朝満正月民俗を語る」,『조선』272호 (1938.01.01), 58쪽

てゐるやうに思はれるのであります。一年内に於ける祈

顧、さういふやうなものが、このお正月のうちに全部行

はれてゐるやうであります。それの元は礤神でございま

すが、その他にもいろ〳〵さういふやうな意味のものが

行はれてゐるやうに思はれるのであります。それから又

新年はお目出度い、斯ういふやうな意味に於ける、所謂

慶賀の意味を織込んだ行事が多分に行はれてゐるやうに

思はれます。その行事のうちにはいろ〳〵前祝をする

斯ういふやうな目出度い時に當り、今年中或は將來とい

ふやうな意味に於て前祝をするやうなことも大分行は

れてゐるのであります。その中に、一例を舉げますれば、

所謂『徳談』といふものがありまして、三ヶ日のうちに

は、必ずこれをやるのであります。人に會ひまして、も

その人が官吏であつたならば昇進した、子のない人であ

つたならば子が生れた、商賣人であつたならば金が儲か

つた、といつて祝ひをするやうなこともあります。目出

度い時には、さういふいゝ氣持で慶賀するやうなことも

行はれてゐるやうに思ふのであります。

‥‥　更に又斯ういふ事ばかりでなく、趣味、娯樂といふや

うなものが、大分行はれてゐるのであります。その行事

の項目から致しましても、都市に依り、地方に依り、多

少の違ひはあるに致しましても、一般的に共通してゐる

やうに思はれます。それが衣食住――衣に於ても、食に

於ても、住に於ても、いろ〳〵な形で現れてゐる點もあ

ります。要するに、朝鮮の正月に於ける民俗の大體には

以上舉げましたやうな精神が織込まれて、さうして現に

行はれつゝあるやうに思はれるのであります。

　　正月の一般の休みの期間は、以前は隨分長かつたので

あります。先づ十五日まで――十五日を所謂上元と申し

まして、元日から上元まで十五日の間に於て、全部休ま

れるのであります。その間の行事の如きも、隨分數が多

いやうに思はれるのであります。それからもう一つ、新

年といふやうな意味からして、すべてが新しく、そして

將來の希望を有つ、斯ういふやうな意味合ひから行はれ

「朝満正月民俗を語る」,『조선』272호 (1938.01.01), 57쪽

滿洲とに於て、如何なる關係に於てあるかといふやうな事柄を、なるべく具體的にお話願ひますれば、非常に結構だと思ふのであります。

それで先づ最初に朝鮮の方から話を進めて見たいと思ふのでありますが、皆さんに正月全鮮的に行はれる、唯今申上げましたやうな衣食住竝に行事といふものに關して、總論的にお願ひ致しまして、殊に正月の儀禮といふものを中心としてお話を伺ひたいと思ふのであります。どうか一つお願ひ致します。

朝鮮の正月行事とその德談

玄　私は餘りさういふことには通じてゐないのでありますが、斷片的になりならば、私の知つてゐることだけでも申上げまして、總論といふことは、無論正月に行はれる一つの禮儀或は道德として全般的に普及されてゐるやり方であります。それからも一つは、信仰に關聯したやうな行事が、多分に行はれ

程ではございませんが。さて朝鮮に於ける正月の民俗と申しますと自然衣食住の方面に關する行事見たやうな

ものでございます。ところが、それが、さつき村山先生のお話のやうに、矢張り正月と申しますと、まあ、所謂年が改まつた、新年ー斯ういふやうな意味に於いて尚ほ又三元と申しまして、年の元、或は月の元、或は日の元、斯ういふやうな意味に於て、正月を餘程重く見ていろ〳〵の民俗が行はれてゐるやうに考へられるのであります。それと同時に、三元であるから、さういふやうな意味の中に、一年で行はるべきものを、大概お正月の行事の中に織込んだやうにも思はれるのであります。

その内容を申上げますれば、第一道德的に織込んだものがあるやうに思はれるのであります。それは先づ祖先崇拜を必ずするする、それと同時に、親戚故舊を年に一ぺんは必ず訪問致しまして、新年の挨拶を述べるといふやうな年始廻りをするのであります。

「朝満正月民俗を語る」, 『조선』272호 (1938.01.01), 56쪽

と同情とを呼び起し、相携へて明朗なる朝鮮の發展を望み、朝鮮本來の天職遂行に役立てようといふ文化的使命を有つてゐるのであります。かういふ意味に於きまして、來年の正月——一月號を、鮮滿に於ける正月の民俗を主題にして、一つこの使命に副ひたいといふやうな希望から、この正月の民俗を選んだといふことは、別に深い譯はないのでありますが、唯正月は一年の初めでありまして、正月に行ふ民俗は、他の季節や臨時に行ふものよりも、民衆の間に普遍的に重要視されてゐるものと考へられますから、正月に行はるゝ民俗の間に、若し異同がありと致しますれば、その異同は、總て彼我兩者間に於ける普遍的な異同といふ事柄になりはしないか、斯う考へられるのであります。さういふ意味に於て、正月の民俗といふものを話題に採り上げた譯であります。もう一つははんのつけたりに過ぎないのでありますが、正月の

民俗は概してお目出たいものを多分に有つてゐるもので　ありますから、これを語り合ひますることは、兩者の民俗を明かにすると同時に、自からその民俗を有つ民衆を祝福する、その人々に對して慶賀の意を表する、といふやうな意味合をも、少し付加へたいといふやうな考へから致したのであります。どうか斯ういふ企てに十分に御賛成下さいまして、皆さんの御蘊蓄をお傾け下さいましてこの座談會を立派に終らせて頂きますやうお願ひ致したいと存じます。

それで、大體正月に行はれる民俗といふことになりますと、大きなものになりまして、一時間や二時間では、到底蹉りがつかないと思ひますが、正月——所謂正月らしい氣持を起させる衣食住——風俗と申しますか、住ひの着物、食物といふやうなものに觸れ、乃至行事といふものを通して、正月といふものが斯ういふものである、といつたやうな事柄を大體まとめて見たいと思ふのであります。その正月の衣食住並に行事なるものが、朝鮮と

洋本來の意識の變醒、といふことの促進運動でないもの
はないと思はれるのであります。斯くて、幸ひにも日滿
の結合は漸く成り、繼ては今次事變の結果日滿支三國の
提携も亦やがて望まるゝことと存じます。

併しながら、その結合提携といふことは、單なる政治
的經濟的ブロック——いひ換へますれば、利害とか、打
算の協同だけでは、そこに危機の到來することが免れな
いのではないか。眞の協同といふ事柄は、文化的に思想
的に、互によく同情し合ふ事柄は、文化的に思想
的に、互によく同情し合ふ事柄を形成するのでなけ
ればならない。結局、彼我民衆相互の間に、暖い情操的
握手が堅く交はされなければならんのではないか。彼我
民衆の間に、この暖い握手を容易ならしむる事柄が、茲
に工作されなければならないと考へるのであります。

然らば、如何にして、彼我民衆の間に暖き握手を促進
すべきであらうか。これには幾多方法はあるでありませ
うが、その一つの方法と致しまして、彼我兩民族の十分
なる理解とその共通せるものゝ發見、といふやうな事柄

から致しまして、お互によく同情し合ふやうに仕向けて
行く、といふ事柄が大切ではないかと考へられるのであ
ります。朝鮮と滿洲とは、古來その地域の接近してゐる
といふ點から、又、彼我兩民族の交通がずつと古くから
行はれて居つた、といふやうな點から致しまして、その
文化の上に於て、その民俗の上に於て、相互に融合し、
共通してゐるものゝ存在することは、疑ひのないところ
であらうと考へるのであります。そこで鮮滿兩民衆の間
に支持されてゐる習俗、といふものにつきまして、これ
を明かにするといふことは、お互の間に、昔ながらの文
化的同情、民俗的同胞感を甦らせられまして、情操的に
堅き握手を交す機運を釀成するものではないかと考へる
のであります。

御承知のことゝ存じますが、本府の文書課に於きまし
て編輯して居ります雜誌『朝鮮』は、施政の方針を中外
に宣傳するとともに朝鮮事情をも內外に紹介致しまして
その眞相を傳へ、これに依て、朝鮮に對する正しき理解

「朝満正月民俗を語る」, 『조선』 272호 (1938.01.01), 54쪽

鮮滿正月民俗を語る

出席者

稲葉岩吉
今村鞆
鳥山喜一
玄晋德
孫晋泰
秋葉隆
朱鍾宜
呉晴

主催者側

村山智順
倉元弘

時所

所　京城

時　十一月二十二日
朝鮮館

會談の趣旨と民俗的理解

村山　一寸御挨拶申上げます。

話は少し大きくなりますが、私共東洋人が、世界平和に、眞に貢獻する、といふことは、今猶ほ多く歐米の植民地市場のごとくに取扱はれてゐる東洋が、悉くその域を脱しまして、東洋の本當の姿に立歸り、東洋文化本來の眞面目を發揚するにあるものではないか。これがためには、先づ東亞諸民族の昭和といふことから致しまして、世界和平の重鎮を形造る、といふことが必要ではないかと考へるのであります。天運とでも申しませうか、極東に位する我が日本が、夙にこの點に覺醒致さまして、一意、この理想に向つて邁進して参り、曾ては日清・日露の兩役を經過し、またさきには滿洲事變、今又支那事變を餘儀なくせられるやうな事柄も、一として對外的には、東洋以外の外力を撃退し、對内的には、東

「朝満正月民俗を語る」, 『조선』272호 (1938.01.01), 53쪽

ある。是程ではないが、内地でも田舎では冬の用意をすることとは同じである。

十一月

　冬至　此の日は赤小豆の粥を拵へ、糯米の團子を入れて之を家神に供へ、亦一同之を食する。それから一般に赤小豆色の衣服を着る、今日でも李王殿下を始め赤小豆色の御裝ひで赤小豆粥を召されるさうである。内地では毎月一日と十五日に赤飯を炊ぐ風がある。同一の根元から出たものと思ふ。楚荊歲時記に、共工氏に不才の子が有り、冬至の日に死んで疫病の鬼となった、此の鬼が赤小豆を畏れたといふところから、之の鬼を禳ふの窓から冬至の日に赤小豆粥を作るのであると
いふ。内地でのは祖先に供ふる丈の意味になって了つてゐるやうである。

十二月

　臘平　冬至の第三の末日をいふ。此の日には祖先を祭る。此の日に雀を食ふと達者になるといふので雀狩が行はれる。内地には此の風は無いらしい。
　除夕　には家の全部に點燈し祖先に禮拜する。又父母にも

禮拜する。一年を無事に終つたことを謝するの燈である。それから年少者は姻戚親戚の長者を歷訪して御禮を述べる、これを拜舊歲といつて居る。同時に歲饌といつて種々の品物を贈る、内地の歲暮の挨拶と同樣である。
　此夜は守歲といつて老幼共に難明まで睡眠しない、早く眠ると眉が白くなるといふのである。内地でも早く年が寄ると
いふて遲くまで起きてゐるのは同樣である。

　暑節　といふのが來る、暑さを齎りゞせんかと齎りま

せうといへば益々齎る方で金を出さねばならぬ。……こうして暑を賣れば翌年暑く無くなるといふのである。又福ちうよりを齎りに來るぢうよりは石を除き米を取る具なので、詰り惡を捨福を取ることを意味するのである。で數倍の高價で是を買つて門の上に揭げておく。斯のやうな緣起を擔ぐことは形は異なっても意味の同じな事が內地でも行はれてゐる。正月の豆撒等がそれである。

ことは自分の郷里等では行はれてゐる。

七　月

●七夕には未婚の女子が牽牛・織女の二星を拜して裁縫の巧にならむことを祈る。内地では星祭をやるが、此地では然はせないさうである。

此日衣裳書冊を曝す、虫害を防ぐと共に其の多きを誇るのである。内地の土用干と趣を一にしてゐる。

●十五日は中元又白中といつて、寺院では盂蘭盆會を設け佛の供養をする。民間では亡魂日と稱へ大に馳走を拵へて亡親の魂を招くのである。これも全く同一である。

八　月

●十五日　所謂中秋で、種々の馳走を拵へ、盛裝して展墓をする、寒食日と同様である。内地の彼岸がこれである。夜は観月をやる。が、是は餘り盛でない。娘子達は月明りで針に糸を通すことの競争をやる。視力の競争なのである。

婦人の墓詣

九　月

●重陽には矢張祖先を祭る。文人墨客は酒を携へて楓の名所や菊花のある場所に集つて一日の清遊をする。而し今は盛んではないとのこと。又菊の花を餅に入れて拵へて食ふ。

十　月

●月内に同姓數百人が墓地に會し、時祭と稱して祖先祭を行ふ、盛大なものである。遠方に墓の在るものは墓直が代つて祭祀する。又大根餅を作つて三日・十五日又は戊午の日を擇んで家神に供へる

此月は沈菜(漬物)の月、大根・蕪・白菜を買つて甕に漬けて一年中の用意をする。大家では甕以上も漬けるさうだ、普通のものでも貯金を引出したり、工場等では前借をしたりして中々に大仕事で

「内地と相似たる朝鮮の風習」、『조선』93호 (1922.12.01), 82쪽

するのは同じである。

此月は清遊の月で、近郊で風光明媚な勝地を花柳場といつ
て、酒を携へ妓を伴ひ或は文學詩賦に
一日の清遊を試むるのである。又兒童
は柳笙といつて柳の枝を折り簫篥を作
つて吹奏したり、女の子は青い草を以
て毬を作り、赤い衣裳を着せ、之を閨
氏（ムスメ）と稱して褥席枕衾を供し
て遊ぶ。内地のまゝごとそつくりであ
る。

◎四　月

八◎日を佛誕日又は浴佛日と稱へ、
寺院では僧侶が嚴かに供養をする。子女
は美しく着飾つて寺院や神社に参詣し
たり又遊び興するのである。此夕を燈
夕と稱し、長木を門前に建て、竿頭に雛
の羽を挿し五色の紙を貼れる燈を掲げる。市中では種々の燈
籠や玩具を賣る。子供等はそれを買つて樂しむ。

◎五　月

端午◎の節で祖先祭を行ふ。此の日男女尠角のものは菖蒲
の湯で頭髪を洗ふ。又菖蒲の根を短く切
つて、女は頭髪に挿したり、男は胸へ節
つたりする。内地では菖蒲湯に入浴する
そして其の意味も此地の邪を拂ふといふ
のとは異なつてゐる。

此の日は三大名日の一で、年少の士女
が盛裝して相聚つて娯しむことは元旦に
次ぐの有様である。遊戲で尤も行はれる
のは鞦韆である。又、艾の餅を拵へて食
ふことも似たる點がある。

盛宴の献立

◎六　月

十五◎日を流頭節といふ。清流に頭髪
や身體を浮めるのである。又酒肴を携へ
て山間で宴を張る、之を流頭飲と稱し
食る。が、是は内地には無いやうである。
而し此日流頭薦新と
稱して小麦粉で餅を作つて祖先に供し、一家團欒して之を食

「内地と相似たる朝鮮の風習」, 『조선』 93호 (1922.12.01), 81쪽

もやる、但し羽子は内地のやうに羽子板でつくのでなく、足でポン〳〵とやるのである。又賭事が行はれる。栖といふ遊びが盛であるが内地では見ない、而し討鑯即ち内地のアナイチ（錢を割し又は穴を堀つて錢を置き之に命中させて勝負を争ふ）といふのが行はれる。其の他種々あるが、今日内地でも双六歌留多遊び共の他室内室外の種々の遊戯を正月の書入としてゐるのは相似點と認むべきである。便戦といつて石合戦もやる、徳川家康が安倍河原で石合戦を見物した史談を思起させる。

栗・胡桃・松の實を喰ふことを嚼癤といふ、内地の歯固めと同一である。

一年中の膃物を嚙漬すといふことを慈味するのだともいふ、内地でどまめ・敷の子、其の他種々縁起の好い物を食ふのも意味にかて相似てゐる。

路傍で將碁さし

二月

寒食日

清明日の後三日をいふので一の節句である。種々馳走を作つて祖先祭をやる。子女は美しく裝ふて展墓に出掛けるのである。墓の遠方にあるものは、代理を以つてするとのことである。内地には例を見ないが、俳句の題に在るところから推すと、以前は同様に行ふたものと思ふ、今事實は無くて句題の存してゐるものが何澤山あると今村氏は語られた。

三月

三日　杜鵑花を探つて糯の粉に拌ぜて團子を作り、油で揚げて食ふ、之を花煎といふ。又荳豆といふ青小豆の粉で麵を拵へ祖先に供へる。内地では雛祭であるが是は餘程變つて居る。

此の日は燕が江南から來る日で、去年の燕が元の古巣へ歸つて來れば緑害よしとして喜ぶ、内地でも燕の來るのを歡迎

「内地と相似たる朝鮮の風習」、『조선』93호 (1922.12.01), 80쪽

内地と相似たる
朝鮮の風習
―年中行事につきて―

内地から朝鮮へ來て見ると、其の風習の痛く相違してゐるに驚くと共に、一面に亦相似點の尠くないといふことをも見出すのである

其の相似點の中には、自然の環境や人間の必然の要求から生じた偶然の一致もあらうが、久しき間の交通と其れから持ち來たされた宗教、文學、制度、思想等の同一といふところからの、所謂源流を同じうするに因つて起れる類似點の可なり多いといふことをも見逃すことは出來ない。此の偶然と必然との區別は一寸困難であるが、何れにせよ相似てゐることが普々に非常な親しみを感ぜしめるのである

で、今年中行事中に就て精神文は形式の相似點と思はれる風習につ
いて聞き得たところを少しく掲げることにする。此れについて訪れたのは、一人は李王職の今村鞆稄課長で、十八年間朝鮮の各種公職に當り朝鮮風俗集といふ苦心の著作もある人、今一人は同じく李王職に在任の、そして長く内地事情に精通して居る尹世鎭氏である。突然の質問では靈したとはいはれまいし、それに校閲も經ないのであるから間違もあらうと思ふ、それは一に自分の責任

に歸する譯である。それから今村氏著朝鮮風俗集をも借用したことた御斷りしておく。（下）

一　月

一月のことに就ては本誌の本年二月號に悉しく掲げてあるが順序として逃べて見ると、

元旦　歳粧といつて新しい衣服をつけて茶禮即ち歳酒歳餅を鑿べて祖先を祭る、それから内地の廻禮で、名刺を備付けの箱に入れるのである。主客相對して挨拶することは同様だが、言葉の内容は大に遠ふ。

馳走　に雑煮を食ふことは同じである。但朝鮮は粳米の餅で蝋燭の様な格好である。汁には野菜を入れないで肉を用ねるそれから屠蘇と詩には作るが、事實は薬酒といつて、内地ならば正宗で、それを飲むのである。

衣服　は貧富に依つて異なるが、皆新らしい装をすることは同様である。

遊戲　兒童は凧を揚げる、糸を他人のに引掛けて切ること を快とし誇りとする等は同様である。獨樂廻はし、羽子つき

これは其の年中に腫物が出来ないやうに呪するものである。

そうしてこの日には京城では五穀の飯と十二種の菜蔬を作つて食ふ。又耳明酒といふて酒を飲む、卽ち。

この日に酒を飲むと耳が敏くなるといふのである。田舍では五穀の飯を九度食べ、そうしてこの夜には村と村とで太皷等を鳴らしながら綱引をなし勝負を決する。それからこの日に、もう一つ面白いことは果樹の結婚と云ふ、そうすると其の年に果物が澤山出來るそうである。京城ではこの夜に「踏橋」と云つて十二個の橋を踏んで月見をする。こうすれば一年中脚が痛まないといふのである。大人は月の色の厚薄又は세이（昴星）と月の距離の遠近を見て其の年の豐凶の徴を計る。

山に登り月を迎へるのである。田舍では子供等が松明を持つて高い

「遊戲」新年の遊戲としては、男子は外では紙鳶を揚げ、部屋の中では栖といふものをやる。栖といふのは直徑一寸程の圓木を五寸乃至七寸の長さに切り、一面を平く削つたものを四本作り、之を道具として競爭的遊戲をする。之を投げて四本

の中上向になるのが一本ならば一點（豚）二本ならば二點（狗）三本ならば三點（犁）四本ならば四點（羊）四本共下向になれば五點（모）といつて、紙或は板で作つた馬田の道を夫れ〳〵進ませて勘定するものである。女子は板跳をする。卽ち板の中程の下に支點を設け、板の兩端に乘つて相上下する遊戲である。跳て高く上つた時には危なくて又面白いのである。以上の遊戲等は何れも十五日迄の間にやることになつて居る。朝鮮人は先づかやうにして樂しい新年を暮すの〳〵である。

て鼠をなくすと云ふ。これで鼠を驅除することは出來なからうが、害虫の驅除には一助となるであらう。

又六卦冊といふ其の年の吉凶や星廻りによる厄等を書いた本を見る、そうして十四日の晩に夫れ/\の厄によつて呪をするのである。例へば朝鮮の足袋形に紙を切つて屋根に挿し、又は白紙を切つて之を月に象り、紅紙を切つて屋根に挿して置くのである。白紙の圓く切つたのは月、紅紙の圓く切つたのは太陽を意味したのであつて、太陽の直星又は月の直星の人の居る家ではかやうにするのである。此の外に粟飯を炊いて六卦冊の指定する所に粢てる等色々ある。

もう一つ面白いのは、十二三日から藥の人形を作つて來て其の厄年のもの\/痰床の頭の方に置き十四日の晩になると之れを貰ひに來るものに渡してやる。渡す前に其の人形の軆中の方々に錢を入れて置くのである。或はこの人形の代り男なら男の繪、女なら女の繪を紙に書いて置き、其の軆の方々にお金を結びつけてやるのである。

十五日を「正月大보름」といふ、十三四日頃から此十五日の日まで「보름」といふて生栗、松の實、胡桃を買つて食ふ。前記の藥人形等を貰ひに來るのも下等の者で、其の金を取り出してこの「보름」を買つて食ふがためである。十五日朝には烏鵲等の巣から出る前に早く起きて、前記の「보름」の中で何れか一つづ\家族各人に宛て\半分づ\割つて粢てる。

元　旦　の　禮　廻

ね」の意味である。

「新年세해에는病患을다떨어버리셨다는구려」

之は病人に對する賀詞で「新年には御病氣が全快になった
そうですね」の意味である。

「新年세해에는……하셨다구려」

新年には……だそうですね」が質に振つて居る。

「歳拜床」歳拜に來たお客には、歳拜床（歳拜の御膳の意）と
て御馳走を出すのが一般の風習である。金持の家の出す御馳
走は仲々立派なものである。又歳拜に來た子供には、御馳走
を與へる外に歳拜毛又は졀갑〈御歲儀の代價〉又は蔦갑〈紙
쵬代〉とてお金を五錢乃至一圓でも二圓でもやる。又歳拜に
來るべきものが來ないと、怒つて其の無禮を責めるのである
又元日から十五日までの間には墓參をする。

「迷信」元日の日の迷信について少し次に書いて見やう。然
し之も漸次文化の進むに從つて廢れて往くのである。

一、除夕の晩から元日の夕方まで「禍조리」を賣り歩く。조리
は米を洗ふ時に使ふ一つの笊のやうな道具で、水の中にあ
る米を選り取るものである。それに態々禍の詞を添へて
「禍조리」と云ひ、禍を取る意味でこれを買つて置く
のである。

二、元旦には早くから紅い絹絲を賣る老婆が家々を尋ね廻る
之は目出い意味で買つて着物の紐に結ひつける。家が火の
やうに興れという意味で、燐寸も買つて置き、又飴のやう
に延べよという意味で飴も買つて門の環等に掛ける。

三、又元日の黄昏になると、櫛箱にある髪の毛を燃やして厄
除をする。

四、元日の夜になると、양광이という惡魔が天から下りて來
て人の履物を一々履いて見る。そうするとその履いて見た
ものゝ履物主は死ぬと言ひ傳はつて居るために、夜になれ
ば新しい履物も古い履物も悉く取集めて部屋の中にしまつ
て置くのである。

「其の他」正月に始めて來る寅の日と兎の日には、朝男の子
が先に起き出て竈所に入り釜の蓋を開けて見、便所に入りて
小便をなし門を開けるのである。そうして女子の來客を忌
み、男子の來客でも大小便をなすのを忌むのである。

又之は迷信ではないが、鼠の日に田舎では畔に火を放し

申鉉鼎, 「朝鮮の風俗＝陰暦正月＝」, 『조선』 84호 (1922.02.01), 145쪽

ねて面會をして止むのである。主人が居ると必ず上つて歳拜をし賀詞を交換するのである。そして近い親戚の間柄ならば、主人が居つても居らなくても必ず上つて目上には歳拜をして賀詞を申上げ、次に目下の者の歳拜と賀詞を受ける。

「賀詞」新年の賀詞は次のやうなものである。

「過歳安寧히지내섯습닛가」

之は目上の人に申し上げる賀詞で、「無事に御超歲遊ばしましたか」の意味である。然しこれは一家内に同居する人若くは親類でも、續柄の大變高い人には何も申さないのが却て禮であ る。

「되시고過歲잘지벗느냐」

之は目下に云ふ賀詞で、「御兩親と共に無事に越年したか」といふやうな意味である。これは一

元旦の朝鮮街

家内に同居するものには云はない。そうして又其の相手の情狀によつて夫れ夫れ異なる賀詞を述べる。即ち

「新年새해에는富者가되엿다는구려」

之は金持でないものに云ふ賀詞で「新年には金持になつたそうです ね」の意味である。

「新年새해는所願成就하 섯다는구려」

之は一般的に云ふ賀詞で「新年には御懇望が成就なされたそうですね」の意味である。

「新年새해에는아들을나섯다는구려」

之は未だ男の子を産まなかつたものに云ふ賀詞で、「新年には男の子を御產みになつてさうです

をする。歳拜とは新年を賀する禮拜である。

「献立」元日には何の家も次に掲ぐる新年の御馳走を整へて祖先に茶禮（お祭の一種）を行ふ。新年の御馳走として特に拵へるものは次のやうなものである。

치、屠蘇酒等。

석구、인절미、식혜、수정과、밤초、대추초、나박김

イ、석구
とは雜煮に當るものである。その餅は粳米で作る。

ロ、인절미
とは内地の餅のやうに糯米で作り、黄粉を着けた餅である。

ハ、식혜
とは飯と麥芽の粉とを混じて醸造した一種の甘酒である。

ニ、수정과
とは乾柿を湯に入れて蜜又は砂糖を混ぜ、生薑、松の實等を加へたものである。

ホ、밤초
とは乾栗を十分茹で、蜜と少しばかりの肉桂の粉とを入れて搔き混ぜ、更に茹でたものである。

ヘ、대추초
とは棗を十分に蒸し、之に蜜と肉桂の粉、松の實の粉等をかけて搔き混ぜたものである。

ト、屠蘇酒
とは山椒、防風、肉桂、桔梗等を調合した酒で、元日之を飲めば邪氣を拂ふとて家族悉く之を飲み、年少者が年長者に先つて飲むのである。所が近來之は餘り行はれて居ないやうである。

チ、나박김치
とは大根を薄く小片に切り、之に水芹、唐辛、葱等を混ぜて漬けた新鮮な漬物である。

「廻禮」茶禮が濟めば盛に廻禮に歩くが、内地人の家のやうに名刺受の設けもなく、名刺ばかりを置いて玄關で歸るといふやうなことをもしない。若し主人が居なければ何べんでも尋

申鉉鼎，「朝鮮の風俗＝陰暦正月＝」，『조선』84호 (1922.02.01), 143쪽

朝鮮の風俗 ＝陰暦正月＝

朝鮮總督府
編輯書記
申　鉉　鼎

　朝鮮も昔內地のやうに太陰暦を使用して居つたのだが、今から二十七年前（明治二十九年）から太陽暦を使用することになった。然し近來大に文化が開けて來たと云つても、之は公の事と新文明に浴したものにのみ使用せられ、其の他は未だ〳〵太陰暦を使用して居ると云ふ有樣である。殊に家の祭とか越年は殆んど皆舊暦によつてする。新暦の新年には近來年賀狀を出し合ふことがある。先づ順序として年末の贈答品から述べやう。

　「贈答」朝鮮人も內地人のやうに贈答が盛に行はれる。其の品物に最も廣く使ふのは乾明太で、之に海苔を添へて贈るのが普通である。又雉を贈るが雁は贈らない。此の外に煙草、白米、牛肉、鰊、蜜柑等も贈るのである。

　「除夕」大晦日の晩は除夕というて、家中方々に燈を點して明くし、寢ずに舊年を送り新年を迎へるのである。此の晩に瘦たら「眉が白くなる」と言ひ傳はつて居る、そうして遠方へ出て居るものも、官職にあるものも、人の家に厄はれて居るものも、皆必ず此の晩までに歸宅して家族揃つて歲を共に過すのが例である。祠堂（佛壇に當る）のある家ならば、この祠堂に号を歲拜をなし、次に目下のものは目上の人に号を歲拜をするのである。（号を歲拜といふのは舊年を無事に送つたことを賀する所の禮拜である）

　「元日と茶」禮元日には朝早く起きて豫ねて準備して置いた食鹽或は醬水、藥酒等を飮む「それは元日に嚏が出ると其の年は不吉である」といつてこれを豫防するためである。元日には朝起きると、大人も子供も皆新しい着物を着換へて先づ祠堂に家族揃つて歲拜をし、次に目下のものは目上の人に歲拜

申鉉鼎, 「朝鮮の風俗＝陰暦正月＝」, 『조선』84호 (1922.02.01), 142쪽

◇歳　饌　十二月には、古來都郷ごいはず、御歳暮ごして、雉・果物・菓子・鷄卵・肉物・魚物等を、親戚又は知人の間に、贈答することが一般に行はれる、これを歳饌と云ふ。

昔は歳末に、各節度使を始め、各道伯及び郡の守令等から朝家の高官又は親知等に、歳饌ごして土産を贈るの例があつた。書面の中に別箋を添付し、土産の種目を列記する、それを俗に聰明紙ご云つたのである。

京城附近の七十歳以上の朝官・命婦には、歳末に宮中から歳饌ご云つて、米穀や魚類なごを賜はり、地方に於ては守令なごの地方官から、これを授與するのであつた。又八十歳以上の朝官及び九十歳以上の士庶人に對しては、加資をしたのであるが、加資ごは日本の叙位ご同じて、百歳以上の者には尙ほ一品を超へて加せたのである。これは皆老人を優遇する意味であつたが、今は廢れしまつた。

◇牛禁を弛む　昔は大晦日の二三日前から、牛禁を弛めるの例があつた。牛禁・酒禁・松禁は、李朝の初葉から三大禁ごしてあつたが、牛禁ごは人民が猥りに牛を屠殺するご大禁ごして、法令を以て牛の屠殺を制限したのである。然るに一般人民の正朝を豐富ならしむるこ牛の蕃殖を害するこの理由から、

趣意から、年末に限つて法令の適用を緩かにしたのである。而してこの俗は李朝末葉以前のこごである。

◇祠堂神　昔し慶南の高城では、毎月二囘づゝ、官から郡の祠堂を祭つた、卽ち十二月二十日後になると、綵緞を以て神を假裝し、邑人は、神前の舞蹈を行ひ、又神裝を奉じて官衙を始め邑村を廻つたのであるが、婦女子共は爭つて米穀金錢等の賽神を爲し、正月の十五日に至つて、元の祠堂に奉還したのである。今日も慶尙道の地方では、お正月に「地神踏み」こいふ遊戯が行はれてゐるが、蓋しこの類であらう。

◇閏　月　閏月は餘計の月なので、厄のない月ごされ、民間では婚禮や家屋の建築や修繕等が行はれる。又この月内には、壽衣の裁縫なごをするが、壽衣ごは殮襲用の衣服で、死後に用ゐられる衣服である。朝鮮の習俗に、中流以上の家庭では、老年の親の爲めに、壽衣ご云つて死後着用の衣類を豫め支度するのが、例こなつてゐる。この月には何事をしても忌避する所がないこごから、すべてに閏月を利用することになつてゐる。

閏月の供佛は、特に佛に喜ばれるご傳へられて、この月には、寺参りの婦女子が多く、寺刹は爲に雜沓する。（了）

し、年少者は徐廟の親戚又は知人間の長者を歴訪し、年終の挨拶をするのである。これた舊歳拜と稱する、是日に限つて都鄕の別なく、薄暮から夜過くまで、廻禮者が往來し、街上に提燈の絕へ間なく、街巷は常に賑かであつた。

昔はこの日、在京の二品以上の諸官や侍臣は、參內して、舊歳の問安を行つたのである。

◇守　歳　この日の夜には、貧富貴賤を問はず、津々浦々まで、屋の內外に燈火を點ずるのである。男女老幼、共に鷄鳴に達する頃まで、睡眠しないで夜を徹するこいふ。この夜睡れば、眉毛が皆白くなるこいふ說が傳へられ、小供等は、全く眠らないで夜を明かすこが往々あり、又、寐た者の眉毛に、密かに白粉をつけて呼び起し、鏡を見せて大笑するこもあるのである。

東京夢華錄に依れば「都城の人は每年の除夜になるこ、遒人の裏に燈火を點ずる習例がある。それは大晦日に、竈神は家人の非狀一切を、天神に密告するこいふ說から、この夜に限つて道の裏を明くして、それに敬意を表するのであるが、一方には神の出入を監視する意味も含まれてゐる、而して家の人々は、火爐の傍に圍坐して、曉に至るまで眠らないのである。

るが、これを歳こ稱へる」こ云つてゐる。又溫革碎瑣錄には「除夜になるこ、神佛の前・房の內外、何れの處にも燈火を點じ、一家をして明くせしむる」とあり、東坡記の蜀俗篇には「この日(大晦日)は酒食を支度し、友人を招ねき、宴飲を張るが、これを別歳こ云ひ、曉まで眠ないで、夜を明かすのであるが、これを守歳こ云ふ」こある。

昔日の文人志士の送年感は如何であつたか、こゝに二三の送年辭を擧げて見やう。李朝端宗時代の志士白玉軒李塏(死六臣の一人)の除夕詩には

歳律今垂盡、端坐赴壺觴。呼兒敷更漏、喚婦落燈花。永夜雲陰積、嚴風雪勢斜。淸談仍促酒、不必阿戎家。

こあり、仁祖時代の節臣、三學士の一人たる尹集(號林溪)の除夜詩に

半壁殘燈照不眠、深夜虛館思悽然。萱堂定省今安否、鶴髮明朝又一年。

こあり、仁祖時代の文人孫必大(號寒齋)の守歲詩には

寒齋孤燈坐侵晨、餞罷殘年暗傷神。恰似江南爲客日、夕陽亭畔送佳人。

こある。

國家に慶事あつて、大赦の行はれる時には、別歳抄として
行はれたのである。

◇臘　亭　冬至の日から、第三番目に當る未の日を臘日
と定められ、この日には廟・社に大享祀を行ひ、これを臘亭
といつた、蓋しこれは夫餘の「迎鼓祭」の遺風と見られる。李
晬光の芝峯類説に依れば、「蔡邕の説を引用して、青帝（東）
は未・赤帝（南）は丑日・白帝（西）は辰日を臘を
以て、臘としてゐるが、朝鮮は東方に位し、木に屬されてゐ
るから、未の日を以て臘とした」と云つてゐる。

◇雀　捕　臘の日に雀を食へば、榮養になると云ひ、又
小児に食はせると、悪い疫病に罹らないと云つてゐる。又こ
の日に獲つた禽獸の肉は、特に味が佳いこの説が傳へられ、京
郷の別なく、網を張り、或は小銃を放ち、盛んに雀を捕へて食
べるのである。京城市中では銃を放すことな殼禁されてゐたが
この日に限つて、獵銃の使用を特に許されたのであつた。

◇臘日の雪　臘の日に降つた雪は薬になると云ふ説が傳
へられ、この日に雪が降れば、清き部分を取り、これを密か
して土瓶に入れて置く。それな漬物に使用せば、蛆が出來ず

また、味が變らず、之を衣服や書籍に挾けば、蠹が來ないと
も云つてゐる。

◇臘　薬　昔は臘の日になると、内醫院から種々の丸薬
を製造して、獻納するのが例であり、これを各侍臣に頒賜さ
れたものである。製薬の主なるものは、大體淸心丸・蘇合丸
安神等で、淸心丸は消化不良に、蘇合丸は瘴癘の病に、安神
丸は熱病に用ひられるもので、正宗時代には、新に濟衆丹、
廣濟丸の二種を製造せしめ、各營門の軍隊に頒賜されてゐた
が、その效果は蘇合丸に勝ると云ふので、聖德に感激した者
が多かつたとのことである。

昔老所からは、薬劑を精製して、老臣及び各司に分與した
のであるが、それは知人間の贈答品にも用ひられた。

◇大晦日　十二月の末日を俗に大晦日といひ、是日の夜
な除夕又は除夜と云ふが、この日は一年中の最終の日なので、
年中の取引關係は、大淸算を行ふ日である。各家ではお正月
の準備や償還の取立債務の返濟等で、緊張裡に奔走する。夜
中までも償懼の督促に廻るものもあるが、夜の十二時が過ぎ
ると、正月の上旬までは、決して請求しないのが例である。

◇舊歳拜　この日の夜、中流以上の家では、家廟を禮拜

呉晴,「朝鮮の年中行事(七)」,『조선』186호 (1930.11.01), 131쪽

てしまつた。

恐らくこれは支那から傳はつたものであらう。荊楚歳時記に依れば「共工氏に不肖の子があつて、冬至の日に死して疫病の鬼となつたが、この鬼は赤小豆を怖れたから冬至の日に粥を造り、以て惡魔の追拂ひをする」と記されてある。

◇暦の頒賜と煎藥

冬至の日には、年例に依つて觀象監（天文・地理・暦書等を掌る官署）から、翌年の暦を作つて之を獻納し、宮中では、それに玉璽を捺して百官に頒ち賜はれたのである、その表裝は黄と白の二種であつた。各司の吏屬は冬至の贈物として、暦を其の親類や知人に贈るのが、殊に吏曹の屬吏は、各地の守令に青い表裝のものを贈るのが、例であつた。蔡濟恭の樊岩集を按ずるに、至日頒暦と題したる詩に、「暦日煌々降紫淸、鶯疑忽復念前生。如何萬死江潭客、猶世葦章學士名。」とある。

又内醫院では、この日、煎藥を製造して宮中に獻納するのであつたが、これは牛の足と皮とを煮て膏と爲し、白蜜・丁香・桂心・淸蜜等を混じて造つたものである。しかしこれらの風習は今は廢れてしまつた。

◇黄柑製

年々冬至の季節になると、濟州島からそこの特産品たる橘・黄柑（蜜柑）等の果物を獻上したのであるが、宮中に於ては、先づこれを大廟に供へられ、御厨に頒ち賜はり、又侍臣に對しては遠來を慰め、御馳走された上、布帛等の下賜品があつたのである。何しろ遠き海中の孤島から王化を慕つて來るのであるから、吉例を設けて科（試驗のこと）を行ひ、成績を考試して、優秀な者には、特に資格を與へられたのであるが、これを名づけて柑製と云つた。新羅時代には耽羅の星主（昔は濟州島を耽羅國と稱し、王を星主と云つた）から、柑橘類の土産を貢納すると、その御祝として科を設けたのであるが、それは李朝まで襲用されてゐた。

◇歳　抄

十二月

これは官吏の成績を上奏することで、六月の一日と十二月の一日に行はれたのである。吏曹から朝官の成績を考査して、十二月の一日には國王に上啓する、これを歳抄と云つたのである。その點表に依つて、叙用・陞等・或は減等・罷免‥‥等が行はれた。

呉晴,「朝鮮の年中行事(七)」,『조선』186호 (1930.11.01), 130쪽

首魚鹽漬の汁、或は煎子鹽漬の汁、等が用ゐられる。

◇乾 釘 Chung　これは一種の菓子で、これを강졍（Kang Chung）と云ひ、月内によく造つて食べるのであるが、吉宴子と云ふ。又は祭祀にも多く用ゐられる。これを造るには、糯米の粉に小量の水と酒を掛け、捏ねた上で、二寸又は三寸の方形に切り、之を乾かして油で揚げると、膨れて恰も繭のやうになる。之れに水飴をかけて、白・黒の胡麻と青黄の大豆粉を粘付するのである。

又この外に、大豆乾釘・胡麻乾釘・松實乾釘・五色乾釘・梅花乾釘等がある。即ち大豆又は大豆の粉を飴に雜じて造りたるものを、大豆乾釘（콩강졍 Kong kang Chung）と云ひ、松の實を飴に混じて造りたるものを松實乾釘（잣강졍 Jat Kang Chung）と云ひ、五種の色を付けたるものを五色乾釘と云ひ、飴に胡麻を混じて造りたるものを胡麻乾釘（깻강졍 Kai Kang Chung）と云ひ、糯稻を炒つて、花蕾の形と爲し、これを飴に着けたるものを梅花乾釘と云ふ。

◇艾湯と艾團子　これは初冬の料理としては、美味であり、而も亦上品なものである。艾の嫩芽を採つて、牛肉と鶏肉と混じ、羹を作つたものを艾湯といひ、又艾を搗き糯米の粉を混じて餅を造り、黄粉と蜜とを和したるものを艾團子と云ふ。

◇牛乳酪の製造　昔は内醫院で、牛乳酪を造り、これを宮中に獻納することになつてゐたが、その期間は十月一日に始まり、翌年の一月に至つて止むのであつた。又耆老所では、十月から牛酪を製造して老齢の臣僚に分與するのが例であつたが、通例翌年正月の上元日、即ち十五日までとし、その後はこれを行はなかつた。

十一月

◇冬 至 日　これは千歳暦に定められてある日で、新暦の十二月二十二日に當るのである。俗に冬至を亞歳と云ひ、年々この日になると、都鄙を問はず、各家々では赤小豆の粥を造り、家廟に祭を行ひ、之を喰べるのであるが、この赤小豆の粥の中には、必ず糯米の粉で卵のやうな團子を作つて入れることになつてゐる。昔は厄拂ひと云つて、赤小豆の粥を、家の入口又は門扉等に振りかける俗習もあつたが、今では廢れ

呉晴, 「朝鮮の年中行事(七)」, 『조선』 186호 (1930.11.01), 129쪽

城主바지ᄎ (Sung Chupachikut) 又は城主ᄯᅥ리 (Sung Chupuri) とも云つてゐる。家宅を統轄する神の名を城主、

又は成造と稱するが、この祭は神道の遺風である。神檀實記の大宗敬編に依れば「人民の家々では、毎年の十月農事の終つた時に、新穀を以て大餅を蒸し、酒果を加へて、恐神するのを、成造祭と云ふが、成造とは卽ち邦家を成造したその意義である。壇君が始め人民の居處する制度を敎へて、宮室を造らしめたが、人民はそれを永遠に記念する爲め、必ず陰壇月を以て神功を報賽するのである」と記してゐる。

◇農功祭　咸鏡道の各地方では、十月の一日より末日に至るまでの間に、農功祭が行はれる。この祭は朝鮮の國祖たる壇君に、新穀を差上げる祭であるが、各部落では、月內の古日を選み、新穀を以て、餅や酒を調理して、全家族、全部落を擧げ、心ゆくまで盛大に祭を執り行ふ。そしてこの祭がすむまでは、如何なる事情があつても、新穀の出入をすることなく、又牛馬等の動物に至るまで、過酷な取扱を避け、凡てのことに出來得る限りの謹愼を表するのである。又祭りに供へた御馳走は、全部落民が集まつて、戴くことになつてゐ

るが、昔からこの祭りに供せられた飲食物は、幾ら多く食べても、腹を痛めることがない、と傳へられてゐる。これは上古時代の十月祭來の遺風である。

◇沉　菹　漬物を漬けることを、朝鮮語で김장 (Kim chang) と云ふ。年々十月になれば、都鄉といはず各家々では冬の用意として大根と白菜で各種の漬物をこしらへるのであるが、夏の醬油造りと十月の漬物は、一年中の大仕事となつてゐる。女子の間では、十月の挨拶として、キムチャンを終つたかといふ、御世事を述べるのである。この一事から推しても、各家が漬物を如何に重要視してゐるかを窺ひ知ろしであらう。都會地の市場では、月內の最も主要なる商品として、大根や白菜を山積して置き、又之を買ひ求むる、男女の客が簇集して、市場は一大盛况を呈するのである。漬物には沉菜 (김치 Kim Chi)・醬沉菜 (장김치 Chang KimChi)・깍두기 (Kak duki)・冬沉 (동침이 Tong Chimi)・찬김지 (Chan Chimi) の種類があつて、これらの漬上げには、大根や白菜を主とする外、鹽・唐辛・芹・葱・松の實・栗・梨・石花(牡蠣)・生蜜・蒜・蝦鹽漬の汁、又は石

吳晴, 「朝鮮の年中行事(七)」, 『조선』186호 (1930.11.01), 128쪽

あつて、開天といふ文字を公式に用ひた一例にもなるのである。

然らば開天節を以て歳首ともしたる古俗に由つたのは何故か。蓋しこれは農功の終つた時を以て歳首ともしたる古俗に由つたのであらう。後漢書には「穢貊常以歳十月祭天、晝夜飲酒歌舞、名爲舞天、其作樂大抵與夫餘國同」……とあり、又「高句麗祠社稷零星以十月祭天大會名曰東盟」とある。三國誌には「馬韓以五月下種訖祭鬼神群聚歌舞十月農功畢亦復如之」とあり、又「高句麗其俗於居所之左右立大屋祭鬼神其國東有大穴名隧穴（久庵地理に依れば、これは平北寧遠の蚯龍窟のことであらうらしい）十月國中大會迎隧神還於國東上祭之置木隧於神坐」とある。又新唐書には「高麗國左隧穴每十月王自祭之」とある。これ等の文獻から推しても、これが古風であることは窺はれるであらう。

古來十月を上月（サンヲル）と云つてゐるのも、その民俗的遺物であることは多言を要するまでもない。而して文化的同源關係にある日本に於て、十月を「カミナヅキ」、即ち神に關係される月と云つて、種々の神事がこの月に行はれ、支那の東海岸一帯に於ても、亦皆十月を以て祭りの月ともなし、特

に東夷の故土ともいふべき山東地方に於て、十月を神事的に崇尚してゐるが、これ等のことから見ても、その由來の久しきを知り得るであらう。

◇孫乭風　十月二十日には、年例として大風が起ると傳へられてゐるが、是日の風を俗に孫乭風（朝鮮語で손돌바람「Sondol param」）と稱する。昔し高麗の王が船で江華に幸啓された時、船の險所に差し掛るのを見て、王は船人孫乭なる者を疑ひ、命じてこれを斬らしめ、幸にその危險を免れたので、今もその難所を孫乭項（손돌목「Sondol Mok」）といつてゐる。それでこの日には孫乭の怨みで、大風が起るといふ説が傳へられ、江華島の人々はこの日に船を出さないことにしてゐる。

◇城主神の祭　十月を上月（サンヲル）と云つて、都郷といはず、各家では年例に依り、月内吉日を選み、新穀を以て餅を搗き、酒を醸して、家宅の神に祭を行ひ、一家の平穏無事を祈るのであるが、その吉日とは午の日に相當する。殊に戌午の日を最吉日としてゐるが、家に依つては、安宅とも云ふ巫を用ゐて神祀を盛大に行ふこともある。俗にこれを

呉晴，「朝鮮の年中行事(七)」，『조선』186호 (1930.11.01), 127쪽

朝鮮の年中行事 (七)

吳　晴

十月

◇開天節　十月三日を開天節と云つて、一般に於て大に崇尚するが、大倧敎では、大祭を行ふのである。開天節は、朝鮮神話に因り、國祖の天降を記念すると共に、農功の終了を機會として、天神たる國祖に報謝の誠を表すると、名日である。古來朝鮮には方々谷々の各家に於て、十月の初頃或る吉日を選み、新穀を以て酒を造り餅を調理して、敬虔に告祀を行ふ習俗があるが、多くはこの日に於て行はれた。今日も一般民間に於て盛んに行はれる城主祭又は農功祭等もこの類である。

古代朝鮮民族の間には、氏姓と敎政の起原を天帝に歸し、太古に天帝の子が人間界に降臨し、敎化を布いたのが我が建國

の發端であると信傳されてゐた。故にそれ等の信念的歷史に於ては、人間界から見る建國なるものが、天界の方から言つて「開天」を意味するのであつて、卽ち天門の人間界に向つて開かれたのを、國家の發生だと信じられたのであつた。かくる建國神話は、白山・黑水・渤海の間に生聚せる、一般民衆に普遍されてゐるところであるが、天子降臨の聖地は、東方の靈場たる太白山となつてゐる。朝鮮神話に桓國庶子桓雄が、人間を弘益せんとして、天符三箇を持ち、神衆三千を率ひて、太白山頂に降臨せられ、人間界の三百六十餘事を施したと云つてゐるのが、その一典型である。又これと同一なる傳統を有する滿洲民族を以て、興起せる金國が、大定十二年に長白山神を封じて興國靈應王となし、明昌三年十月に復冊して開天宏聖帝としたのも、亦この信念の端的なる一表現である。

吳晴, 「朝鮮の年中行事(七)」, 『조선』186호 (1930.11.01), 126쪽

も習へば充分熟達して、自由自在に書くことが出来る程・簡便
容易なものである。

而してハンクルは、その文字の綴字法が縦書ごなつて、漢
文や日本文のやうに、右から左へ行を進めてゆくのである
が、素より横書に變化すべき性能をも具有してゐる。これが
横書に變ずれば、縦書より尚ほ簡便になるべきであるから、
近來これを提唱する者も頗る多くなつて來た。これは時機の
問題であるが、何時か當然横書に變化されるであらう。他の
理由は別として、たゞ印刷上から見ても、横書こする必要が
あるからである。今その横書の一例を示せば、假に セウル
（京城）を縦書では外を上ご書くのであるが、これを横書にす
れば即ち『ソウル』ごなるのである。

世宗大王に於し訓民正音こして、創作頒布されたる文字は
即ち左の二十八字であつたが、現今に於ては「ᅙᅌᅀ」の三
字は使用されてゐない。

子音　ㄱ ㄴ ㄷ ㄹ ㅁ ㅂ ㅅ ㅇ ㅈ ㅊ ㅋ ㅌ
　　　ㅍ ㅎ ᅙ ᅌ ᅀ ᄝ
母音　ㅏ ㅑ ㅓ ㅕ ㅗ ㅛ ㅜ ㅠ ㅡ
　　　ㆍ ㅣ 、。

而してこゝに縦書の綴字法の一例を示ませば、即ち左の如
くである。

ㄱ	ㄴ	ㄷ	ㄹ	ㅁ	ㅂ	ㅅ	ㅇ	ㅣ
가갸	거겨	고교	구규	그기	과궈			
나냐	너녀	노뇨	누뉴	느늬	놔눠			
다댜	더뎌	도됴	두듀	드듸	돠뒈			
라랴	러려	로료	루류	르릐	롸뤄			
마먀	머며	모묘	무뮤	므믜	뫄뭐			
바뱌	버벼	보뵤	부뷰	브븨	봐붸			
사샤	서셔	소쇼	수슈	스싀	솨쉬			
아야	어여	오요	우유	으이응	와워			
자쟈	저져	조죠	주쥬	즈즤	좌쥐			
차챠	처쳐	초쵸	추츄	츠츼	촤취			
카캬	커켜	코쿄	쿠큐	크킈	콰퀴			
타탸	터텨	토툐	투튜	트틔	톼튀			
파퍄	퍼펴	포표	푸퓨	프픠	퐈풔			
하햐	허혀	호효	후휴	흐희	화훠			

呉晴,「朝鮮の年中行事(六)」,「조선」172호 (1929.09.01), 96쪽

少年、女子は女子で組みを作り、或は家族連で三月の賞春と同様に、山游野遊を盛んにするのである。これは古き新羅時代からの風俗で、近來は昔のやうな風流客は殆んさなくなつたが、まだ年々この月になるこ楓あり菊ある所には、人の山をなすこともあるのである。李朝英祖時代の文士趙観彬の九月登山詩に「丹楓千樹又萬樹。我行悠々水石間。不知天中白雲起。却疑山上更有山。」ご吟じてゐる。

◇二十九日。この日は朝鮮文の創定頒布された日で、가갸日(ガ캬)(en kyu Nal)又は한글(han geul nal)こいつてゐる。年々この日になると、京城を始め各地方に於ては、多數の人士が集まつてハンクルに關する記事や論文を滿載した記念號を發行し、又各新聞雜誌は筆を揃へてこれに關する記事や論文を滿載した記念號を發行する。ハンクルは朝鮮文のこさで朝鮮語のさは大、글は文の意味である。

ハンクルは李朝世宗大王が卽位後二十五年癸亥冬に之を完製して、同二十八年（西暦一四四六年）丙寅九月二十九日に頒布せられたのである。世宗大王は、天地自然の聲があれば天地自然の文がある、この大理想を以て、多年苦心せられた結果、このハンクルを創作し、この日を以て、訓民正音さいふ名稱の下に頒布するご同時に、文の公私を問はず、必ずこれを用ふるやう嚴命を下した。仍て發布されて以來一時は、君主の權力に依つて廣く一般に使用されてゐたが、その後世祖以來燕山主の暴政等に因つて、この文字は現今に至るまで四百數十年の間、莫大なる致命傷を受けて、眞にその使命を發揮し得ず、たゞ諺文ごして使用されるこゝに止まつたのである。然るにこのハンクルが、最初から民衆の敎化・民生の福利・民意の暢達、を自己の使命さして、生まれたものであるこゝは、世宗大王が訓民正音を頒布するご同時に、宣せられたその序文に依つて明かである。卽ちその序文は左の如くである。

國之語音。異乎中國。與文字不相通。故愚民有所欲言。而終不得伸其情者多矣。予爲此憫然。所制二十八字。欲使人々易習。便於日用耳。

文字の組織が惡いといへばそうかも知れないが、ハンクルは、如何なる發音でも出來るのみならず、極めて簡便であり且つ合理的になつてゐる。如何に頭の鈍いものでも、二日間

吳晴,「朝鮮の年中行事(六)」,『조선』172호 (1929.09.01), 95쪽

朝鮮の年中行事 (六)

吳　晴

九　月

◇九日。この日を重九又は重陽といつてゐる。都郷といはず各家では、菊花煎といふ餅を食べるが、菊花煎とは三月三日の花煎と同樣なもので、即ち黄菊の花を採り糯米の粉に混ぜて作つた團子である。又柚子の實と梨を細く切り、蜜の水に石榴と松の實とを混合して飲用するが、これを花菜といつてゐる。

この日、人々は郊外に出で、楓を賞し、文士や齏家は酒肴を携へ、楓の名所や菊花のある所に至り、黄菊を酒に泛べて盃々交はしながら、詩を作つて吟じたり、齏を書いたりして一日の清遊を試みるのである。前して李朝明宗時代の文士、古玉鄭惜の重陽詩に「世人最崇々陽節。未必重陽引興長。若對黄花倾白酒。九秋何日不重陽。」と吟じてゐる。又蕭宗時代の文士農岩金昌協は、この日諸生と共に酒を携へて山に登り、

「臥病那能貧菊餘。小鹽扶我上高岡。森々萬木知霜氣。歷々三洲見夕陽。老去尚堪供簡序。心期久已託滄浪。不滇史問明年健。且較樓前與短長。」と吟じたのである。

又農家では時候の遲れる爲に、新穀を以て八月の薦新を行はざりし場合には、この日に至り、新穀で調理した種々の御馳走と新果を、家廟に供へて祭を行ひ、その御馳走を飲食して一日愉快に遊ぶのである。

◇山遊び。九月は菊花滿開の月であり、楓の當節なので、賞菊さか観楓とかいつて、老年は老年、青年は青年、少年は

吳晴、「朝鮮の年中行事(六)」、『조선』172호 (1929.09.01), 94쪽

問はず、總出勤ごなつて歌舞音を催し、

て、縄引を爲し勝負を試みるが、若しも縄の中間が斷絶して

兩組の人々が、共に地上へ顛伏されるご、一般の會衆は拍手

大笑をするのである。それを照里戲ごいつてゐる。又鞦韆及

び鬪鷄の戯もやるのである。

(6)牛まね戲。これは黄海道の苋州地方に、行はれる農夫の

遊びである。この日の夕に二人の若い者が、尻を突き合は

せて中腰をなし、藁で編んだ大きな席（これを綱席ごいふ）

をその上に衾せ、一方の男は二本の短い棒を、一方の男は一

本の稍長い棒を垂れ、恰も牛の角ご尻ツボのやうに假裝する

のである。

そして多くの若者ごもはこれを牽き、夜更けまで村中を廻

りながら、各家を訪れ、富裕な家の前に至るご、二つの短い

棒（牛の角に當るもの）で、門の戸を打ち鳴らし、「お隣の牛

が飢ゑて來ました、何か御馳走があればくだきい」ご唸り立

てるが、この家では酒食を出して、その一行を饗應するので

ある。これはお正月にも同樣に行れる。

◇路上の會見。これは全羅北道高敞地方に、行はれてゐる

風俗であるが。卽ち永らく會へなかつた姻戚關係の婦人、多

くは婿の母ご嫁の實母が、相會はうごするきに行はれるこ

ごである。

彼等は勤め或る日時を打合せて、お互に何か手土産を携へ

兩家の中間に當つてゐる川の岸か、又は山嶺等を擇び、待合

はせて會見し、各々その携へ來れる御馳走を飲食しながら、

心ゆくまで語り合つた後、歸りゆくのである。これを朝鮮語

で中路보기(Chungno Boki)ごいつて、暖い春又は凉しい秋に

行ふこごになつてゐるが、多くは農閑期たる八月中に行はれ

るのである。

然しこれが何れの時代から始まり、如何なる事情から、起

つたのであるかは、詳らかでないが、たゞ事實それのみを見

たゞけでも、如何に窮屈な禮儀を省き、煩雑な形式を避けた

かを、充分に饐し得るであらう。何時も忙しい農家に於ては

洵に面白い會見方法である。

──（つゞく）──

吳晴，「朝鮮の年中行事(五)」，『조선』171호 (1929.08.01), 114쪽

れてゐる。この地方では、毎年この日の夜になると、二人の

男子が尻をつき合はせて、うつぶしをしたその兩側に、又二

人の男子がうつぶしになつて、その上に、黍の稈で編んだ筵

をかぶせてから、其の上を、藁にて龜の甲のやうに編み、龜

の形を拵へる。そして前の男の頭、即ち龜の頭に當る所を、

紐を以てつないで、數十名の農夫が、鉦や鼓を打ち鳴らしな

がら、これを引き村中を廻り、各家を訪れて「東海のお龜さん

が、はるぐ〜波を渡つて、こちの村に來たから、何かうまい

御馳走をください……」と要求するが、各家ではその一行

を門内に案内して、豫め用意した酒食を出して、振舞ふので

ある。これを朝鮮語で거북노리 (Gubuk nori) といつてゐる

(4) 女娘の歌戲。 これは慶尙、全羅兩道の海岸地方に、最

も盛んに行はれる習俗であるが、この地方では、白晝を欺く

ばかりに明るい月光が、天地に滿つる是日の夜さなれば、二

十人・三十人又は四五十人づゝの乙女達が、一群をなして踊り

ながら、羌々水越來 (강강수월래‥Kang-kang Su will rai)

といふ歌を唄つて、くるくると巡るのである。羌々水越來と

は、即ち羌敵が海を越えて來るこの意味であるが、その起り

は、傳へられてゐるところに依れば、今々距る三百三十六年

前壬辰の役に、水軍統制使忠武公李舜臣が水兵を率ゐて、日

本の豐臣秀吉軍と海上戰を行つたとき、一般の人々に敵愾心

を注入すると共に、出征軍を聲援するが爲め、戰地附近の娘

達が、數十人づゝ群をなして山に登り、處々に火を放つて巡

りながら、羌々水越來の歌を唄つたことから起つたといはれ

てゐる。

而してそれから後は、その戰跡地附近の乙女達が、其當時

を紀念し追憶せんが爲めに、百物の成熟期であり、不寒不熱

なるこの滿月夜を擇び、一つの年中行事として、羌々水越來

の歌を唄ひながら、踊り廻るのであつたが、それがだん〜

廣まつて、南鮮一帶に傳はつて此の地方の風俗となつたもの

である。又地方によつては、これが正月十五日の夜に行はる

こころもある。

(5) 照里戲。 濟州島の習俗に、毎年この日になると、男女を

呉晴, 「朝鮮の年中行事(五)」, 『조선』 171호 (1929.08.01), 113쪽

鮮語で「か외节」（Ka wo nul）といつてゐるが、新羅儒理王の時

代麻續ぎの女子を、八月十五日宮庭に集めて、その成績を審

査し、酒食を遣いてその勞を慰めたことがあつた。そのとき

麻續ぎの女子達は、喜んで歌舞白戲をやつたが、これを嘉俳

（가외-Ka ma il）といつた。これが即ち嘉俳日の起りである。

この日は年中三大名節の一であり、尙又穀物は既に稔り、秋

の收穫も遠からざる時節なので、田舍では寢も重なる節句と

してをる。男女老少共に、新しい衣服を着換へて、或は山に

登り、或は野原に出て、色々の遊戲をして樂みとする。

又農夫などは、夏の間蒸すが如き曝陽の下で、一時も休むこ

となく、苦勞したその汗の結晶たる新穀で、造つた酒食に醉

飽して、樂器を鳴らしながら、あらゆる樂みを盡し、五月殷

夫八月仙の實景を演ずるのである。而してこの日に行はれる

ことを列記すれば、大體左の通りである。

(1) 茶禮及び參墓　都鄕といはず、各家では新穀を以て

酒・餅及び其の他種々の山河眞味を調理して、黍・栗・梨・

柿・松の實‥‥などゝの新果と共に、この日の朝、家廟に供

へ祖先を祭るが、これを秋夕茶禮又は八月薦新といつてゐる。

ゝこの日は寒食日と同樣に、祖先の墓地に詣でゝ禮拜をす

るのである。柳子厚樂に依れば「卑賤巧人の人といへども、

皆父母の丘墓に祭拜する」といつてゐるが、薹とこの日のこ

とを、云爲したものであらう。而して墓地の雜草は、大抵秋

夕の前に刈るのが例となつてゐるが、この日祭墓の際に、こ

れを刈ることもあるのである。これを伐草といふ。

(2) 角力戲。　年々この日になると、大規模の角戲會を催す

盛んにやるが、大規模の角戲會を催すときは、優秀者に賞と

して牛を奧へるのである。これに就いての詳細は、五月五日

の行事中の角力戲について詳記してあるから、こゝには略す

る。

(3) 龜まね戲。　これは正月の行事中、獅子戲と類似せるもの

で、忠淸北道の東北部及び京畿道の長湖院地方に、多く行は

昔し新穀の末た稔らないときは、月內の下丁日又は九月九日

に祭るのである。而して月內の下丁日とは、八月の最終の干

の丁に當るの日であるが、丁の日は神のよく糞を亨くる日と

傳へられてゐる。こゝに於いか、丁の日によく神を祭る習が

ある

てゐる習俗である。即ちお互の怠慢を戒め、能率を増進する
が爲めに、人の仕事を順ぐりに、相互協助することである
その部落での麻織りに從事する女子達は、年々七月中旬頃か
ら、毎夜二十人も三十人も一定場所に集まり、面白い話をし
ながら、その麻織りに用ふる絲を績むぐのである。そしてそ
の夜中に績いだ絲は、全部その中の或一人に與へ、毎夜か
くの如く順ぐりに與へて行くのである。各家庭にて一人々々
が各別にやつては、なか／＼時日がかゝり、能率も進まぬが
かやうに多數の人が協同して、面白い話をしながらやるので
あつて、仕事は知らず識らずの間に進んで、何時の間にか終
るのである。若しその組みの中に、故なくして作業の時間中
に缺席するか、又は出席はしてゐても、怠けて仕事を忠實
にしない者がをると、直ちにそのグループから除外してしま
ふことになつてゐる。これ故に各其自己の仕事を考へ、皆と
一緒に交はる誠意を以つて、極力努力するのであるが、この
の協同して績むぐことを、朝鮮語で들쎄삼（Dŭlsi sam）と
いつてゐる。

而してこれは古き新羅時代からの習俗である。輿地勝覽に

依れば、「新羅儒理王の時代に、王は王都の六部を二部に分ち
王女二人をして各々その部内の女子を統率せしめ、七月十
五日より每日各其部內の女子を集め麻を績いで、八月十
五日に至り、その成績を考査し、敗者より酒食を以て勝者を慰
勞されたので、勝者はこれを誇りとして歌舞百戲をしたが、
これを嘉俳と稱へた。その時敗者中より一人の女子が起つて
踊りながら「會蘇々々」と歎辭の歌を唱つたが、その音調は
至つて哀悔であつた。後の人はその音曲に依つて歌を作り、
これを會蘇曲と名付けたのであるが、民俗は今もこれを行ふ
てゐる」といつてある。

八　月

◇上丁日。この日は八月の一番初めの干の丁に當る日であ
る。每年この日になると、儒生等が各地の文廟に集まり、孔
子以下の聖賢に祭享を行ふのである。これを秋期文廟釋典と
稱する。その祭享の方式及順序は、二月の上丁日に行はれる
それと同樣である。

◇十五日。この日を嘉俳日又は秋夕と稱へる。嘉俳日は朝

呉晴、「朝鮮の年中行事(五)」、『조선』171호 (1929.08.01), 111쪽

◇**十五日**。 この日を百種日、百中節又は中元といつてゐる

僧侶等は毎年此日になると、各寺院に於て、齋を設け佛に供養をする。昔、佛敎の隆盛であつた新羅・高麗の時代には、この日に盂蘭盆會を設けて、僧侶・俗人共に、佛の供養を盛んにするのであつたが、李朝になつてから後は、民間に於て供佛する風俗は殆んどなくなつて、たゞ僧侶等が寺院で齋を設けるのみとなつた。盂蘭盆經を按ずるに「比邱（僧侶のこと）は、五味及び百種の果物を具して、盆中に盛り、以て十方大德（佛のこと）に供養する」といつてゐる。

而して盂蘭盆とは、梵語の音譯にして、倒懸を救ふの意味である。卽ち七月十五日百味の飮食を盆に盛り、諸佛に供養し、以て冥土に於ける亡靈の倒さに懸けられたる苦を救ふこの意である。惟ふに百種日とは百味の飮食物を指したのであるらしい。

俗に七月十五日を亡魂日といひ、閭閻の小民は、月光の明い是日の夜に、蔬菜・果物・酒・飯を具へ、亡親の魂を招くのである。李朝宣祖時代の女士東岳李安訥の詩に「記得市廛蔬果賤、都人隨處薦亡魂」と吟じてゐる。蓋しこれは盂蘭盆會の遺風であらう。

南鮮地方では、この日を百中市と稱して、市人は市場を開き、且つ角戲會を催すので、各市場には、その附近から多くの群衆が集まり、大雜沓の盛況を呈するのである。角戲は二部に分れ、各々選手を膺び來り勝負を試みるのであるが、優勝者には賞として牛を與へる。その費用は負けた方の負擔となる。

◇**草宴**。 これは、卽ち農夫慰勞宴のことであるが、昔から最も盛んに行はれたのは、慶尙道の地方であつた。今も猶ほこの地方では、年々七月になると、各部落に於て月の中下旬頃の或日を選び、その部落の農夫總出となつて、山叉は大樹の下に集まり、酒食を共にしながら、相互に農苦を慰める。醉へば鐘や鼓を鳴らしながら、一日を愉快に遊び過すのであるが、これを草宴といつてゐる。而してこれには會費を集めるのでなく、各家で各々その分に應じて、酒食及其他種々の御馳走を作つて、提供することになつてゐる。

◇**女子の協同績麻**。 これは古へより、南鮮地方に行はれ

吳晴、「朝鮮の年中行事(五)」、『조선』171호 (1929.08.01), 110쪽

朝鮮の年中行事 (五)

吳　　晴

七　月

◇七日。この日を七夕といひ、當夜未婚の女子は、織女の二星を拜して、裁縫の上達せんことを祈り、文人は盃を交はしながら、この二星を題として詩を作る。傳へられるこころに依れば、牽牛星と織女星は、銀河といふ天河の東西に分れ、相望んでゐながら、橋なき爲めに相逢ふことが出來ないが、年々この日になると、烏鵲の橋にて銀河を渡り相逢ふこの說がある。この日烏鵲は、銀河に橋を架けようとして悉く上天し、地上には一羽も居らぬと傳へられるが、

李朝中宗時代の文士慕齋金安國の七夕詩に「鵲散烏飛事已休。一宵歡會一年愁。涙傾銀漢枕波凋。腸斷瓊瑰夜色幽。錘

帳有心遨素月。翠罷無衣上金鈎。只應萬却容成怨。南北迢々不月由。にて吟じてゐる。俗に當夜の雨を喜びの涙といひ、翌朝の雨を別れ惜みの涙と稱する。而して荊楚歳時には左の如く記されてある。

天河之東。有織女。天帝之子也。年々織杼勞役。織成雲錦天衣。天帝憐其獨處。許嫁河西牽牛郎。嫁後。遂廢織紙。天帝怒。責令歸河東。唯每年七月七日夜。渡河一會。

この日は鄕といはず、各家では衣裳や書籍を日光に曬して、蟲の害を防ぐのであるが、これは古へよりの慣習である。富家は綾羅綢緞の美衣を掛け出し、儒家は山積の陳書を出し列べて、日光消毒をなし、蟲害を防ぐと共に、この多藏を誇る。書籍の蟲干を曬書といひ、衣裳の蟲干を曬衣といつてゐ

278

ありさて、田舎の人々はこれを盛んに食ふ。又伏の日には、必ず赤小豆と粳米を以て造つた粥を食ふことになつてゐる。これも退嬰辟邪の意味であらう。

◇藥水飲み。三伏中は都鄙を問はず、男女老少共に藥水を盛んに飲用する。因みに夏の中、山間の藥水ある所には、四方から大勢の人が蝟集するのであつて、市の如き盛況を呈する。藥水は山間から湧出する水で、清澄なものもあり、前紫色を帶べるものあり、これら昔から藥水と稱へたもいは、大抵ラヂウムや炭酸カリウムを含有してゐるが、これを飲めば、神經衰弱・消化不良・淋病なぎの病氣に非常に、効顕があると云つてゐる。これは現代の醫學上から見れば、何等理窟に當らないやうではあるが、實際昔からの有名な藥水を飲むこ神經衰弱や消化不良などには、少からざる効能があるのである。

藥水は到る處にあるが、その中でも最も有名なものとして成鏡南道安邊郡の釋王寺藥水、同じく三防の藥水、平安南道江西の藥水なぎがある。

◇避暑。六月の暑中には、三々五々組みを爲し、山水綠陰の地に避暑するが、或は山間に至つて藥水を飲み、或は海邊に至つて海水に浴するのである。殊に安邊の釋王寺・三防の藥水浦・元山の明沙十里の濱・仁川の月尾島なぎの勝地には、年々暑中に四方から雲集する避暑客で、盛況を極めるのである。

◇鷄蔘湯。夏の間鷄蔘湯を多く飲用すれば、元氣が非常によくなり、且つ年中如何なる疾病にも罹らないとて、人々はこれを盛んに飲用する。鷄蔘湯とは、卽ち鷄の腹に人蔘と糯米一勺を入れて煎出した液であるが、富者はこれを殆んど每日服用するのである。

◇小麥麵。小麥の粉を以て麵を造り、鷄煎湯に調和して食用する。これを小麥麵と云ふが、多くは、午食又は夕食とするのである。又南瓜を細く切り、小麥の粉に入れ混ぜて、これを油に揚げて食べるが、何れも暑中に適する料理である。

◇賜氷。昔は宮中から、暑中の見舞として、在京の大官や各部署に氷を頒賜される例があつた。年々六月中旬になると木の札卽ち氷票を頒賜されるが、その札を持つて藏氷庫に往つて氷を受領するのであつた。

吳晴, 「朝鮮の年中行事(四)」, 『조선』170호 (1929.07.01), 96쪽

中らぬと信ずるからである。又文人なごは流頭宴といつて、
酒肴を携えて、山間又は水邊の景致を訪ねて、詩を吟じながら
一日の清遊を試みる。これは新羅時代からの風習である。金
克己（高麗毅宗時代の文人）集に依れば、「東都（新羅の首府）
の俗に、六月十五日に、頭髪及び身體を東流の水に洗ひ、不
祥を除け去る。そして稧飲を山亭で張るが、これを流頭宴と
いふ」と記されてある。

この日の朝各家では、小麥の粉にて個餅及び餅を作り、甜
瓜その他の新果と共に、これを家廟に供へて祭祀を行ふので
ある。これを流頭薦新と云つてゐる。○○○。

一家團欒の裡にこれを食ふが、此日の食物として、主なるも
のを列記すれば、大概左の如くである。

（イ）流頭麵。この日は、小麥の粉にて麵を造り、男女老少
共にこれを食ふことになつてゐるが、俗にこれを流頭麵と稱
へる。
傳はれるところに依れば、流頭日に小麥の麵を食へば
夏中暑氣に中らぬといつてゐる。昔は小麥の粉を以て珠形の
如く造り、これに五つの色を染め、三枚づゝ重ねて、色絲に

て穿ち、これを佩び或は門柱に掛け、以て厄掃ひとしてゐ
た。

（ロ）水團と乾團。水團とは卽ち水團子のことである。粳米
の粉を蒸して細長く搗き、珠形の如く切つて、これを氷水に
浸し、蜜と混和して食用する。又乾團といふのがあるが、こ
れは水に浸さないで食べるから、かく名づけてゐる、この餅
は糯米の粉を用ゐて造ることもある。

（ハ）連餅。小麥の粉に小豆の水を注ぎ捏ねて、これを薄く
擴げ、油に揚げるか、又は赤豆・胡扁・蜜なごを混合したも
のを餡にして、種々の形に捲き包み、これを蒸して食用する
が、俗にこれを連餅と云つてゐる。

◇三伏。千歳歴に定めてゐる初伏・中伏・末伏を、總括し
て三伏といふのである。伏の日は炎暑殊に酷いので、山水の
よい所に往つて、詩を作つたり、盃を交はしたり、又は濯足
と云つて、時々清流の水に足を浸しながら、一日の暑を忘れ
るのである。或は妓生同伴で江邊に行き、江上に船を浮べて
魚釣をしたり、妓生をして歌を唄はせたりして、一日の清遊
を試みる。而して伏の日に、麥飯と葱湯を食へば、退暑の效

呉晴,「朝鮮の年中行事(四)」,『조선』170호 (1929.07.01), 95쪽

に、蘇塗（塔のこと）を近き大本を建てゝ、以て鈴と鏡を下げてあつた習俗から出たものであらう。そは兎も角、城隍神は巫も必ず祭るから、俗にはこれを淫祀といつてゐる。處がその神を究ふるに、これは蓋し國都・州・府・郡・縣の鎭山（都邑の後方にある山のこと）の神祇である。故にその神號には、必ず護國の二字が加へられるのであつた。

（カ）六嶺山神の祭。　これは江原道の江陵邑に行はれた風俗であるが、昔は毎年の五月五日になると、邑の人等は旋盖・花環等を持つて大嶺に至り、神を迎へて邑内の官衙に奉安し諸戯娛樂等を以てこれを祭つたのである。神に蕁びあれば旋盖が終日倒れることなく、若し神が怒れば、旋盖が倒れるが、年中に必ず風水の災害あつて、凶作になるこの説が傳はつてゐるので、人々は務めて神を喜ばせやうとするのであつた。それは新羅將軍金庾信の神だといつてゐる。傳はつてゐるところに依れば、金將軍少年時代當地へ來り、山神より劍の妙術を敎へられ、禪智寺に於て、九十日もかゝつて寶劍を鑄造し、月色を凌ぐ程光るこの寶劍を佩用し、嚇々たる武功を收めて死し、嶺の神となつたが、その霊感が著しいので、これを祭つたといつてゐる。

六　月

◇太宗雨。　五月十日に雨降れば農家では、豊年の兆といつて非常に喜ぶ。俗にこの日の雨を太宗雨と稱へるが、それは太宗大王（李朝第三代の王）の諱辰から出てゐる。王は在位二十二年の間、神を敬ふこと深く、民を思ふこと赤子の如く夙夜倦怠の色がなかつた。王の病めるとき、偶旱魃があつて此の日に雨降らずして旱魃が續くと「獻陵王は我々の小民を顧みないか」といつて非常に心配するのである。王は非常に憂慮され、「余は上帝に雨を乞ふて、我が民草を惠むべし」と仰せられて、終に斃御になつたが、丁度その時沛然として雨が降つた。そしてその後年々此の日になると、必ず降雨があつたので、時の人王の德を永く記念する意味にて五月十日の雨を太宗雨といつたのである。今も猶ほ農民は、

◇流頭日。　六月十五日を流頭日と稱へ、毎年この日には、都鄕を問はず人々は、清流又は瀑布に於て頭髮、身體等を洗ひ、終日の清涼を取るのである。かくすれば不祥を除き、暑氣に

神を溝壑に棄てたら、胸底の煩悶はなくなるだらう。

（ル）三將軍の祭。 慶尚北道の軍威邑内では、郡の西岳にあつた新羅將軍金庾信祠を、俗に三將軍堂と稱へてゐる。年々五月五日になれば、縣の首吏が多數の邑人を率ゐて、驛の馬に乗り旗を先頭にして、鼓を打ち鳴らしながら、神を迎へて村閭を歩き巡るのである。今はこれが行はれてゐないが、これに就て許筠は詩を作つて「人言古將主西城、遺俗于今祀邪明。毎歳無違直五日、堅旗樅薆慰神情。」といつてゐる。

（ヲ）宣威大王の祭。 慶尚南道の安邊郡では、鶴城山にある翁陰神祠を、俗に宣威大王及び其の夫人の神といつてゐるが、毎年の端午日になると、邑内の人々は翁陰神祠に至り、宣威大王の神を迎へて、鉦や鼓を鳴らしながら、祭を行つたのである。

（ワ）城隍神祭。 古へより年々五月五日に、到る處で城隍の神を祭つたのであるが、慶尚南道固城地方では、毎年の五月一日から五日に至るまでの間に、土民が兩隊に分れて、神像を戴せ彩旗を立てヽ、笛を吹き樂器を打ち鳴らしながら村閭を巡廻するが、人々は酒饌を以て爭つて祭り、儺人が背集まつて色々の戯劇を演ずるのであつた。又地方に依つては、必ずこの日に行はず、三・四・五月の中に、或は日を撰んでこれを行ふところもあつた。成俔嵐の白堂集に依れば、楊口東軒と題し、城隍神祭に就て、神を迎送する詩を作つてゐるが、即ち左の如くである。

◇迎神曲。 清と薇笛花山阿、端午城隍降人家。競扶風馭相傳芭、雅環萬神紛婆娑。老巫變顔降神詰、飜朝纔逼同飯口。滙醒炊黍自來去、歸途月黑長林阻。潦淸渙々紅芍藥邂逅相逢爭戯謔。偶因神食醉鴛歡、不必更愁背鳥約。

◇送神曲。 雲林苍苍多喬木、約撥芝梁編小屋。坎々伐鼚振幽谷、茅縮湑醴宰竇憶。爭賑萬指祈百穀、淫祀年々自成俗。三日醉歡猶未足、又向豪門來糶榖。紙錢燒破風生寒漇々覽旋不可攀。欄街兒女紛棄饌、送神萬騎還松梢。

而して城隍の神祠は、各地の峴嶺のある所にあつた。或は螢字を建てヽ祠とし、或は砂石を靈じ、或は叢林古樹の下に石壇を作つて祠と爲し、これを祭つた。祠には小いキレや紙片又は左繩を掛けてあつた。これは馬韓時代に、鬼神を祭る

吳晴，「朝鮮の年中行事(四)」，『조선』170호 (1929.07.01), 93쪽

然るに公は平然として、堂宇を掃除せしめ、城隍の位版を

その中に移安し、冠服を整へて親しく祭祀を行つたので、

拜觀者は悚然として、歎服せざるを得なかつた。‥‥」と

いつてゐる。

眉叟許穆の記譜に依れば「烏金簪はその由來甚だ久しいの

で、その始を知り得ないが、毎年の五月五日に、群巫を乗

めて三日間大祀を行ふてゐる。儀式の一切は戸長（郡の吏

員）が主管するが、祭祀を始めるに先立つて、大いに忌み

避くるのである。この時は旅客を泊めない、又喪家をして

泣き群を制止せしむる。祭祀に従事する数人の者は、福を

受けんとして、争つて財物を散じてゐるが、若し誠意が足

らなければ、熱祭が立ち庭に至るごとし、戦々諛々たるも

のであつた。處で府使丁彦璜はその祠を禁じ、且つその簪

を石窟の中に閉ぢてしまつた」といつてゐる。

又慵齋筆集に依れば、三陟烏金簪歌に「烏金簪は高

麗朝より傳はつたものといつて、州の人はこれを崇んで祀

神さした。叢祠は古城の陰げに立てられ、毎年の五月五日

に、簪神が出動するまで、争ふてこれを祝る。老巫は彩衣

を着けて先導をなし、大聱廣扇を以て翩々と舞ふ。三陟府

内數百の民戸は、悉く怖しない者はない。笙簫の合奏が忽

ちに斷ち、又忽ちに續く、巫が簪の代言をする。即ち左の

如くいつてゐる」と記されてゐる。

禰の家の窓口（家族のこと）は凡そ幾人ぞ、

吉凶禍福はたゞわれの權限にある。

愚なる民よ！

紙布米粟金錢を獻納するに惜む勿れ。

あー烏金簪よ！

人の厚施を受けて將に何を以て報ゆるか。

皇天の神は上にゐてこれを俯瞰す。

汝は恐らく不安に包まれであらう。

病人は癒りを求め、

貧しき家では富みを求む。

禰の責任益々重くして、

われ却つてこれを憂ふ。

簪よ！　簪よ！

むしろ祠神にならない方がよかつた。

吳晴, 「朝鮮の年中行事(四)」, 『조선』170호 (1929.07.01), 92쪽

農家では、蠶の樹を嫁らせるといつて、蠶樹の兩枝の間に、丸い小石を挿しこむ。これは五月五日の午時に、蠶樹を嫁せば實を結ぶといふ傳說から出た風習である。

（リ）醍醐湯及び玉樞丹。昔はこの日に、內醫院（宮中の醫藥を掌る官衙であるが、或は太醫院ともいふ）より、醍醐湯を造つて宮中に獻納した。これは烏梅肉・草果・砂仁・白檀香などの細末に、蜂蜜を入れて煮た清凉劑である。

又玉樞丹と稱する金箔塗りの丸藥を製して獻納するが、宮中ではこれを各近侍に頒賜するのであつた。それを五色の絲で穿ち佩用すれば、厄除けになるといつてゐる。惟ふにこの佩丹俗は、長命縷・續命縷・辟兵繒等の類であらう。

（ヌ）烏金簪の祭。これは昔し江原道三陟郡に行はれてゐた習俗であるが、邑內の人は、烏金の簪を小匣に入れて、郡の東隅の大樹下に安置し、從年の五月五日に、官民共同立會の下にこれを取り出して、祭を行ひ、祭が終ると、翌日元の處へ奉還するのを例ことしてゐた。傳はつてゐるところに依れば、高麗太祖時代の遺物だといつてゐるが、何故にこれを祭るが、その意義は詳でない。故人の遺事を考査して見れば、

烏金簪はたつた一つのみであつたのに、金孝元はこれを火中に投じ、丁彦璜は石室に閉ちたといひ、又正宗時代の蔡濟恭はこれに就ての歌を作つてゐる。金孝元自體はなくなつても、邑人の心的信仰は除けなかつたから、その後も續けて祭つたのであるらしい。こゝに參考の爲めその記事を引用して左に揭ぐ。

省庵金孝元の遺事に依れば「公が三陟宰の時代には、何よりも民政の革新を急務としてゐた。邑內に一本の金の簪があつたが、新羅時代から傳はつたものにして、これを緊重に封藏して城隍堂に藏し、居民は神明の如くに信奉し、邑村の總ての事は、必ず禱告して後に行ふのであつた。故に巫覡は每日これに奔走じ、幾百世代を經て、尙ほ人民の惑ひは深くなるばかりで、その害毒は到底救ふなくなつてゐる。公は憤然と廓淸の決心を起し、日を擇んで祭料を供へ士人の强い者若干人を招き、親しく淫詞に往つて金の包裝を破棄し、これを火中に投じてしまつた。時に就任の官が親しくこれを祭るので、村閭の會衆がこれを見て大に吃驚し、直ちに何かの災難が起りはせぬかと恐怖してゐた。

吳晴、「朝鮮の年中行事（四）」、『조선』170호（1929.07.01）、91쪽

時の或る人は「皇帝魂生子。皇荊郞宰㝠。飛騰許鬼棻。此處莫留悽」この詞を作った。都鄕の俗に、この詞を貼りつけて鬼よけとするのはこれが爲である」と記されてゐる。而して處容郞の條は、正月十四日の行事中、處容俗のことに引用してゐるから、こゝにはこれを略する。

（ㅅ）戌衣日。端午節を戌衣日ともいつてゐるが、戌衣（슈의 (Sur eui) とは、朝鮮語で車（수레 Su Re）のことである。この日は蓬艾の葉を採つて、これを柔かに搗き、粳米の粉と混ぜて、車輪形の餅を造つて食用するが、俗にこの餅を수레餅といふ。餅屋では節句餅として、これを拵へて賣るのである。

昔はこの日に、宮中より艾虎といふものを作り、これを閣臣に頒賜したが、細き程に絹織物の造花を結び付けてゐるのは、恰も蓼の穗のやうであつたといふ。金邁淳の冽陽歲時記に依れば、艾花に就て左の如く記されてある。

「從臣直學（直學とは官職の名で、金邁淳の從兄を云ふ）の宅に、先朝時代に、頒賜された端午艾花の一枝が、保存されてゐる。それはぎんなに造られたのであるかといへば、木を削つて體さしてゐるが、長さ七八寸、幅約三分位であり、木の半身以下は漸

次狹少し、その尖端は彎のやうになつてゐる。又その半身以上の兩面には、菖蒲の葉を貼りつけ木の本體よりは長くして、葉と葉は相對してゐる。赤い紗布の造花が、葉の處に貼り付けられ、花瓣は上に向いて、半開或は全開してゐる。五色の絹絲を以て結び付けてゐるから、非常に華やかであり、又滿散される心配もない。蓋しこれは宮中の故事であるが、最初何に起因したのであるかは詳らかでない。思ふに名物編に記載されてゐる雜艾・長命縷等の類であるらしいが、その材料中に所謂艾そのものが、見附けられないのは、不可思議といはざるを得ない。‥‥」云々。

（ト）艾及び益母草の採取。　毎年端午日の午時（正午）に、艾と益母草を採り、乾して藥用とする。艾又は益母草は、漢藥に多く用ゐられるもので、俤つてゐるところに依れば、それは五月五日の午時に採つて、陰乾したものでなければ、藥用にならぬといつてゐる。今も猶ほ田舍の人々は、年々この日の午時頃になると、方々で艾や益母草を、盛んに採取するのである。

（チ）棗樹を嫁すること、　毎年の端午日になれば、田舍の

吳晴, 「朝鮮の年中行事(四)」, 『조선』170호 (1929.07.01), 90쪽

親愛せんこされたが、女は曰く「二夫に事へざるは、女の守るこころなれば、萬乘の威さいへども、夫ある身を以て已むを得ない」さいつて從はなかつたので、王が「殺したらどうか」さ云はれるさ女は「博ろ市に於て斬られるさも、致し方ない」さいつて斷然さ斥けた。乃ち王は冗談半分で「夫が居なかつたら、よいか」さいはるさ、それは宜しいさいふので、放還せしめられた。

崩御された。その後二年立つさ、彼の夫も亦死んだのである。或る夜、王は平素の通り女の室に來られて「汝は昔の約束を知つてゐるであらう、今は汝の夫もないから宜からう」さ云はれた。女は恭々しく承諾しないで父母に告げるさ、父母は「君王の命を避ける譯には行かない」さいつて、七日間同室せしめるさ、五色の靈霧が屋宇を覆ひ、香氣が室內に滿ち、七日の後に至つて王は忽ち消えさしまつた。女は孕娠してゐたが、産期に至つて天地震動し、こゝに一人の男子が生まれた。これを鼻荊さ名づけたのである

眞平大王(第二十六代の王)はこれを聞き、驚曇なりさして宮中に收養し、十五歲に至り榮執事を授けられた。處が

彼は毎夜逃げて遠方に往つて遊ぶさいふので、王は勇士五十人をして、これを窺はしめるさ、夫あるは月城(宮城)を飛び出して、西方の荒川の岸上に往き、毎夜月城(宮城)を飛び出して、西方の荒川の岸上に往き、鬼衆を率ゐて遊戲してゐる、曉に至つて諸寺の鐘が鳴るさ、鬼衆は各々散去し、鼻荊も歸つて來るのであつた。前に至つて諸寺の鐘が鳴るさ、鬼衆は各々散去し、鼻荊も歸つて來るのであつた。乃ち王は鼻荊を召されて「汝は鬼衆を率ゐて、よく遊戲するさいふが、然らば今度は鬼を使つて、神元寺の北渠に橋を架けてはどうか」さいはれた。荊は勅を奉じて、鬼の徒衆を集め、一夜の中に大きな石橋を架けた。故にこの橋を鬼橋さいつてゐる。又王は鬼衆の中で、人間社會に出現して國政を輔佐してくれる者があるかさ問はれたが、吉達さいふ者が適當ださいつて、その翌日、つれて來たので、執事を賜はつたが、果して忠勤無比であつた。當時の角干林宗は子がなかつたので、王は勅命を以て、その嗣子さされたが、林宗は吉達をして、興輪寺に門樓を建て、毎夜樓上に宿泊せしめたので、これを吉達門さいつてゐる。或る日吉達は、狐に化けて逃げだから、荊は鬼をして捕へしめ之れを殺した。乃ち鬼衆は鼻荊の名を聞いて皆怖れて逃走してしまつた。そこで當

吳晴、「朝鮮の年中行事(四)」、『조선』170호 (1929.07.01), 89쪽

るが、これは富豪の一種の飾物に過ぎない。而して團扇の種類には、桐葉・蓮花・蓮葉・蕉葉‥‥なゞがあり、柄は黒父鳥、其他色々の模型を描いてゐる。特に太極旗の露あるものは黄色で、漆を塗り、扇面には各種の色を以て、太極旗・花鳥、其他色々の模型を描いてゐる。特に太極旗の露あるものは、これを太極扇といつてゐる。

（ホ）天中赤符。端午節になると、各家では不吉のこを除くの意味で、朱で書いた僻邪文を門楣に貼りつけてゐる。昔は観象監（天文・地理・歴書等を掌る官署）から、毎年の端午日に、辰砂といふ朱で符を書いて闕内に献納し、これを宮中の門楣に貼りつけたのである。これを天中赤符といひ、或は端午符ともいつてゐる。その文意は「五月五日の天中節に、上では天祿を、下では地福を得る。蚩尤の神よ、銅の頭・鐵の額・赤い口・赤い舌を以て、四百四病の麗を一時に消滅せしめよ、而して律令の如く急々にすべし」と云つたやうなものである。

李朝實錄に依れば『太宗十一年辛卯五月丙寅に、經師の業を廢しようとこしたが、果さなかつた。王が國内の門戸に貼つてゐる端午の符を見て、思ふにこれは、禳災の術であらうが、何してそれを一定の式を以てやらないのか」と云はれたので、經師業の僧に問ふと、僧は「但だ授けられたので、實は符本がない」と答へた。王は「今後は書雲觀をして學らしめよ、經師の業は廢したらどうか」と云はれたので、代言等は「此の僧等は本より正術ではないが、葬式の折その他に依賴して來る者が多い」と奏したので、沙汰止みとなつた』と記されてある。

而して詞或は像を貼りつけて僻邪としたのは、新羅時代から始まつたものであつて、古よりの朝鮮固有の習俗である。卽ちこれは鼻荊郎及び處容郎の故事から遺し來つたものである。今これを證する爲めに、三國遺事から左の一節を引用する。

三國遺事の鼻荊郎の條に『新羅第二十五代の舍輪王は姓は金氏、諡は眞智大王で、妃は起烏公の女、知刀夫人であつたが、大建八年丙申に卽位せられ、國政を料理すること四年に至り、王の荒淫に依つて政事が亂れたから、國人はこれを廢した。これより前に、沙梁部の庶女は、その容姿艶麗で、桃花郎と號してゐたが、王はこれを聞き宮中に召し

吳晴，「朝鮮の年中行事(四)」，『조선』170호 (1929.07.01), 88쪽

朝鮮の角戯は、一種の兵術として、古い時代から行はれて
ゐたもので、朝鮮語で씨름（Si Reum）といふ。禮記月令に
依れば、「初冬の月、武士に命じて、弓術・乘馬術・角力等を
講ずる」といつてゐる。

（二）端午扇。昔から李朝末期まで、毎年の端午節に、工曹
から扇子を作つて宮中に獻納し、これを各重臣や近侍者に頒
ち賜はつたのである。又各道伯（道の長官）及簡兵使以下の
外官も、各管内の所産品として、扇子を宮中に進上し、且つ
各大官や親戚知己にも贈つてゐた、これを節扇といつたので
ある。その扇子には、金剛山の一萬二千峯や花鳥などを畵い
たものであつた。

而して一般の人々も、この日から扇子を持つことになつて
ゐるので、いはゞ五月五日は、朝鮮の扇子デーといつてよい
であらう。扇子は、普通夏季に用ゐられるが、婚禮などの儀
式に於ては、四季を問はず、遮面用として、必ずそれが用ゐ
られる。而して新郎は靑色、新婦は紅色と定まつてゐるが、
新婦の用ゐる扇子は、斑紋ある竹の皮で骨を作り、それに紅
色の絹を貼り、五色の眞珠を以て飾りつけたものである。又

惡女及び倡優などは、歌舞をするときに、必ず扇を手にする
のであつて、扇子を日常の所持品としてゐるが、多くは蘭・
桃の花・蓮・蝴蝶・鷺一鷺・銀魚等の畵があり、且つ色彩鮮
やかなものを用ゐる。

扇子には、僧頭・蛤頭・魚頭・合竹・斑竹・外角・內角・
三臺・二臺・竹節・丹木・彩角・素角・廣邊・狹邊・有環・
無環等色々の種類があつて、それの製り樣もそれぞれ異つて
ゐる。又色合は、靑・紅・黄・黒・白の色及び、紫・綠・靑
黒・薄い黒の色などがある。普通は白・黒の二色と、黄色又
は黒色の漆ものを用ゐるが、特に靑色は新郎又は靑年、白は
喪人又は年老者、その他の雜色は婦人及び兒童ともの持ちも
のとなつてゐる。純白色のものを白扇といひ、骨に漆の塗つ
てあるのを漆扇といふ。

又圓扇といふものがある。これは扇面が圓形で、且つ柄を
つけたもので、色は種々あつて、男子の在室用品ともなれば、
婦女及び兒童の愛用品ともなる。又大形の圍扇は、或は日光
を遮るに起用ゐられ、或は室内に於ける蠅や蚊などを逐ひ排
ふ道具にもなるのである。蕉葉の形にして、稍大なるのもあ

であり、又最も詩的情緒に富んだものである。綠陰茂げる間に於いて、色彩鮮明な服裝をした若い女子ごもが、鞦韆の上で燕のやうに、飛揚する様は全く仙戲のそれの如く、古詩の「非天非地半空中、靑山綠水自進退。形如二月落花來、容似三月飛去燕。」を現實に描き出したものである。鞦韆はブランコのこごで、これを朝鮮語でユビ(Geu Ne)ごいつてゐるが、昔から最も盛んに行はれてゐるのは關西地方であつた。こゝに李朝正宗時代の大文章家である石北申光洙の、平壤端午の詩を揭げて見やう。

朝正宗時代の大文章家である石北申光洙の、平壤端午の詩を揭げて見やう。

靑苔裙和白学衣、一時端午著生輝。桐花別院鞦韆索、排送空中向體飛。

村女紗裙玉招環、天中祭慕大城山。夕陽長慶門前路、挥著深々荻笠還。

桃鬚鶴額粉紅裳、列侍輕盈時體粧。爭趁雙飛白蝴蝶、石榴花下捉迷藏。

(八) 角戲。 角戲は所謂日本の相撲に当り鮮內到る處で、行はれたものである。京城では昔から、每年端午節になるさ、

元氣ある靑少年達が、南山の倭場ご北山の神武門の後に集まつて角戲會を催し、少年は少年ご、壯年は壯年ご、それぞれ勝負を試みるのであるが、田舎では、今も猶盛んに行はれてゐるが、京城では近頃は殆んご廢れてゐる。その遣方は各右の手で相手方の腰を攫み、左の手で相手の右脚に括りたる布の端を取つて、一時に起立し、互に拮抗し、倒れた方が負けさなるのである。

角戲の遣り方には、內局・外局・輪起なごの方法がある。即ち內局さは、一方の脚を、相手方の兩脚の間に入れて、掛け倒さうごするものであり、外局さは、一方の脚を以て、相手方の脚中何れかを、外から掛けて倒さうごするものであり、輪起さは、兩方ごも抱き合つたまゝで、相手方を突然一時に捌ち倒さうごするものであるが、就中一方が力强く且つ手早くして幾度も勝つこ、それを都結局さいつてゐる。では、角戲を高麗技叉は撩跤さいひ、朝鮮のそれこ略ほ同じ方法でやつてゐるが、それは朝鮮の角戲を倣つたものである。

呉晴, 「朝鮮の年中行事(四)」, 『조선』170호 (1929.07.01), 86쪽

朝鮮の年中行事 （四）

呉　晴

五　月

◇五日。この日を端午又は天中節さいひ、年中三大名節の一（正朝・端午及び秋夕を三大名節さいふ）さなつてゐるので、京郷を問はず各家では、端午茶禮さいつて、この日の早朝種々の御馳走を家廟に供へ祭を行ふのである。この日、男女ごもに鮮衣新服を装ひ、相集まつて樂しむさきは、元日に次ぐ有様である。この日に行はれるさこを列記すれば、左の通りあでる。

（イ）菖蒲湯及び菖蒲醬。年々この日になれば、女子及び男女の小供達は、皆菖蒲を入れて煎じた湯で頭髪を洗ひ、又菖蒲の根を採り、よく洗つて簪を作り、それに「壽福」の二字

を彫刻し、又臙脂さいふ朱でその端を塗り、これを頭髪に挿すのであるが　それは邪を退けるこの意味である。大戴禮には「五月五日には、蘭の湯を以て沐浴する」さいつてある。又歳時雜記には「端午日に菖蒲さ艾を用ひ、小人形或は葫蘆形を作つてこれを佩び、依つて辟邪をする」さいつてゐるが、惟ふに菖蒲湯にて頭髪を洗ひ、菖蒲の根を挿す風俗は、蓋しこれに由つて起つたものであらう。

（ロ）鞦韆戲。これは端午の遊戯中最も主なるものであるが年々この日になれば、都鄙さいはず到る處に於て、楊柳大樹の枝に索をかけてブランコを作り、若い男女が盛に鞦韆の戲を演ずるのである。元來女子の遊戯であるが、平素閨中にばかり蟄居する朝鮮の女子さして、この遊び振りは極めて活溌

吳晴,「朝鮮の年中行事(四)」,『조선』170호 (1929.07.01), 85쪽

廢れたのである」云々。

◇蒸餅。 この餅は四月の食用さなるので、年々この月にな
るゝ、餅賣りの女商ごもは、これを各家に賣り廻るのであ
る。餅を造るには、粳米の粉に小盞の水ご酒を注ぎ、捏ねて
温室に一夜間置くと、これが醱酵して、外面が鈴形のやうに
なるが、その上に栗や石茸を細く切つて粘付し、蒸したる上
四角形或は菱形に切るのである。これに蜂蜜又は砂糖をつけ
て川ゆるが、その味は非常にをいしい。又この餅には青ご白
この二色があるが、青いものは、當歸ごいふ藥草の葉を入れ
たものである。

◇花煎。 黄色の薔薇花を粳米の粉に拌ぜ、月形に捏ね、油
で揚げたものであるが、これを油煎或は花煎ごいふ。

◇魚菜。 魚ご菊の葉・葱・石茸・鮑・鷄卵等を絲の如く細
く切り、互々に混合して、これに醋醬油を掛けて食用する。
これを魚菜ごいふ。

◇芹葱膾。 芹ご葱を湯にてよく洗ひ、芹一莖ご葱一莖を合
せて、唐辛の形のやうに捲き、これを唐辛の醋醬油につけ、
脊或は食膳の兼用さするのであるが、初夏の新鮮味である。

俗にこれを食へばコレラ等の傳染病に掛からないごいつてる
る。又葱を羹にして食へば、感冒を退けるこの説も傳はつて
ゐるが、惟ふに葱は消毒性があるからであらう。

◇鳳仙花の指染。 四月になれば、少女等は鳳仙花を摘み、
燒明礬を調合して、指の爪を染める。その爪の赤くなるのを
樂みごするのである。五行説に依れば、赤は鬼をよけるもの
ごなつてゐるから、鳳仙花を以て爪を赤く染める習俗は、辟
邪するこの意味から出でたるものであるらしい。

◇熊山神祭。 これは慶尚南道の熊川邑に於て行はれてゐた
風俗である。その邑の人は、每年四月になるご、或る吉日を
擇び、山上にある熊山神堂より、神さまを迎へて邑內に入り
下山式を行ふのであるが、この祭を行ふには大勢の人が集ま
り鉦を叩き鐘を鳴らしながら、雜戯を以て祭るので、遠近を
問はず、その四方から無數に人が集まる。而してこの祭が終
れば、その神さまを熊山神堂に奉還するのである。又十月に
も同樣の祭を行ふのであるが、これは國祀壇君三世を祭る遺
風である。この風俗に就ては、輿地勝覧の熊川縣祠廟條に記
されてゐる。

くら〳〵と廻るから、その影がよく燈面に映るのである。影
燈は、三國故事に依つて造られたものであるらしい。

京城を始め各部會地にに於ては、年々四月の初頃になれば
寄り物として、色彩絢爛な色々な形の燈を作つて、これを店
頭に掛けて置く。又鶴・鶴・獅・虎・龜・鹿・鯉・艇・仙官・
仙女……なぎの玩具を造つて賣るが、小供等は競つてこれを
買ふのである。

昔し京城では、平素夜禁といつて、夜鐘の鳴る後は街路に
人の歩くこさを禁じたが、四月八日の夜に限り、その夜禁を
解くのであつた。この日は夕頃から夜遲くまで、城内の人々
は男女老少總出さなつて、或は南北の山麓に登り、或は街路
ゃ歩き廻つて觀燈する。かくして不夜城の盛觀さ雜踏さは大
變なものであつた。

少年組は、それ〳〵燈竿の下に集まつて、稼の葉と粳米の
粉を以て作つた伽餅や、蒸した黒豆や、芹なごを供して、觀
客を招待するが、恐の日が佛辰であるから、紫膳を以て饗應
するこいふ意からであらう。又水岳戯さいつて瓢を盆水に浮
べ、箸の柄ご以て叩きながら、歌を唄ふこさもあつたのであ

る。

張遠隩志に依れば、「京師の習俗に、念佛する者は、豆粒を
以てその數を識してゐるが、四月八日の佛辰には、豆を煮し
てから、それに鹽を薄く撒いて、路上の人を誘つて、これを
喰はしめ、以て因緣を結ぶ」さいつてゐる。豆を煮る風俗は
蓋しこれに倣つたものであらう。又帝京景物略に依れば「上
元の夕に小兒は蓬を叩き始め、曉に至りて止める、それを
太平皷さいふ」さ記されてゐる。惟ふに上述の水岳戯さは、
この太平皷を意味したものであらう。佛辰を以て燈夕さした
から、或はそれを轉用したのでなからうかさも思はれる。
然るに四月八日の夜に、燈火を點じて、燈夕さしたのは、
高麗の中葉以後からである。これに就ては高麗史の中よた左
の一節を引用する。

「正月の十五日になれば、宮中及び都城は勿論、その他鄉
村の到る處で、二日間の夜を續けて、燈に火を點じてゐた
が、榁怡（高麗朝中葉時代の宰相で大勢力家だつた）が、
始めて四月八日に點燈するこに改めたのであつて、上元
（正月十五日のこさ）の節に點燈する習例は、その時代より

燈籠の眺めは、見るからに華やかで非常なる盛観を呈するが、夜になつて、提燈や燈籠に火が點ぜられ、辻ごとに花火が上げられる頃になると二層の華やかさに満される。

昔は都鄙といはず到る處に於て、八日から二三日の前に、燈竿といつて、長き木を家毎に建て、竿頭に雄の羽叉は松枝を插し、或は染色した絹旗を掛け、家族の數と同數の色燈を揚げるのであつた。又この日の夕には、家族の順位に依つて上から下へと順次に燈火を點じ、燈火の故も明るいのを以て古しとするのであつた。貧澤な者になると、大竹を數十本縛つて之を立て、或は五江（京城に隣接せる漢江沿岸の五村をいふ）邊りから、帆檣を進んで柵を作ることもあり、又は轉燈を揚げたりした。又火藥を紙に包みこれを繩で吊り下げて、火を點じ、花火のやうに樂むこともあり、又藁を以て傀儡を作り、衣裳を着せ繩を付けて竿頭に吊し、これを動かし笑ひさゝめくこともある。

高麗史を按ずれば「本朝の習俗に、四月八日は釋迦の降誕日こ云ひ、家毎に燈火を點ずるが、それより數旬前に、小供等は紙旗を拵へて、城內（今の開城）の街路を持ち歩きなが

ら、米と布を求め、以てその費用に當てるのであるが、それを呼旗といつてゐる」と記されてある。惟ふに李朝以來各都鄙の習俗に、この日燈竿に旗を揚げることは、高麗時代の呼旗の遺風であらう。

この夕に用ゐる燈には西苽・大蒜・蓮花・七星・遊船・蔎…等の名稱があるが、何れも質物の像をこつて作るからである。又燈面には樓閣・欄干・盆栽・仙人像・花鳥類及び其他動物類―鼠・鯉・龜・鶴―等の畵を書き現はしたのもあれば、又薔薇・太平萬歲…等の文字を書いたのもある。西苽燈とは、西苽の形のやうに圓いものであるが、これらの燈には五色のビラ紙を、各隅に貼り付けるのである。而して燈籠を張るには、青紅色の紙叉は紗布を用ひ、燈の緣は、色紙で捲き、五色の紙片を繋ぎつけるので、非常に華やかに見へる。

殊に鼓燈には騎馬の將軍や、その他三國故事に關する畵を書くのである。

影燈（映畫燈）といふものがあるが、これは燈籠の中に、廻轉する機械を設け、紙を切つて獵騎・鷹・犬・虎・鹿・兎・雛等の形を作り、旋機の上に結び付けると、風や火の力で、

吳晴，「朝鮮の年中行事(三)」，『조선』169호 (1929.06.01), 100쪽

み、左の如く讃美の詩を作つたことがある。

君家名酒貯經年。釀造應從玉蓮傳。

◇野菜賣り。都會地では三月になると、野菜の賣子が、白菜及び大根の新しい葉を背負つて、「野菜賣ひなさい」と叫びながら、方々の街路を歩き廻る。これは各家で漬物や其の他の食料品に新春の新しい野菜を用ゐるからである。この月には都鄙を問はず一般に御飯を新しい野菜の葉に包んで食べることもあるが、これを朝鮮語で쌈치윰（Seng chi ssun）こいふ。一見して衛生的にも思はれるが、野菜の葉をよく水に洗ひ、又胡麻油を掛けて食用するのであるから、衛生上害こなる戯はない。

◇極樂の途迎へ。これは開城に行はれてゐる風俗であるが、年々三月の暮になれば、男子は男子と、女子は女子と、それぞれ組みを作つて北城址越えをするのである。朝鮮語で길마지（Kil ma chi）といつてゐる。北城址は、開城の東北約二里の天摩山にある古城址で、若し一度でもこの城址を越えるこ、それこそ一生涯の罪過を贖つて、極樂への途を修むることが出來るといふ説が傳つてゐるので、萬難を排して、北城址の越をするのである。

北城址越は、非常に途が險しいので非常な努力を要するから、家族どもは城址越の歸るのを待つて、色々な飲食物を持へ途中まで出迎に往くのであるが、多くは朴淵瀑布か、或は逝斯亭か、槐亭邊まで出かけて往く。而して出迎への目的は過去の罪過を贖ひ、極樂への途を修めて歸る家族を、慰め祈るにあるから、其所を往來する人々を大概呼び寄せて、飲食を分つのである。

四　月

◇八日の燈夕。この日は釋迦の誕生日なので、浴佛日といつて士女は、新しい衣服を着換へて附近の寺院に詣でる。又是日の夕を燈夕といつて各家では、五色の紙を貼つた燈に點火し、竿外に揚げるのである。最も盛んに行はれるのは、昔高麗の首都であつた開城である。佛教が朝鮮に入つて來たのは、遠い昔しのことであるが、高麗時代にそれが最も隆昌を極めたからである。今でも開城では、年々この日になると、空は提燈に滿され、店頭は造花に包まれ、家毎に揭げられた色

道本邑。養蠶取絲繭上納。

仁宗御製の詩に曰く。「一家有閑婦。巧拙百不敵。拙者念其掇、一日織一尺。巧者持其巧、百尺期一日。理鬢學宮粧、好逐花間蝶。深蝶又折花、長笑拙者織。秋風一夕至、萬戸砧聲急。拙者先裁衣、檢寒易拋擲。歌舞堂前月。巧者悔何及、天寒零袖薄。呵手泣機上、檢寒易拋擲。雖將花與蝶、敵此風霜夕。」

顯宗御製の耕蠶圖に曰く。容歲之冬、偶得短軸。是耕蠶之圖也。以妙手而潑形容田家之辛苦女工之勤勞。每一披閱。若親見之。可謂二美具於一幅也。

◇國師神祭。これは昔し淸安（今の忠淸北道淸州郡）地方に行はれてゐた風俗であるが、三月の初、縣の首席吏が邑人を率ひて、東面の長岫山上の大樹の下に至り、國師神の夫婦を迎へて邑內に歸り、縣の官衙及び各廳舍に於て、巫覡を用ひて、酒食を供へ、歸こ鼓を打鳴らしながら、神祀を行ひ、二十日後に至つて、その神を元の處に奉還する祭儀で、二年每にこれを行ふのであつた。

◇餞春。三月三十日は春の最終の日であるから、詩人墨客は、春を惜む意味にて酒食を携へ山間河邊に到り、詩を作りこれを吟じながら、一日の清遊を試みるのであるが、これを餞春詩會こいふ。

◇盪平菜。これは三月中の食物こするものであるが、菉豆泡（靑小豆を水に浸し白にて磑き、布袋に入れて濾した汁を煮じ、これを器に移し、冷却したものである）を作つて、稍尖長に切り、豚・芹・海衣等を入れ雜ぜて、醋醬油に掛け、冷してこれを食べる、これを盪平菜こいふ。

◇饊餅及環餅。餠壘で粳米の粉を以て、豆の餡を入れて鈴形の餅を搗く、これに五つの色をつけて五箇づゝ連ねる、形も珠を連結したものゝやうになる。或は靑こ白この兩色を用ひ、半月形の餅を拵へて、二三箇づゝ重ねるが、これを饊餅こいふ。又粳米こ松の皮こ、靑艾の葉を混ぜ、白にて磑き、これを蒸して團形の餠を造る、これを環餅こいふ。

◇四馬酒。四馬酒こいふのは、春の初めの午の日から四番目の午の日まで、四回の午の日にくりかへして釀造を重ねるので、かく名つけたものであるが、三月に至つてこれを飲川することになる。この酒は一年を經過しても味の變らない名酒である。昔し東岳李安訥は、南宮績の四馬酒の試飲會に臨

吳晴,「朝鮮の年中行事(三)」,『조선』169호 (1929.06.01), 98쪽

◇弓射會。これは昔より殆んど全鮮的に行はれてゐた風俗であつて、京城を始め各地方の武士は、年々三月中の或る日を擇び、弓術會を催し、組みを分けて勝負を試みる。この弓射會を催した際には、妓生侍らせて酒を飲み、大いに勇氣を揚げるのである。弓術を試みる時には、鮮かな服裝をした妓生が大勢武士の背後に整列し、朗らかな聲で歌ひながら、武士の氣を勵ますのであるが、矢が目標（これを朝鮮語で괄이 kwa-nyuki といふ）に適中すれば、妓生達は지화자‥‥(chi wha cha)と唄ひながら踊るのである。この弓射會には、附近の男女老少の觀客が雲集するので、綠陰の下に人の山人の海を現出するのである。又秋にも同樣の催しをするのであるが、これも昔のやうに盛んには行はれなくなつた。

◇養蠶の始まり。一般民家では、年々三月になると、桑の葉を採りて蠶飼を始めるのである。朝鮮に於ける養蠶の起原は、古史から始まつたとあるが、經濟六典に依れば、李朝國初に種桑法を頒布し、以て大戸は三百本・中戸は二百本・下戸は百本とし、若も規定に依り桑木を植栽せざる者は削することになつてゐた。而して養蠶は、元

來女子の擔任さなる仕事であつて、宮中には后妃の親蠶制があり、年々三月になると、王后が內外の命婦を率ひて、後苑の桑壇に至り、桑の葉を採つて蠶蠶の禮を行ひ、人民を獎勵されたのである。昔しから蠶業を重要視したことは、この一事から推して充分に知り得ることである。李朝實錄には左の如く記される。

成宗八年春三月。王妃行親蠶禮。繕工監。築採桑壇于昌德宮後苑。親蠶執事。採桑。一品內命婦一。二品內命婦一。三品內命婦一。一品外命婦二。二品內命婦一。三品外命婦一。從採桑。外命婦一品至三品。尙儀一。尙功二。典製一。典賓四。尙傅一。尙功一。尙儀一。尙記一。引內命婦。一引外命婦。一諸蠶室。一引執蠶筐。婦。行親蠶禮。賜採桑女及蠶母綿布（以下略）。二十四年春三月。王妃前後苑採桑壇。率王世子嬪及內外命婦。衣食。民生所重。不可偏廢。古者有親蠶之禮。自今。令宮中納蠶棄以備紡織。端宗二年九月。戶曹啓。請令各邑都會官。取蠶種。分授於諸邑。使之發蠶。浮其勤慢。以爲褒貶之守令。從之。經國大典戶典。諸道宜桑處。置都會蠶室。成籍。藏於本曹

呉晴，「朝鮮の年中行事(三)」，『조선』169호 (1929.06.01), 97쪽

難の暗影であらうか。

◇閣氏の遊戯。　閣氏(각시)は女娘のことであるが、非々三月になると、小女達は青草の稍長きものを採集して髻を作り、細き木を用つて拵へたカンザシを挿し、且つ紅裳を着せて、これを閣氏といひ、布團・枕・屏風等を設けて遊ぶのである。

◇柳笙。　柳笙は柳の笛のことで、子供達が柳の枝を折つて、骨を抜き去りその皮で吹物を作り、栞花攙める野邊で、これを吹きながら遊ぶのである。

◇青春敬老會。　これは江原道の江陵地方に行はれてゐた風俗であるが、其地方では年々三月になると、或る晴れ日を擇び、七十以上の年長者を名所に招待し、慰安會を開催する。これを青春敬老會といつてゐる。この會合には、貧富貴賤の別なく、七十歳以上の者なら誰でも皆参列せしむるのであつた。この風習のことは輿地勝覧にも記されてゐることであるが、最近に至つては行はれてゐない。

◇慶州の四節遊宅。　輿地勝覧に依れば、昔慶州では、春夏秋冬の四季に遊賞する場所が別々になつてゐるらしい。

ち四季の遊び場を四節遊宅といひ、春は東野宅・夏は谷良宅・秋は仇知宅・冬は加伊宅となつてゐる。

◇郷飲酒禮。　全羅北道の龍安地方では、年々三月になれば、各々其の部落の或る一定の場所に集まり、年齢の順に着席し、其中の一人が席前に立つて、誓文を朗讀する。この時一同は粛然として之を聞き、それが濟むと、一同再拜の上、闔樂の裡に飲食を共にした。之を郷飲酒禮といふのである。又秋の節に同じ催しをするのであつた。これは一村の風紀を保つと共に、相互の親睦を圖るものであつたが、近頃に至つて、これも亦始んど廢れてゐる。而して輿地勝覧によると誓文の意味は凡そ左の如くである。

「父母に不孝する者、兄弟の間睦じからざる者、朝廷の政事を誹謗する者、守令(郡守のこと)に順服せざる者等は、何れも皆逐聞する、且つ將來を戒しむるに、互に德業を勸め、互に過失を規正し、禮を以て習俗を爲し互に患難を救助すること等であるが、凡そ同郷の者は、大いに孝友忠信の道を盡し、以て厚生の福利を圖るべし」と。

吳晴,「朝鮮の年中行事(三)」,『조선』169호 (1929.06.01), 96쪽

の起りは何んであらうか、之を朝鮮古記に徴するに、壇君の父桓雄天王が、太白山上の神壇樹下に降下せられ、壇君がこゝで誕生せられたこの故事により、古代には壇を山上の樹下に設けて天祭を行つたことが、今日まで傳はつ來て、今尙山上樹下に祭らるこ云ふ風俗さなつたらしい。三神堂さは朝鮮民族の國祖たる桓因天帝・桓雄天王・王儉壇君の三世を祭るところであつて、鮮内到る處に三神堂のない所はないのである。

◇穀雨日。これは千歳歴に定められてゐる日であるが、田舍の農家でこの穀雨節から苗代を始まるのである。南鮮地方では穀雨日の前後各三日間に、梓の木を斫り、その木より出る水を飮めば、胃病・痳疾、皮膚病等に効ありさの說が傳はつてゐる。今日に於ても猶、慶尙南道咸陽郡大知面の瀧淋寺及び全羅南道求禮郡の藥嚴寺附近には、年々穀雨日にならこ、その水を飮みに四方より來集すらこいふ。又뭉치こいふ針魚は、穀雨前後の三日間に最も盛んに出て、この時期を經過すると、直ちになくなるので、江村の人々は、これによつて節季の早晚を占ふのであつた。農岩金昌協（福宗時代の人）は

「魚迎穀雨鱗々上」こ詩を吟じてゐた。

◇花柳の遊び。これは上古より殆んど全朝鮮的に行はれてゐる習俗であるが、氣候暖さなり、冬の間枯木のやうであつた木々の枝に新芽を吹いて、紅紫こりぐ〜の花が咲き出す三月になるこ、郊外の春を賞する爲めに或る日を擇んで、老人は老人、壯年は壯年、靑年は靑年、婦人は婦人、子供は子供こいふ風に、それぐ〜の組みを作り、山あり水あり花あり柳ある處に行つて、一日の淸遊を試みる。今は假令二人集まつても貪賞を募るのであるが、昔はたゞ各自その資力に應じ嗜好に從つて、それぞれ特色ある飮食物を持つて集つたらよかつたのである。

この樣に山麓や水邊で一日を暮し、日陰が地を食む頃蹰躕を折り添へて花棒（朝鮮語で꼿망이こいふ）を拵へ、打興じながら歸るのであつた。これを花柳こいつてゐるが、朝鮮語で꼿다릐こいふ。昔京城では、弱雲臺の杏花、北屯の桃花興仁門外の楊柳を勝地こしてあつたから、多くは此の邊に集合するのであつた。この花柳の遊びは、從來は盛んに行はれてゐたが、今は漸々廢れつゝある。これも年々襲ひ來る生活

朝鮮の年中行事 (三)

呉　　晴

三　月

◇三日。この日には、花煎といふ餅と、花麵といふ麵を作り、之を家廟に供へてから食べるのである。花煎とは杜鵑花を探つて糯の粉に混ぜて作つた團子であり、花麵とは菉豆と稱する青小豆の粉と杜鵑花を混ぜて搾へた麵である。この日を俗に燕が南より歸り來る日といつてゐる。書堂の學徒や儒生等は、酒肉を準備して山亭河邊に集まり、一日の清遊を試みて詩作りの開接の開始式といふものを爲したのである。開接とは書堂に於て詩作りの開始式をいふもので、卽ち春期開學式のことであるが、學校敎育の普及に伴つて漸次廢れるやうになつた。而してこの日に白蝶を見れば、年中に喪服を着ることゝなり、黄蝶又は虎蝶（虎蝶と云ふのは虎のやうな斑文のある山の蝶を

いふ）を見れば、その年の運吉なりとの說が傳つてゐる。又この日髮を水に洗ひ櫛ると、水の流れるが如く、髮が長くなるといふて、女子は盛んに髮を水に洗つて櫛る風がある。

◇生子の祈り。子を祈り求めるとは、全朝鮮的に行はれてゐる古代よりの風俗であるが、忠淸北道の鎭川地方に於ては、三月三日より四月八日までの間に、子なき女子等が巫女を奉つて、牛潭といふ所に至り、その上の三神堂及び東西龍王堂に於て、子の生れんことを祈るのである。昔日は年々この頃になれば附近の部落から、祈りの爲に來集する女子が絕へないのみならず、觀客も亦雲集するので、非常に賑かであつたが、これ等の風俗も、今は漸々廢れつゝある。

山や樹下に於て、又は三神堂に於て、神に祈るといふ習俗

ときは、四代祖までの祖先に祭るのである。又四代以上の祖先にしても、不薦位の祖先には、何十代に至るまでも、その位牌いある廟に於て祭亨を行ふのである。この不薦位とは、その位牌を埋め祭らず永久に安置し、以て祭る此の意味にして、がこれを聞き覺悟するところあつて、之推の孤忠を憐み方々に捜しても見附けられなかつた故、求め出さんと欲し山に火を放ちたが、之推遂に出ずして木を抱き焚死したので、時人その精忠に感じ寒食した遺俗なりといつてゐる。ところが劉向別錄には「寒食蹋蹴、黄帝所作兵勢也」である。これに依れば寒食といふ名は、既に支那の三代以前の時代からあつたここに違ひない。その起原は兎も角、朝鮮に於てこの寒食日を簡月とするのが、支那から傳はつて來た風俗であることだけは事實らしい。

名賢であるか又は有名な功臣でありさへすれば、不薦位の祖先にならなかつた。これ故これは各家にあるものでない。

上述の如く家廟に於ては、不薦位以外の祖先には、四代祖までの祖先に祭ることになつてゐるが、墓祭は何十代の祖先の墓にも、悉くこれを行ふのである。祖先の墓が遠隔の地にあるものは、墓直（墓を守護する者を墓直といふ）をして、代理に祭を行はしむる。だから年々この寒食日になると、郊外の墓地には、老少の男女盛裝して參墓をするから、一大美觀を呈するのである。この墓祭は寒食日と十月にこれを行ふことになつてゐる。又改莎草といつて、墓地の周邊の草を刈り墳形を修め、又は墓地の周圍に樹を植え、その他墳に關する一切のことを、皆この日に行ふのである。

昔はこの日に、この名稱の如く、終日火を炊かず寒食する所もあつたが、最近に至りてはこれが全く廢れてゐる。この

起原は傳はれるところに依れば、昔し晋の忠臣介之推（世では介子推といつてゐるも、荊楚歳時記には介子推と記載されてゐる）が、奸臣の爲めに追はれた後、晋文公がこれを聞き覺悟するところあつて、

田舍の農家では、この日に樹苗及び穀菜の種を下すのである。この寒食日の前に、雷鳴あれば五穀稔らず、且つ國家に不祥罪ありこの説が傳はつてゐる。

◇薦氷。これは宮中に於て行ふことであるが、二月中の吉日を卜し、氷を大廟に薦めるのである。これは禮記の「月令仲春之月、天子乃開氷、先薦寢廟」とあるに依つたものである。

及び其の他皮膚病に効ありこの說が傳はつてゐる。

◇上丁日。これは二月の一番初めの干の丁の日に當る日に
して、春季の文廟釋典を行ふ日である。文廟とは孔子及び其
他の名賢の位牌を安置せる所にして、各郡に一箇所づゝは必
ずある。二月及八月の上丁日になれば、儒生等が文廟に集ま
り、大祭を行ふのである。司祭は三獻に分ち、初獻は郡守、
亞獻及終獻はその地方の儒生中にて、德望ある者がこれに當
る。その他祝文を朗讀する執禮や、香爐を奉ずる奉香や、そ
の他諸般の雜役を設備する執事等があり、牛豚の犧牲
を用ひ、蒸した御飯を供へて、威儀嚴肅に執行するのである。

◇二十日。田舎の農家では、この日の天候を見て、その年
の豐凶を占ふことがある。卽ちこの日に雨降れば豐年であり
曇れば平年であり、晴天であれば凶年といふのである。

◇清明日。これは千曆歴に定められてゐる日にして、寒食日
の一日前の日ともなる。偶には寒食日と同一の日に當るとき
もあるのである。昔し宮中では、年々この日になると、楡柳の
火を取りて、各司に賜つたのである。これは火を清新にするの
意味であつた。ところが楡柳の火とは、楡の樹と柳の木とを鑽

擦すれば、五行相生の理に因つて、火がよく付くからであつた
らしい。昔は現今の如く、燐寸といふ便利なものがなかつた
故に、大風のとき火を禁じたる後、各部落に於ては火に困る
ときが往々あるので、官より火を頒つことがあつたのであ
る。因みにその當時には、頒火といふことが行政官の一事
務となつてゐた。昔し京城に於ては、この頒火事務が、五部
の管掌事項中の一つであつた。この日に田舎の農家では、春
耕を始めるのであるが、いはゞ鍬始めデーである。

◇寒食日。これは千歲曆に定められてゐる冬至の後、百五
日に當る日を寒食日と稱するので、多くは二月になる多至の後、百五
又は三月になるときもあるが、多くは二月になるのである。
此の日は年中四名節の一(正朝・寒食・端午及秋夕を四名節
といふ)といつて、酒・果・脯・餅・麵・炙及其他種々の御
馳走を作り、これを家廟に供へて祭を行ひ、又祖先の墓地に
詣つて墓祭を行ふのである。この日は卽ち年中に於ける墓參
の日ともなつてゐる。この墓參を省墓ともいふ。祠堂には四代目
までの祖先、卽ち父母・祖父母・曾祖父母・高祖父母までの
位牌を安置することになつてゐるので、家廟に於て祭を行ふ

吳晴, 「朝鮮の年中行事(二)」, 『조선』168호 (1929.05.01), 98쪽

村家有願誠不移。宅中牛羊逃生雛。分與萊子鴬生理。分耀懷亦得。黃土灑庭礳礳々。東破種木多鳥雀。顧神驅去滋我穗。秋成及時入宜倉。生孫二世或三世。甚恐名入簽丁裹。神手祐我一家人。明年二月復迎神。

◇六日。この日農家では、夕頃月光が未だ微かなるときに、參星(三十八宿の一たる星)の現はれるを見て、この參星と月のこの位置により、その年の豐凶を豫檢するのである。卽ち參星と月と同行なれば、豐凶相半であり、參星が後なれば豐、前なれば凶と決するのである。俗にこれを參星占といふ。

◇九日。この日には、如何なる樹を植えても、よく根付くといつて、年々この日になると、各地に於ては盛んに植樹をするのである。庭園に花卉を植えるのも、多くは此の日にする、俗にこの日を「物方盛日」といひ、枯木を倒し植えても根付くとの俚諺がある。いはゞ此の日は、朝鮮の植樹デーである。

◇驚蟄日。この日は、地中や壁間などにて、冬を越えたる昆蟲類が、春の溫暖に誘つて這ひ出づる日として、千歲曆に定められてゐる。この日になれば、都鄙を問はず各家では壁や土壈の修繕等の左官仕事を行ふのである。傳へられてゐるこころに依れば、この日に土つて來て壁を塗れば、ピンデ(南京蟲)が全滅されるといふ說もあり、又一說にはその日に灰を水に溶かして器に盛り、家の四隅に供ふれば、ピンデが悉く死するこの說もある。而して田舍の農家では、この日に麥の芽を見て、その年の豐凶を豫檢することがある。又此の日に楓の木を斫り、それより出る水を飲めば、胃病・痲病

(4)濟州島の燃燈祭。これは濟州島の鹽德・金寧等の地方に行はれる風俗であるが、その地方では十二箇の木竿を立て神を迎へて祭を行ひ・種々の形を造り彩帛を以て飾りをつけ、躍馬戲を作り神を悅ばせるのである。これを燃燈といつて、二月一日より始まつて、十五日に至つて止めるのである。
按するにこの燃燈は、慶尚道の風神の靈登は朝鮮の音で영등(Yung toung)であらう。燃燈と靈登 卽ち연등(Yun toung)と영등(Yung toung)では、朝鮮語でその音が頗似せるを以て、この點から推して見れば濟州島の燃燈祭と慶尚道の靈登祭は、或は同一の起原から出でたる風俗ではないかと思はれる。こころがこれを確と證すべき文獻が見出されないから、輕々に斷言し得られぬ。

に種々な山河珍味と御飯を墓所又は後園の清い所に供へて、天に向ひ祈りを上げるのである。この祭を行ふには、白紙を其の家族数と同数に切りて、一枚に一人づゝ其紙片に家族の生年月日を書いて、これを一枚づゝ焼き上げながら、好運を祈るのである。これにも燃えたる紙の灰が、空に高く上がれば吉運なりといふ。又その沿海岸の各地に於ては、墓所又は後園の清い所に、竹の枝を葉のあるまゝに立て、色彩の布片や紙片を付け、これを祭壇とし、その下に祭物を供へて、上記の如く祈り上げるのであるが、その祭壇卽ち竹の枝は二十日までそのまゝ置いて、毎日の早朝井戸の水を汲んで來て、新しいバカチにこれを盛り、その下に置くのである。この風上げといふものが行はれることに就て、傳ふるところに依れば、天上に靈登媽々（媽々とは婆々の意味である）といふ婆さんがゐて、年々この日になれば、人間界を視るが爲めに、天上から降りて來て、二十日に歸るとの說がある。しかしこの婆さんが降りて來たゞけでは、何も問題にならないけれども、その婆さんが、人間界に降りて來るときには、必ず娘か嫁かの中にて、何方か一人を連れて來るさうで

ある。そして娘を連れて來るときには、別に何らの問題はないが、嫁をつれてくるときには、何故かその嫁が癇癪を起して、暴風を呼んで來るが爲めに、田畑を荒らさるゝこと甚しく、又海岸に於ては難破船多いといふ說が傳つてゐる。俗にこの風を靈登風といふ。これ故に一般の農家では、靈登風を避けて、農作の被害を免れるが爲めに、又漁村に於ては、難破船の被害を免れるが爲めに、風上げといつて靈登婆さんとその嫁さに、祈り上げるさうである。これは海岸には、毎年二月になると、偶々暴風起り遭難船が多くあるので、これ神の所爲なりと信じ、仍つて風神を祭ることになつたらしい。兎に角、これは一の迷信に過ぎないことではあるが、それにしてもこの一事が、よく人間界の姑と嫁との關係の一面を物語つて居らものではないかとも見られるのである。而してこの風神に對する稱號は靈登神・靈童神・嶺東神・嶺登神又は嶺童神といふので、何れが正當であるかは確かでない。又その風神の起原に就ても、諸說紛々としてそれぞれ違つてゐるが。爇焚岩（爇恭）集の風神歌には左の如く記されてゐる。

『新婦作餅兒買肉。翁婆再拜神前伏。神來但歆莫謂貪。昨日

朝鮮の年中行事（二）

呉

晴

◇正月の行事は、本誌の昭和四年一月號に掲載されてゐるから、こゝには二月の行事から載することゝする◇

二 月

◇一日、正月の遊戯としての柶戯・紙鳶及綱引等は、この日を最後こして止める。田舎の農家では、此の日を人夫の日（일군날）といつて、菜を休み、色々な遊戯をするのである。

中農以上は、農夫や小作人等を招き、酒肉なごを御馳走する。これは春夏秋の農作の時節に、自分の田畑をよく作つて貰ひたいこの意味であるが、御馳走になつた農夫なごは、酒に醉ふて笛や大鼓を打ち鳴らしながら、愉快に遊ぶのである。この日の行事を列記すれば左の通りである。

(1) 大掃除。此の日は一年中の大掃除日こして、天井から家屋の内外を掃除するのである。草屋にはヤスデが多く發生す

るので、これを追ひ拂ふ方法として「香娘閣氏速千里」といふ呪文を書いた紙片を、天井又は槫等に貼り付け、又松の葉を屋根に挿入れ、或は庭にまくのである。

(2) 食物。この日には都餅を間はず、松餅といふ餅を食べることになつてゐる、この餅は粳米の粉に湯を注ぎ、捏ねて卵大の皮を作り、これに小豆・赤豆又はこの餡を入れて、蒸籠に松の葉ご交互に並べて蒸す、そして蒸しあがれば水に洗つて松の葉を去り、胡麻油に付けるのである。これを蜂蜜につけて食べる昔は此の日奴婢に對し、その年齡こ同數の松餅を與へる習俗があつたが、最近に至りては殆んご廢れてゐる。

(3) 風神祭。これは慶尙南北道地方に行はれてゐるものであるが、その地方の各家では、風上げといつて、この日の早朝

鮮

充つるのである。卽ちその金を以て婚禮用の
道具なごを買ひ入れ、村の共用ごなすこともあり、又は洪水の
爲めに崩壊せし堤防改築の費用に充つることもある。かくの
如く一の遊びが意義ある成果を生み出すのであつて、賴もし
いことである。

◇

◇索戰。これは陰暦の正月中に各地方で行はれることであ
る。卽ち村の人々は總出ごなつて一の部落が東西に分れ、或
は附近の部落ご聯合して東西に分れ、繩引を行ふのである。
この索戰を行ふには、千軍萬馬が陣を張るが如く、まづ東西
に相對して列を繋へ、互に喊聲を擧ながら繩を引くのであ
る。そして「戰必勝」ごか「勝戰旗」ごかいふ文句を書いた大小
の旗を、陣頭に立てゝ樂器を打ち鳴しながら、必死的に勝負
を試みる。
又地方によつては、一面或は一郡が東西に分れ、大々的に索
戰するころもあるが、それ等の地方に於ては、多少の負傷者
を出すこともないのではない。古來のあらゆる慣例が廢れて往
きつゝある今日に於ても、索戰だけは今猶盛に行はれてゐる。

お正月の挨拶

○年長者に對しては
御無事に新年を迎へましたか。

○同年輩に對しては
無事に新年を迎へたかね。
喜びの夢を見ただらう。

○目下の青年男女に對しては
無事に新年を迎へたかね。
息子の出産の夢を見ただらう。
新年は益々新家庭の生活が面白いだらう。

○子供に對しては
無事に新年を迎へたかね。
今年は結婚の夢でも見たかね。
これに對しては、子供は返事をしないのが普通であ
る。

吳晴, 「朝鮮に於けるお正月の行事」, 『조선』164호 (1929.01.01), 154쪽

に取りかゝるのであるが、夕頃になれば各其炬火を手にし群
を爲して山上に登り、月の出づる頃を期して、此方の一隊が
先づ他の一隊に對して、「さー來い」と呼びかけると、向ふか
らも「よし來い」と應じながら、喊聲を擧げて走り寄り手に
した炬火で手當り次第に撲り倒すのである。やゝ暫く撲り交
はしてゐるれども、一人、二人、三人‥‥の降參者が出て終
にこの降參者の多く出た方を負さするのである、かくの如く
各地の山上で、青年は青年を、それぞれ相手
さして相對し陣を張るので、この日村々では、寛に勇ましい
千軍萬馬の練習が開始されるやうである。この火合戰は炬火
で撲り合ふのではあるけれども、その割合に負傷者を出すこ
とはなく、然も外觀が非常に華かで、如何にも壯觀なもので
ある。この炬火戰は古來全鮮的に行はれてゐたが、今日に於
ては、これが最も盛んに行はれてゐるところは咸南一帶だけ
となつた。

◇ **紙鳶の飛揚** 元日より十七八日までの間に小供等が紙
鳶を飛ばし揚げるのは殆んど全鮮的に行はれてゐるが、殊に
この日になれば厄拂ひといつて少年・青年とを問はず、盛んに

この紙鳶揚げをするのである。厄拂ひはその年の災厄を遠
くへ追ひ遣るといふことで紙鳶に送厄とか送厄迎福とかいふ
文句を書き、綵には火繩をぶら下げて、揚げるのである。そうし
て紙鳶が相當に高く揚つたころ、火繩の火が、
だんだん綵に近づき終には、綵の中間を斷ち紙鳶を遠くへと
放してしまふ。これが卽ち厄拂ひといふもので、自分の
放した紙鳶が、なるべく遠くへと飛んで往くほど喜ばれるの
である。又綵を他人の飛揚せる紙鳶に引かけて斷つこ
ともあるのである。これらこの紙鳶の起因に就ては、唐の
の楊貴妃と消息を通ぜんが爲に、飛揚せしより始まつたと
ふ説がある。

◇ **獅子戲。** これは咸南の東海岸地方に行はれる遊びの一つ
であるが、この日になれば、村の農夫などは總出となつて、
獅子を先頭に虎、狼等の假面をかぶり、樂器を打ち鳴しなが
ら、村中を巡り歩き、穀物お金などを貰ひ集めるのである。
これを獅子まね卽ちシヤザノリ「사자노리」といつてゐる。
然らばその集めた金品は、如何なるところに使ふかといへ
ば一倜人の爲めに使ふのではなくして、その村の公共費用に

呉晴，「朝鮮に於けるお正月の行事」，『조선』164호 (1929.01.01), 153쪽

酒・北魚・白餅・棗・栗・梨・乾柿なゞをその木の下に供へ
て、午前零時の頃刻「我が村を守る神さまよ、何卒村内を安
寧幸福ならしめ給へ……」こいひながら、禮拜するのであ
る。

この洞祭には洞民の中最も淸潔なる男子（妻帶にあらざる
者、家族中に出産者或は姙婦のなき者等）を洞曾に於て選定
し、これをして祭祀を執行せしむるこゝになつてゐる。卽ち
祭主は二三日或は一週間前より、夜間淸水にて身を淨め、肉
類を喰はず、喪人父は病人なぎに逢はぬように注意する。尙
洞民も洞祭前の一晝夜に互りて男女老幼を問はず非常に謹愼
するのである。

而して祭主は翌日午前中に、その洞の有司をして洞民會を
招集せしめ、祭費の支出竝洞祭の狀況を報告し、祭饌及別に
川嵩したる酒食を饗する。從つて洞曾に於ては、翌年の祭費
及其他の事項を協定の上、新任有司を選定するのである。而
して此の有司は洞曾の事務執行者にして、その任期は普通一
ケ年こしてゐる。

この洞祭は、普通年に一回こ限られてゐるが、若し年內に

傳染病其の他惡病が流行するこ、更に祭人を選んで、それに
要する器具までも新調した後、更に祭のやり直しをするので
ある。

◇野火戲。 この日田舍の人々は夕飯を早く畢り、群をなし
て野原へこ馳り出で、枯れた芝生の上に火を放つのである。
これを野火戲こいふ。冬の間乾き乾いた芝生は、火の手忽ち
廣まり、一面の曠野は瞬く間に火炎の海原こなつて、しまふ
のである。彼等はこうして靜寂な村落の表に、歡呼の世界こ
燃熱の天地を描き出した後、月の出づる頃、恰も勝戰した兵
士が凱歌を擧ぐるが如き思持ちで、意氣揚々こ歸つて行くの
である。然るにこれが行はれる原因に就ては、新しく芽生え
てくる新芽の旺盛を期せんが爲めにするものであるこいふ説
もあり、又一説には新年の運が火焰の如く、盛んになれこ祈
る心の願ひから出でたるものであるこの説もあるが、思ふに
前の説が本當であるらしい。兎に角く惡い意味から出たもの
ではない。

◇火合の戲。 これは俗に炬火戰こいふもので、實に男性的
の遊戲である。村々の人々は當日の糞からこの炬火戰の準備

る。

前してこの朝には嘲鰤といつて、栗・胡桃・松の實などを嚙碎いて食ふのである。かくすればその一年中に腫物が生ぜないといふ傳說に基いたものであるが、又一說には齒を强くする爲めといふ‥‥とも傳はつてゐる。この日に嚙碎く栗・松の實・胡桃などを俗にプールム「부름」(Pureum)といふ。これは朝鮮語で脹物の音に結付けたものであるらしい。又當日の朝に酒一盃を飲めばその一年中に最善のこゝを聞き且つ耳が聰くなるといふ傳說があつて、この日の朝になれば、男女老少を問はず藥酒又は燒酒一盃を飮むのである。そしてこの酒を耳明酒又は聰쫑酒といふ。多くはこの酒は元日から別に用意して置くのである。

而して此の日に藥食を喰ふ起原は、‥‥新羅第二十一代の炤智王が、正月十五日天泉亭に行幸のとき、一羽の烏が何處よりか嘗を啣みて飛び來り、鳴いて其の嘗を王の前に落した、王直ちに之れを拾ひ見るに、外皮に「開見二人死不開見一人死」と書いてある。これを日官に命じて占はしむるに、日官奏して曰く「一人とは王なり、二人とは不明なり」といふので、王卽ち開封すれば「射琴匣」と書いてある。王直ちに宮殿に至り、眞油を入れた猺口に跪足の心を立てゝこれに火を付け、

踊り之れを射しに、鮮血匣外に流る、匣を檢すれば中に王妃と梵修僧在り、乃ち潛謀不軌をなすことを知り、之れを捕へて誅せられた。王は烏によりて雛を免るを得たので、之に報ゆる爲めに、糯米の飯を作りて食はしめたといふ。爾來之が國俗となりて今日まで常地方にも行はれてゐる。

◇洞祭。‥‥如何なる部落に於ても、必ず年一回は洞祭を行ふのである。多くは正月十五日午前零時の初刻、卽ち十四日の夜十二時過ぐる頃、各部落に安置されてゐる洞神に詣で、年中年穩無事で、病氣なき流行せず、豐年になるやうにと祈るのである。その洞神の安置されてゐる場所は大抵最も大なる古木ある所を擇び、これを洞神の宿る主體とするのであるが多くは槻・槐・榎・松などである。卽ちこれらの古木には洞を守る神が宿つてゐるとし、洞祭を行ふには、古木の周圍から、それに至る小經の兩側並に祭主の宅の自宅に至るまでの間に淸い黃土を撒き、古木と祭主の宅の入口には、白紙片と松枝或は竹枝を疎に懸けた左綯の〆繩を張つて置く。此の日祭祀を行ふ者卽ち祭主は、新しい衣服に着換へて、夜牛頃洞神の所に

一、
ムスンジャンオッイブコワッソ
무슨 장옷 닙고 왓소？
Moo soon chang ot nipgo watso?

一、
ナムセクジャンオッイブコワッネ
남색 장옷 닙고 왓네
Nam sek chang ot nipgo watne

一、
ムスンテイロルテイコワッソ
무슨 띄를 띄고 왓소
Moo soon diroul digo watso?

一、
クワンテイロルテイコワッネ
광대 띄를 띄고 왓네
Kwang dai diroul digo watne

一、
ムスンマンコンスコワッソ
무슨 망건 쓰고 왓소？
Moo soon mang gun sugo watso?

一、
ウヱテルマンコンスコワッネ
외올 망건 쓰고 왓네
Oi ol mang gun sugo watne

一、
ムスンクワンジャタルコワッソ
무슨 관자 달고 왓소？
Moo soon kwan cha dalgo watso?

一、
テモクワンジャタルコワッネ
대모 관자 달고 왓네
Daimo kwancha dalgo watne

一、
ムスンカックンタルコワッソ
무슨 갓근 달고 왓소？
Moo soon gat gun dalgo watso?

一、
シチョンカックンタルコワッネ
시천 갓근 달고 왓네
Si Chun gat gun dalgo watne

一、
ムスンカッチルスコワッソ
무슨 갓을 쓰고 왓소？
Moo soon gateul sugo watso?

一、
ヨンタンカッチルスコワッネ
용당 갓을 쓰고 왓네
Yong dang gateul sugo watne

一、
ムスンマルテルタコワッソ
무슨 말을 타고 왓소？
Moo soon malul tago watso?

一、
ベクテマルテルタコワッネ
백대 말을 타고 왓네
Baik dai malul tago watne.

◇**上元の食物。**　當日は藥飯を食ふのである。その作り方をいへば、先づ糯米を蒸かし、それに栗、棗、乾柿、松の實などを交へ、蜂蜜と醬油を入れ、更にこれを蒸かしたもので味甘くして一種の風味がある。この藥飯は藥食ともいつてゐ

呉晴, 「朝鮮に於けるお正月の行事」, 『조선』164호 (1929.01.01), 150쪽

一、
イ ターチョンテンバ ターチョン コ
어 터쿈 은 누 터 쿈 고
Ðu chunun nooi tuchun go?

一、
ナ ラ ニ ム キ ターチョンイル セ
나 라 님 의 터 쿈 일 세
Naranim ui tuchun lise

一、
イ ジ エ スン ヌ ジ エン カ
이 지 에 는 누 지 엔 가
Echi enun noochion ga?

一、
サ ヱン カ ヱ コ ル オ ク ジ エ ル
생 개 골 옥 지 엘
Sang kai gul ok chielise

一、
ク オーチ ソーソン イ ワッ ソ
어 되 쉬 손 이 왓 소
Guuluun sen o walso?

一、
キョン サン ト ソーソン イ ワッ ネ
경 상 도 쉬 손 이 왓 네
Kyong sang do su soni watne

一、
ク ム オッ ハ ロ ワッ ソ
구 무 엇 하 로 왓 소
Ku moout harü watso?

一、
エ カ エ コッ ケ サ ワ ワッ ネ
예 게 꽃 세 싸 와 왔 네
Yue ke got ke sawa watne

一、
ム スン オッ チル イ プ コ ワッ ソ
무 슨 옷 을 입 고 왔 소
Moo suon ot eul ipgo watso?

一、
チャ リョ ブ オッ チル イ プ コ ワッ ネ
차 렴 옷 을 입 고 왔 네
Cha ryup ot eul ip go wat ne

一、
ム スン ボ ソン シン コ ワッ ソ
무 슨 보 선 신 고 왔 소
Moo soonbo son sin go walso?

一、
タ レ ボ ソン シン コ ワッ ネ
타 렌 보 선 신 고 왔 네
Turulbosun sin go watne

一、
ム スン ヘン チョン チ コ ワッ ソ
무 슨 행 전 치 고 왔 소
Moo suon hang gun chi go watso?

一、
ジャ ジ ヘン チョン チ コ ワッ ネ
자 지 행 전 치 고 왔 네
Chagi haing gun chigo watne

一、
ム スン シン ヌ ル シン コ ワッ ソ
무 슨 신 을 신 고 왔 소
Moo soon Sin eul singo watso?

一、
ノ バ レ ム ル シン コ ワッ ネ
노 파 래 를 신 고 왔 네
Noparaireul singo watne

吳晴, 「朝鮮に於けるお正月の行事」, 『조선』164호 (1929.01.01), 149쪽

により男女老幼を問はず、盛に橋を踏み歩くのである、これを

踏橋といふ、夜になると橋上は人で埋まり、燥しい人聲と踏み

歩く橋音が夜の寂寞を破るのである。これはいふまでもなく

迷信的習俗に過ぎないことではあるが、満月のこの夜に、若

い男女や小供等が、きらびやかに着かざつて、各々群をなし

て裕々と橋上を踏み歩きながら、皎たる月色を眺むる光景

は、何といつても一の美観である。思ふに脚と橋の音は朝鮮

語で同じくタリ、「다리」であるから、かく附會したものである

らしい。

◇ノッタリの遊び。　これは慶北安東郡邑内に於て行はれ

る遊びであるが、同地では正月十五日の夜になると、盛粧した

若い女達が群をなして、種々の歌を唄ひづゝ街路を歩き廻

り勢を集める、そして夜牛に近づく頃から彼女達は悉く一定

の場所に集合し、若い女達は一列縦隊にならんで、恰も橋の

やうに體を前屈し、之れに婆さん達が兩側に附添つて一人の

少女をしてこの人橋の上を渡らしめ、一同は朗らかなる音調

で歌を唄ひ夜遅くまで消遊するのである。この人橋をノッタ

リ（Not Duri）と云ひ、その歌を「ノッタリの歌」といふて

ゐる。その由来は今を距る五百六十餘年前、高麗朝第三十一

代の恭愍王が王女と共に安東（慶北）へ避難のとき、都民の男

女を問はず總出ミなつて奉迎し、赤誠の敬意を表する意味を

以て、妙齢の乙女達をして人橋を作らしめ王女がこれを渡ら

れたことがあつた。以後同地の女子達は當時を紀念するが爲

めに、年新まつて初めての満月ミなる此の夜を擇みこのノッ

タリの遊びをやり來つたのが、遂に一つの年中行事となつた

のである。茲にノッタリの歌といふのを記してみやう。

一、
ワーニョーユ　　ナェノッタリヘ
워 녀 유　　내 矢 다 리 에
Wo nyu yu nai not diri ai

一、
メッ　テ　カン　ヌル　バル　バ　ワッソ
맷 대 칸 을 발 ~ 바 왔 소
Met dui kanul bal ba wat so?

一、
チョンカエ　サン　ノッ　タ　リ　ッセ
청 개 산 矢 다 리 ㅂ 세
Chyung kaisan not dari [83]

一、
シン　テ　カン　ヌル　バル　バ　ワッ　ネ
신 대 칸 을 발 ~ 바 왔 네
Sindui kanul bal ba watnə

・まれたならば、禍が減るといふて、この日夕頃から出來得る限り、土を盜まれないやうに注意するのである。

又この日、田舍の農家では、その年の豐凶を豫驗するのである。その方法は地方によって、色々に異なつてゐるが、多くは、この日の夜、大豆十二個（但し閏年は十三個）を水の器に入れて置き、翌朝これを出して檢めて見るのである。そうしてその豆の洩け加減に依りて雨多き月を占ふ。例へば第四番目の豆が膨れてゐれば四月、五番目ならば五月が雨多しといふのである。然るに平北地方では外で水を凍らせて、その嵩で以て雨の順不順を見るのである。卽ち常夜十二個月に嗱へて十二箇の器に水を入れ、外で凍らせ、翌十五日の晚に至つて、これを見るのであるが、正月と定めて置いたその器の水が凍つてゐなければこの正月には雨が乏しいものであり、二月の器の氷が嵩つてをれば、その二月には雨が多く降るものといふて、順次に十二個月を檢めてゆくのである。而して若も一年中最も大切な横付けの時季に當つてゐる器の氷が嵩つてゐないさか、又は一番多く水の入用な時節に當つてゐる器の氷が嵩つてゐなければ、大變に心配するのである。これは勿論一

の迷信に過ぎないものではあるが、この一年から見ても朝鮮人一般が如何にその生活の總てを農事一つに置いて居て、農事に對する齊念が如何に深いかを推察されるであらう。

◇

◇十五日。この日は年新まつて初めて滿月となる日で、名高い名日ミして、月を祭る日ミなつてゐる。この日を上元ミいひ、黃昏のさき月を迎へて、一年の禍を祈る習俗がある。卽ち迎月といつて夕頃になれば、都鄙を問はず、人々は山に登つて月を迎へるのであるが、月が出づれば月に向つて禮拜をする。この日の月を一番先きに見たものを吉といふが、農夫が先きに見ればその年の收穫が多く、學生が先に見れば科擧に及第し、官吏が先に見れば昇官され、子なき者が先に見れば子が生れ、夫婚者なれば結婚するこの說が傳はつてゐる又此日の月を望んで年中の豐凶、水旱を占ふのである。例へば月が白ければ雨が多く、赤ければ雨が乏しく、濃厚であれば豐年、淡ければ凶年であるミ豫檢するのである。

◇橋踏み。常夜に橋を踏めば、その一年中脚が健康で、足の病にかゝることなく、且つ年中の厄除けが出來るミの傳說

つた者は、これを人に知らせるが爲めに、菜を少し井戸の中に浮べて置く。即ち龍の卵はもう汲取られたこのことを知らせる意味である。この慣習は忠淸南道一帶に最も盛んに行はれてゐる。

◇上巳日。

正月の第一番目の巳の日で、この日に若しも理髮をすれば、蛇が家內に入るといふて、男女を問はず此日に、理髮をしない風習がある。それは蛇を非常に嫌ふからで、蛇を殺したときは、必ずこれを燒きて灰燼にするのである。

◇立春の日、

此日には都鄙を問はず何れの家に於ても、門の板戶又は柱・梁等に、吉意の文句を大書して貼り付けるのである。これは支那から傳はつた風習であるが、その文句は例へば次の如き類である。

立春大吉、　　　建陽多慶。

箕疇五福、　　　華封三祝。

愛君希道泰、　　憂國願年豐。

掃地黃金出、　　開門萬福來。

災迷春雪消、　　福從夏雲起。

父母千年壽、　　子孫萬世榮。

北堂萱草綠、　　南極壽星明。

天上三陽近、　　人間五福來。

去千災、　　　　來萬福。

龍躍、　　　　　鳳舞。

千增歲月人增壽、春滿乾坤福滿家。

備人間之五福、　門迎春夏秋冬福、

壽福祿三星並耀、天地人一體同春。

國泰民安、　　　家給人足。

雨順風調、　　　時和年豐。

鳳鳴南山月、　　麟有北岳風。

國有風雲慶、　　家無桂玉愁。

新意春初草、　　生色雨後花。

庶天上之三光、

戶納東西南北財。

◇小望日。

正月十四日を小望日といふ。此日の朝、道路の土を探り來り、それを自分の家の四隅及厨に撒く風俗が殆んど全朝鮮的に行はれてゐる。これは道路の土は多數の人の踏んだ土であって、多くの人の福が宿つてゐるといふ觀念からであるらしい。然るに京畿道の一帶に於ては、この日の夜になれば貧しい人々が富豪の家に忍び入り、その家族が眠りについた頃をねらつて、門口の土を盜み來り、翌朝これを自分の家の厨（炊事場）に撒く風習がある。これは富豪り家の土を盜んで來て、自分の家の厨に撒けば、その年の中に、よい運が到來して、その土を盜まれた家と同じく、富者になりあがることが出來る、といふ迷信的から出でたるものであるが、これに伴つて富者の家では、父自分の家の土を若しも人に盜

吳晴，「朝鮮に於けるお正月の行事」，『조선』164호（1929.01.01），146쪽

豚の日こいふ。右十二支の動物中の鼠・兎・牛・馬等の如き毛あるものゝ日をトルナル「蜜蜜」(털 날) 即ち有毛日こいひ、龍・蛇の如き毛のなきものゝ日を無毛日こいふ。而して元日が有毛日卽ちトルナルならば、その年には豐年で、五穀がよく穫り、且つ木綿が豐作であり、若しも無毛日ならば凶年で木綿も凶作であるこの傳說がある。

◇**上子日。** これは正月の一番初めの子の日で、この日には鼠火戲こいふて農民は爭つて田野に出て野原を燒くのであるかくの如くすれば、その年には野草が繁茂するこいふ、又こ の日、子の時に粞を搗けば、鼠の種がなくなるこいふて、夜十二時過頃空ら臼を搗くのである。これは昔日宮中に於て小官等が炬に火を付けて、「鼠燒しゝゝゝ」こ大聲にて誦じながら、庭内を曳摺り廻した後、王樣から、煎つた穀物を入れた袋を下賜されたこころから、民間に傳はつたものである。

◇**上寅日。** これは正月の初めの寅の日で、此日には人こ交道をしないのみならず、女子は外出しないこゝがある。それは若しも他人の所に往つて大小便をすれば、その家人の中誰か虎に咬まれるこの傳說があるからである。

◇**上卯日、** 正月の最初の卯の日で、此日には男女を間はず上元絲又は命絲こいつて約一尺ばかりの靑色の絹絲を腕に纒ひ、又は藨纓に佩み、或は胸部に懸け、又は扉の鐵環の所に括り付けるのである。これは長い絲の如く蕎命の長からんとを祈くのである。又此の日には主人が先きに起き出てゝ戸を開けた後、女子が室の外に出るこゝがある。この主人こは男子を意味するものであつて、必ずしもその家の長(戸主)が先きて門を開けるこいふのではない、戸主でなくこも、家族の中誰か男子が先きに起きて門を開けてから、女子が室外に出るこの意である。此日女子が先きに門外に出づれば、その年の家運が不吉だこの迷信からである。

◇**上辰日。** 正月の一番初の辰の日で、此日一般農家の婦人達は早く起き、先を爭つて井戸の水を汲むべく急ぐのであるそれは天上に棲んでゐる龍が、この日の午前一時頃人間界に降りて來て、井戸の中に潜み入り、卵を産みつけるこいふ傳說から、その卵を産みつけた井戸の水を、誰よりも、先きに汲んで來て御飯を炊けば、その年の農運が非常によいこいは れてゐるからである。而して井戸の水を一番先きに汲んで往

吳晴、「朝鮮に於けるお正月の行事」、『조선』164호 (1929.01.01)、145쪽

り出の。この所に向つて進行する。かゝる方法にて最終點たる出の所までを四巡するのである。栖の投げ方ミ馬田の進行方によりて、相手方は一回も巡らない内に四巡ケることもある。この擲戲は百濟の時代より傳はれるもので、朝鮮の遊戲中、最も古いものであるが、感興を起さしめる點に於て、又運動ミなる點に於て、室內の遊戲ミしては現今に流行する麻雀や撞球等よりも優越なものこいつても過言ではなからう。

◇跳板の遊び。これは若い女子の遊戲で、幅一尺五寸乃至二尺位の長き板を、藁のかますに土を包んだものゝ上に置きその板の兩端に立つて互に交跳ね揚がるものである。正月になれば殆んど全鮮的に行はれる。これを朝鮮語でノルテイキ[널뛰기] (ml ㎝ki) こいふ。平素室內に蟄居する朝鮮の女子も、この遊び振りは非常に活溌である。若い女子が色彩鮮明な美しい服裝で新春の寒風に飄るその遊振りは、恰も齒の如くである。

◇地神踏み。これは一種の假裝行列ミいふべきもので、正初慶尙南北道地方の農民間に行はれる遊びである。この地神踏みに最も重なる役割を努めるものは、四大夫、八大夫、狩夫こいふものであるが、四大夫、八大夫は大きな冠に長い煙管を卿へて、如何にも大儀さうに足並重く、一番先頭に立ち、その後に狩袋に死んだ雉を入れて木製の鐵砲を撞いた狩夫が、ついて色々な假面を裝ふた如くの人々に推されながら、盛んに樂器を打ち鳴らしつゝ富豪の家を順次に訪ふて、地神を踏んでやるのである。地神を踏むこきには、口では「よいく地神さまよ、雜鬼雜神は遠く去り、千幸萬扁はこちらへ來い――」こいひながら、踏んで步くのである。これは字句の通りに解釋すれば、地の神を鎭めて、年中の無事を祈るこいふ意味であるらしい。然るにこの樣に地神を踏んで貰つた家では、必ず金錢穀類等を出して、彼等に謝意を表するのであるが、かくの如くして集められた金品は、その部落の共同事業に使用することになつてゐる。

◇元日より十二日まで　は干支の名を稱する風習がある例を擧げていへば、子の日を鼠の日、丑の日を牛の日、寅の日を虎の日、卯の日を兔の日、辰の日を龍の日、巳の日を蛇の日、午の日を馬の日、未の日を羊の日（又は蜘の日ともいふ）こ、申の日を猿の日、酉の日を鷄の日、戌の日を犬の日、亥の日を

呉晴，「朝鮮に於けるお正月の行事」，『조선』164호 (1929.01.01), 144쪽

（五）（四）（三）（二）（一）

（この圖は硏柶を示したのであるが
柶柶もその方法は同樣である。）

馬　田

囚徒
圖圍
圇圀

ふのである。假令ば左に圖を以て示めした通りである。

一、裏が一つ出るを모(Do)といふて一つに算する。

二、裏が二つ出るを개(Kai)といふて二つに算する。

三、裏が三つ出るを걸(Kal)といふて三つに算する。

四、裏が四つ(全向)出るを윷(Yut)といふて四つに算する。

五、裏が一つも出ないを모(Mo)といふて五つに算する。

而して圖碁のとき碁盤が必要であるが、柶戯をするには馬田といふものを要する。例へば圖の如き紙を置き柶を投げ、その現はれた前記のト、カエ、コール、ユツ、モの點數に止まらざる場合には、

より前進して、先きに四巡せるものを勝とするのである。その方法は最初爭頭しながら順番を定め、小石又は物品を馬とし、柶を投げて柶の臥せる數により出發點徒から起算し以て最終點たる出に向つて右に巡回せしめる。次々順を追ふて柶を投げ同じく前進するのである。若し後より進むものが、前進した者の占むる點に臥ることになると、前進の馬を捕へるこを定めであるから、捕へられた前進の者は更に出發の基點に戻りて新たに出發することゝなるのである。而して巡回中入又は拱の所に止まるときは左折して内部に向つて進行する。又入の所から内部に進行するものが中の所に止まるときは、更に左折して出の所に向つて直行するのである。しかし入から内部に進行するものにしても、中の所に止まらざる場合には、直線に進み裂の所を經過して外線によ

呉晴，「朝鮮に於けるお正月の行事」，『조선』164호 (1929.01.01), 143쪽

さが出來るであらう。

◇**鬼よけ。** 又元日の夜は夜光さいふ鬼が、天から降りて來
て、方々へ歩きまわりながら、人涼に忍び入り、人々の履物
をはいて見て、丁度似合ふ履物があれば、それをはいて往
く、さいふ傳説が全般的に信ぜられてゐる。若しもその履物
を盗まれた人はその一年中惡運で、何事を經營しても意の如
くならないのみならず、反つて恐ろしい災厄に出遭ふさいふ
ので、人々はこの鬼に履物を取られぬやうに努めるのであ
る。その方法が「鬼よけ」であつて、先づクムズル（音釜）さい
ふ左綯いの縄を戸口に渡して鬼の入來を防ぎ、家の内では履
物を全部案内に納め、鬼の目につかないやうにし、元日の夜
は早く燈火を消して就寢する。思ふに元日は一般に早起する
から、早く寢かすやうにする爲めの方策から出でたのではな
からうか。

◇

◇**擲柶。** 正月の遊戲さしじは色々あるが、都會地に於ても僻
陬に於ても、男女老少を問はず一般的に行はれてゐるものは
擲柶である。この擲柶さは即ち柶戲のとで、朝鮮語で「ユツノ
リ」（ 음노리 ）さいふ。このユツ（柶）は主さして萩又は櫨木さ
の他堅木を以て製作する。この柶には杤柶（朝鮮語でチャンチ
ャクユッ又はチェユッツさいふ）さ栗柶（バムユッツさいふ）の二
種がある。即ち杤柶さは長四寸、幅五六分位の圓い二本の棒を
縦に割つて四本さし、その兩端を稍や細く削つたものであり、
栗柶さは長六七分、幅三分位のものであつて杤柶に比べて顔
も小さいが「縦に割つて四個一組さする」とは同様である。何れ
も四個一組で萩、櫨木又は堅木を以て製する、然るにこの栗柶
は多くは賭博用さして農夫間に行はれ正月の遊戲用さして一
般的には行はれてゐない。而して柶戲をやる方法は二人以上
は何人までも行ふさとが出來るが多くは二人以上の偶數が二組
に分けて各組より一人づゝ出で相手さなつて行ふのが普通で
ある。先づこれが計算方をいへば四つの柶を手にしこれを二、
三尺ばかり高く投げ、それが場面に落ちて、裏面のあらはれ
た數に依り計算する。かくして柶を投げるさ其の伏向により
五種の變化がある、即ち三伏一向・二伏二向・一伏三向・四向・
四伏であるが、これには固有の名詞があつて三伏一向を卜、二
伏二向をカエ、一伏三向をコール、四向をユツ、四伏をモさい

門の楣に貼り付け、又た觀象監といふ天文の役人が紙に書い
て獻上する辟邪文を宮中諸門の楣に貼り、圖畵署の畵工より
獻上する金の甲を被つた二將軍の畵を大門に貼り付けたので
ある。これは邪を防逐するの意味である。

而して京城附近に於て七十歳以上の朝官・命婦には、歳饌
といつて米穀や魚類なゞを賜はり、地方に於ては守令などの
地方官よりこれを授興する。又八十歳以上の朝官及び九十歳
以上の士庶人に對しては、加資をしたのである。加資とは日
本の叙位と同じで、百歳の者には一品を超へて加へたのであ
る。これは皆老人を優遇する意味であつた。しかしこれ等の
風俗は既に過去のものとなつてしまつた。

◇元日の食物。　元日の御馳走は、貧富貴賤により一樣で
るないが、白餅といふものを一般に於て調理するのである。
これは日本の御雜煮のやうなもので、粳米を蒸かしてこれを
搗き尾張大根のやうに長く延ばして斜め横に菱形に切るので
ある。その外糯米の餅を搗き、幅一寸、長三寸位いの長方形
に切つて、大豆又は小豆の粉を振りかける。これらの餅を元
日に食ふのは昔からの風習である。

◇ゾーリ懸け。　元日の早朝又はその前日にゾーリといふ竹
で編んだ柄杓形の笊を買ひ、これを壁の釘に懸けて置く風習
がある。このゾーリを俗に福ゾーリといつてゐる。京城その
他の都會地では、笊の商人などがこれを賣らが爲に、元日の
前夜から「福ゾーリ買ひなさい」といひながら、夜が明けるま
で街路を歩き廻るのである。全北地方に於ては、元日に竹箒
やこの笊を買ひ置き十五日の朝に、これを束ねて戸口の上に懸け
る、これは幸運を招く一種の行事であつて、竹箒は柴草をか
き集める道具であり、ゾーリは米穀なゞを掬ひ上げる道具で
あるから、その年の幸福をかき集めて掬ひ取るといふ意味か
ら出たのである。かやうに懸け置いた竹箒や笊は、正月末日
になると、これを下ろして使用する。一年の幸福を招く爲め
に、買ひ求めたカルキやゾーリは、その使用中に於ても、な
るだけ心を盡して、その始末に注意し、出來得る限り、その
年一杯使ふやうに努めるのである。それはその一年間の幸福
を摑んでゐるやうにする心持からである。これは一の迷信的
俗に過ぎないものではあるが、この一事から推しても、朝鮮
人一般の心理が、如何に永續性の實在でゐるかを推察するこ

け、子女は自分の家で禮を舉ると、師長、親戚父は同階級に
屬する異姓の年長者に獻禮し、それが舉てから互に友人を訪
問して年賀をするのである。年賀を受ける者は一般の年賀者
に對して酒食を饗するのが例さなつてゐるが、小供等には酒を
饗せずして小額の金錢父を與へる。親戚又は舊知の年
長者に對しては、三里、四里と離れてゐる地方にわざ〳〵出
かけて歲拜をするのである。而して中流以上の婦人さもは問
安婢さいふ仲働きの女中を盛裝せしめ互にこれを邁はして新
年の挨拶を邁べさせるのである。

一般の年賀の客さ相禮するさきは先づ「昨年中は色々御世
話になりました」さ「お禮を邁べ、又「今年は福を多く受けるで
せう」さか、又は「昇進されるでせう」〔これは官吏の榮轉又は（昇任さいふ意味なり）〕さ
か。又は「子が生まれるでせう」さか、或は「富豪になるで
せう」さか云ふやうに相手の身分に應じて色々なお辭を
邁べるのである。又書面を以て年賀をやるさきも、簡單なる
「謹賀新年」だけでは濟まない。色々の目出度い文句を體裁
よく書き並べるのである。老人以外の男子は大抵年賀廻りに
出步くので、自宅には入口に帳面さ筆硯を備へて置く。そし

て客はその帳面に姓名を記するのである。昔は官吏以外のも
のには名刺が用ゐられてゐなかつた爲めに、かゝる面倒なこ
さをやつたのであるが、現今に於ては一般に於て名刺を配る
のである。

然るに常民階級に屬する者は、幾ら年長者さいへゞも、自
分の家で禮を舉てからは、先づ面識ある兩班階級の者を歷訪
して歲拜をなし、これから同階級の年少者よりの年賀を受け
又は親戚及友人に年賀をするのである。元來常民の兩班に對
する歲拜は、室內に入らず、門外卽ち庭下に於て歲拜する。

かゝる場合には、歲拜者は自分の名のみを呼んで「小人某新
年間安を申上げます」さいふ。年賀を受ける者は答禮せない
で歲拜するのを見るだけである。しかしこの風俗は最近に至
つて殆んど收まられてゐる。

古へには、この日議政大臣(總理大臣)は、自分の家で朝早く禮を舉
るこ、百官を率ひて宮中に至り、新年の間安をなし、外官は箋
文を奉つて賀意を表するのであつた。堂下文臣(正三品以下の文官)は、
五言或は七言絕句の延詳詩を製進し、これを弘文館提學に命
じて選定せしめ、當選者の分を立春の日に、宮中各殿の柱又は

朝鮮に於けるお正月の行事

呉　　　晴

一國の民族性を攻究せんとせば、まづその國の風俗を知ねばならぬ。風俗なるものは、時代の變遷に從つて變化せらるゝものであるけれども假令それが時代々々によつて變化するにしても、その國の古代の色彩は必ず何處かに殘つてゐるのである。朝鮮に於ける現代の風習が如何に古代からの傳統をひいてゐるか、少くとも朝鮮民族の内容を知らむとする人々の爲めに、余は新年の初頭にあたり先づ朝鮮風俗の一端たる年中行事中の「お正月の行事」を書いて見やうと思ふのである。朝鮮の年中行事は陰暦に依つて行はれてゐるから、之れを標準として述べなければならぬが、こゝにはその主なるものゝみを記すこゝにする。

　　　◇

◇元日。　正月は一年の始であつて、又四時の首である故に都會地に於ても、郷村に於ても、貧富貴賤を問はず、各々その分に應じて古辰を親賀し、あらゆる送舊迎新の樂みを蠢すのである。

この元日には男女老幼を問はず、家族一同悉く早起し、洗面の上歳粧（朝鮮語でソールビム Sel Bim）といつて、新らしい衣服に着換へるのである。この歳粧をしてから歳拜と云つて父母、伯仲叔父母なごの尊屬親戚に禮拜をする。而して祭饌と歳酒をとゝのへ、祠堂（四代までの祖先の神主、卽ち位牌を安置したる所）に供へて祭祀を行ふ、これを正朝茶禮と訓つてゐる。歳酒は多くは藥酒（Yak Chu）で、此日に限り冷酒である。年長者は家に居て子女や親戚からの年賀を受

『조선』

붙임 자료_원문 영인

조선총독부 기관지 『조신』 소재
1920~1930년대 세시풍속

1판 1쇄 펴낸날 2014년 9월 10일

엮은이 단국대학교 동양학연구원
옮긴이 최인학, 김민지

펴낸이 서채윤
펴낸곳 채륜
책만듦이 김승민
책꾸밈이 이현진

등록 2007년 6월 25일(제25100-2007-000025호)
주소 서울 광진구 능동로23길 26
대표전화 02-465-4650 | **팩스** 02-6080-0707
E-mail book@chaeryun.com
Hompage www.chaeryun.com

이 저서는 2011년 정부(교육과학기술부)의 재원으로 한국연구재단의 지원을 받아 수행한 연구임.
(NRF-2011-413-A00003)

이 도서의 국립중앙도서관 출판예정도서목록(CIP)은 서지정보유통지원시스템 홈페이지(http://seoji.nl.go.kr)와
국가자료공동목록시스템(http://www.nl.go.kr/kolisnet)에서 이용하실 수 있습니다. (CIP제어번호 : CIP2014024370)